미세먼지
제로
프로젝트

우리에게 남은 골든타임은 단 10년!

미세먼지
제로
프로젝트

김동식·반기성 공저

25 Lessons for the
Clean Air

푸른 하늘, 건강한 숨을 되찾기 위한
날씨전문가들의 미세먼지 퇴출 프로젝트가 시작되었다!

프리스마

2020년 경자년庚子年은 60년 만에 찾아온 흰쥐해라고 한다. 역술인들은 색깔은 흰색, 지역은 수도권(서울, 인천, 경기), 계절은 늦가을부터 겨울 초입이라고 말한다. 미세먼지 문제가 심각한 수도권에서 뿌연 회색의 하늘이 밝고 맑아지고, 늦가을부터 겨울까지 공기가 좋아진다면 2020년이야말로 미세먼지에서 벗어날 해가 아닌가.

2019년 3월 초순 지금까지 보지 못한 최악의 미세먼지가 한반도를 덮쳤다. 초미세먼지 수치가 '매우 나쁨' 수준의 거의 3배까지 올라갔다. 호흡기가 약한 필자에게는 하루하루가 그야말로 지옥이나 다름없었다. 살면서 처음으로 이민을 생각한 것도 앞으로 고농도 미세먼지가 심하면 심하지 나아질 것 같지 않기 때문이었다.

필자만이 아니었다. 온 국민의 불안감이 전국을 덮었다. 현 정부 들어서 미세먼지를 줄이겠다고 여러 차례 공식적으로 대책을 발표했지만, 국민이 체감하는 미세먼지 상황은 더 나빠지고 있었다. 그렇다 보니 국민의 80% 이상이 정부의 미세먼지 정책을 신뢰하지 못한다는 여론조사까지 나올 정도였다. 정부의 정책을 국민이 믿지 못한다면 어떤 대책을 발표해도 실효성이 떨어지는 것은 당연하다. 그러자 한 야당 정치인이 대통령에게 범국가적으로 미세먼지를 해결할 수 있는 기구를 만들자고 제안했고, 대통령은 이 제안을 받아들였다. 대통령 직속으로 미세먼지 저감을 위한 '국가기후환경회의'가 발족한 것이다.

위원장직은 반기문 전 유엔 사무총장이 맡았다. "대통령께서 말씀하시는 건 국민의 명령이기에 저의 마지막 국가에 대한 봉사·소명이라고 생각하고 위원장직을 받았습니다"라고 말했다.

그리고 5개월 동안 반기문 위원장을 필두로 국가기후환경회의의 모든 참여자는 정말 힘들고 어려운 과정을 지나왔다. 우리나라 최고의 학자와 교수, 연구원, 기업체의 인재, 언론인까지 200명 이상이 전문위원으로 위촉되었다. 지역, 나이, 성별을 고려해 500여 명을 뽑아 국민정책참여단도 위촉했다. 여러 분과에서 모인 전문위원들은 어떻게 하면 우리나라 미세먼지 문제를 해결할 수 있을지 끝장토론을 불사했고, 국민정책참여단은 헌신적으로 대토론과 권역별 토론을 하면서 가장 좋은 대책이 나오도록 힘과 뜻을 모았다. 그래서 만들어진 미세먼지 저감을 위한 제안이 2019년 12월부터 2020년 3월까지 실행되는 단기대책이다.

국가기후환경회의의 홍보소통 전문위원으로 위촉받은 필자는 다른 분과 전문위원들과 소통을 하고 토론도 벌였다. 국가기후환경회의에 참여한 국민정책참여단이나 전문위원들은 어떤 대가 없이 오로지 우리나라 미세먼지 문제가 해결되기를 바라는 한마음으로 시간을 내고 토론을 하고 보고서를 작성해 제출했다.

이런 과정을 지켜보면서 미세먼지에 관한 필자의 생각이 많이 바뀌었다. 필자는 그동안 정부의 노력을 폄하해왔다. 미세먼지 문제가 해결되기는 정말 어렵다고 생각했다. 중국 문제에 대해서도 강경한 편이었다. 그러나 국가기후환경회의에서 많은 이들의 토론을 통해 결정되는 미세먼지 대책을 보면서 생각이 많이 변했다. 희망을 본 것이다.

국가기후환경회의에서 나온 다양한 제안을 함께 토론할 수 있는 상대가 있다는 것은 행복이었다. 필자의 토론 상대는 케이웨더 김동식 대표로 그는 필자와 미세먼지에 관련된 두 권의 책을 공저했을 만큼 뛰어난 미세먼지 전문가이다.

국가기후환경회의에서 대통령에게 2019년 10월 2일 정책제안을 올린 후였다. 김동식 대표가 필자에게 책 발간을 권했다. "누구나 정부의 대책을 비난하고 욕하기는 쉽지만, 실제 미세먼지를 줄이는 방법이 무엇이고 또 어떻게 실천해야 하는지에 관한 실제적인 문제 앞에서는 입과 눈을 닫는다. 그래서는 안 된다. 그러니 국민이 알기 쉽게 국가기후환경회의 활동과 제안을 써보면 어떻겠냐. 그리고 이번에 내놓은 제안이 우리나라 미래의 미세먼지 정책의 근간이 될 것이니, 미세먼지 정책이 어떤 방향으로 갈지에 대해 알려주는 것이 좋겠다"는 것이었다. 그의 권유와 도움으로 필자가 국가기후환경회의의 정책 내용을 중심으로, 김동식 대표는 나머지 부분을 쓰기로 했다. 이렇게 의견을 모아 세 번째 미세먼지 책을 같이 쓰게 되었다. 감사한 일이다.

국가기후환경회의는 미세먼지 대책을 마련하면서 가장 중요하게 생각한 원칙은 전 국민이 참여 주체가 되어야 한다는 것이었다. 미세먼지를 줄이는 정책 제안도 위에서 아래로 명령하고 지시하는 톱다운(top down) 방식이 아니라, 국민의 의사가 존중되고 국민이 결정하는 바텀업(bottom up) 방식이어야 한다는 것이다.

이런 원칙을 기반으로 해서 2019년 겨울부터 2020년 봄까지 국내에서 배출되는 미세먼지를 20% 줄이는 과감한 목표를 세웠다. 전력 수요가 최고조에 달하는 겨울과 봄철에 최초로 석탄발전소의 가동을 최대 3분의 1 이상 중단하고, 생계용을 제외하고는 미세먼지를 많이 배출하는 노후 차량의 운행을 전면적으로 제한하는 것이 핵심 내용이다. 그 누구도 가보지 못했던 길을 가자는 것이다. 그리고 2020년 전반기에는 중장기적인 대책을 만들게 된다.

2019년 그레타 툰베리(Greta Thunberg)라는 어린 소녀와 우리나라의 어린 에코리더들의 연설 장면을 보았을 때를 기억한다. 어른으로서, 국가기후환경회의의 전문위원으로서 참으로 부끄러웠다.

"당신들은 당신의 자녀를 그 무엇보다 사랑한다고 하지만 실은 그 아이들의 눈앞에 있는 미래를 빼앗고 있습니다."

"당신들의 공허한 말들로 인해 나의 꿈과 나의 어린 시절이 도둑질당했습니다. 지금 당장 세계 정상들이 기후위기 해결에 즉각 행동해주세요."

"기후변화와 최근 가속화된 생명체 멸종으로 인해 인류의 미래 그 자체가 위태로워진 오늘날, 매일 아침 등교하고 공부하고 시험을 본다는 것이 과연 무슨 의미가 있나요, 미래가 있어야 공부도 의미 있는 것이 아닌가요?"

2018년 12월에 열린 유엔기후변화협약 당사국총회(COP24)와 2019년 9월 23일 유엔기후정상회의에서 16세의 어린 학생 툰베리가 한 말이다. 그녀의 주장과 1인 시위에 공감하는 전 세계 청소년들과 환경단체들은 금요일마다 '기후파업(Climate Strike)'이라고 불리는 금요시위에 동참하기 시작했다.

중상을 입은 환자를 생각해보십시오. 관심과 돌봄도 물론 중요하지만, 진정으로 환자의 운명을 결정짓는 것은 과연 무엇일까요? 바로 치료받을 수만 있다면 살아날 수 있는 짧지만 귀중한 시간, '골든타임'입니다. 기후변화에 관한 정부 간 패널(Intergovernmental Panel on Climate Change, IPCC)은 2018년에 발표했습니다. "기후변화를 막으려면 12년 안에 전례 없는 대규모의 변화를 일으켜야 한다"라고요. 하지만 거대하고 대단한 변화는 일어나지 않았습니다. 우리에게 남아 있는 골든타임은 10년입니다. 이제 행동해야 합니다.

2019년 11월 4일 롯데호텔에서 열린 국제포럼에 참가한 우리의 어린 청소년들의 외침이다. 툰베리와 우리 청소년들의 이야기를 소개하는 것은 이제는 걱정이나 말만이 아니라 모든 국민이 행동해야 할 때이기 때문이다.

미세먼지와 기후변화 대책은 매우 밀접한 관계라 할 수 있다. 경유차를 줄이자, 석탄발전소를 줄이자, 선박 경유를 좋은 것으로 사용하자, 생물성 연소를 줄이자, 녹색 국가가 되어야 한다 등등 이런 정책들은 미세먼지도 줄어들지만, 기후변화의 주범인 이산화탄소도 줄일 수 있다. 더 늦기 전에 이들의 외침에 귀 기울이고 실천해야 한다.

국가기후환경회의의 제안에 문재인 대통령은 2019년 12월 4일 오찬을 열고 위원들을 격려했다.

정부는 국가기후환경회의가 제안한 미세먼지 저감대책들을 적극적으로 수용하고 있습니다. 산업·발전·수송 분야 저감대책과 생활 속 저감대책, 국민건강 보호, 국제협력·예보 강화 등 7개 분야 단기 핵심 과제가 정부 정책에 즉각적으로 반영되었습니다.

특히 국민정책 제안의 핵심이라고 할 수 있는 12월부터 3월까지의 미세먼지 계절관리제도를 수용하여 이달(2019년) 1일 자로 시행되었습니다. 방금 국무회의에서도 미세먼지 계절관리제에 대해서 국무위원들은 물론이고 서울특별시장, 인천광역시장, 그다음에 경기도지사, 세 분의 수도권 광역단체장들까지 이렇게 참석을 해서 이것이 실효성이 있는 대책이 될 수 있도록 하는, 그런 논의를 모은 바 있습니다. 계절관리제의 차질 없는 이행으로 해마다 미세먼지의 고통이 컸던 기간의 미세먼지 농도가 대폭 저감되기를 기대합니다.

국가기후환경회의가 아이디어를 낸 '세계 푸른 하늘의 날'은 제가 지난 9월, 그 자리에 우리 반기문 위원장님도 계셨습니다만, 유엔 기후행동정상회의에서 공식 제안을 했고, 또 지난달 26일 모든 회원국의 만장일치로 채택되었습니다.

이제 세계인들을 매년 9월 7일 '세계 푸른 하늘의 날'을 맞으면서 더 적극적으로 대기오염 문제를 고민하고, 또 해법을 모색하게 될 것입니다. 반기문 위원장님과 국가기후환경회의 여러분의 노력의 결과라고 말씀드릴 수 있습니다. 특별히 감사와 격려의 말씀을 드립니다.

그러나 대통령의 지지와 정부의 전폭적인 저감 노력에도 불구하고 국가기후환경회의의 제안이 당장 얼마나 큰 효과를 낼 수 있을지는 장담하기 어렵다. 미세먼지 문제는 일거에 해결할 수 있는 현안이 아니기 때문이다. 다만, 문제의 원인을 알면서도 묵인한 채 무기력하게 내버려둘 것이 아니라 적극적인 해결의 자세로 문제를 바라보고 대응방안을 찾으려는 노력을 시작했다는 점에서 큰 의의가 있다. 그리고 시간은 걸리겠지만 이런 노력을 지속한다면 정말 좋은 결과가 나올 거라는 믿음이 있다. 맑은 공기를 마시는 날이 머지않았다는 생각을 한다.

우리는 모두 한 하늘 아래서 공기를 마시며 살아갑니다. 미세먼지 바람이 불어오면 어른이나 아이나, 부자나 빈자나, 한국인이나 외국인이나 피할 수 없습니다.
국민의 건강을 위협하는 미세먼지 문제에 이념이나 정파가 있을 수 없으며, 국경이 경계가 될 수 없습니다. 미세먼지 해결을 위해 사회 분열적 요소를 넘어서, 외교적 협력은 물론 정부, 지자체, 기업, 시민 모두가 힘을 합해야 합니다.

반기문 국가기후환경회의 위원장의 말이다. 그렇다. 너의 이익이나 나의 이익이 있어서는 안 된다. 우리 모두에게 이익이 있어야만 한다. 우리가 모두 힘을 합해 노력해 나간다면 미세먼지나 기후변화 문제는 해결될 것이다. 필자는 국가기후환경회의에 참여하면서 실망과 절망이 아닌 희망을 보았다. 이젠 머지않아 푸른 하늘과 맑은 공기를 만날 것이라고 말이다. 자, 이젠 말만 해선 안 된다. 우리 모두 행동해야 할 때이다. 편한 숨을 쉬는 그 날까지 말이다.

많은 영감과 도움을 주신 반기문 위원장님, 국가기후환경회의의 김법정 사무차장님께 감사를 드립니다. 아울러 졸고를 책으로 펴내주신 김세영 프라스마 사장님, 항상 기도로 후원해주는 사랑하는 내 아내, 그리고 교정 등 많은 도움을 준 정미희 님께 고맙다는 인사를 드립니다.

대표 저자 반기성

제 2 장 미세먼지와 건강

제 3 장 국가기후환경회의는 희망이다

제 4 장 어떻게 미세먼지를 줄일까?

제 5 장 국제협력과 날씨 예보, 그리고 건강

제 6 장 미래를 바꿀 중장기 정책

제 1 장

미세먼지는 무엇인가?

25 Lessons for the
Clean Air

2019년 3월 최악의 초미세먼지 사태 후 국회는 「미세먼지 저감 및 관리에 관한 특별법」(미세먼지 특별법)을 통과시켰다. 미세먼지가 자연현상이 아니라 사회적인 재난을 일으키는 것으로 판단한 것이다. 미세먼지로 인한 피해를 사회 재난에 포함하는 '재난 및 안전관리 기본법 일부 개정 법률안'을 의결했다. 이로써 우리나라도 미세먼지로 인한 재난 사태 선포, 피해 조사 및 복구 계획 수립, 위기관리 매뉴얼 작성·운용 등 총체적인 미세먼지 문제에 대처하는 폭이 넓어졌다.

우리나라는 2013년 8월 수도권 지역에 시범적으로 시행해온 미세먼지 예보를 2014년 2월부터 전국을 대상으로 기상청과 함께 예보하기 시작했다.

"햇볕은 감미롭고, 비는 상쾌하고 / 바람은 힘을 돋우며, 눈은

마음을 설레게 한다 / 세상에 나쁜 날씨란 없다 / 서로 다른 종류
의 좋은 날씨만 있을 뿐이다."

영국의 비평가 존 러스킨의 말이다. 오랫동안 날씨 일을 해온 필자로서
는 미세먼지만은 그렇지 않다고, 아무리 봐도 예쁜 곳이 단 한 곳도 없는
애물단지라고 말하고 싶다.

해마다 찾아와 큰 피해를 주는 태풍도 좋은 구석이 하나쯤은 있다. 태
풍은 우리가 상상할 수 없을 정도의 파괴력으로 찾아온다. 2017년 미국
과 서인도제도를 강타한 허리케인 '하비', '어마', '마리아'는 수많은 사상
자와 최악의 재산피해를 가져왔다. 우리나라도 가장 많은 재산피해를 가
져오는 기상현상이 태풍이다. 하지만 태풍은 지구의 남·북 간 에너지 불
균형을 해소해주는 큰일을 한다. 1994년에 닥친 태풍 '더그'는 영호남 지
방의 극심한 가뭄을 해갈하는 데 큰 도움을 주고 갔다. 여름이면 발생하
는 남해의 적조 현상도 태풍으로 단번에 해결되기도 한다.

다음으로 황사를 보자. 황사는 잘 알려진 대로 봄이면 어김없이 찾아
와 건강과 산업에 큰 피해를 준다. 2012년 3월 짙은 황사로 산업체가 받
은 피해는 엄청났다. 반도체와 항공기 등 정밀기계 작동에 문제가 생겨
큰 손해를 입었다. 건설 현장 인부들의 결근율은 30%에 달했다. 반도체
원료인 실리콘 웨이퍼를 생산하는 사업체는 생산 공장의 공기정화기를
100% 가동했지만 불량품 증가는 막을 수 없었다. 반도체와 디스플레이
산업, 로켓용 부품, 시계, 광학기계 같은 정밀기계의 불량률이 상승했다.
그런데 흥미롭게도 황사가 많은 해에는 산림의 송충이 피해가 줄고 적조
현상도 많이 준다. 황사는 토지의 산성화를 막아주는 예쁜 짓도 하고, 사

하라 사막의 모래 먼지는 아마존 열대우림에 크게 도움이 되기도 한다.

하지만 미세먼지는 찾으려고 애를 써도 도대체 예쁜 구석이라고는 하나도 없다. 세계보건기구(WHO)는 미세먼지를 건강에 매우 해로운 1급 발암물질로 지정했다. 미세먼지가 일으키는 대표적인 질병으로 기관지나 호흡기가 예민한 사람에게는 기도 염증을 일으키고 염증을 매개하는 인자를 증가시켜 폐질환과 천식을 악화시킨다. 그뿐 아니라 협심증이나 심장마비 같은 심혈관질환을 일으키고 사망률도 높인다. 세계보건기구는 매년 대기오염으로 인해 900만 명의 사람들이 조기 사망하고 있다고 발표했다.

이화여대 병원의 자료에 따르면 초미세먼지가 $10\mu g/m^3$ 증가할 때마다 임산부가 기형아를 낳을 확률이 16% 증가한다. 덴마크 암학회에서는 초미세먼지 농도가 증가할 때마다 암 발생 확률이 12% 높아진다는 충격적인 내용을 발표했다. 최근에는 우울증, 자살, 치매 같은 정신질환에도 미세먼지가 영향을 미치는 것으로 발표되고 있을 만큼 우리의 생활과 건강에 밀접한 위험으로 자리하고 있다.

미세먼지는 건강상의 문제만이 아니라 산업과 경제, 환경에도 매우 나쁜 영향을 준다. 미세먼지 농도가 높아지면 소비자들의 외출자제로 유통업과 레저산업 등은 매출이 줄어든다. 농작물과 가축 등의 생장이 저하되고, 광합성을 방해해서 농작물의 성장이 어려워진다. 어디 그뿐인가, 미세먼지로 인해 강산성을 띠는 빗물은 토양까지 강산성으로 만들고, 석회암과 대리석으로 된 유적들을 부식시킨다.

이제 미세먼지는 막연히 숨쉬기 답답한 탁한 공기가 아니라 사회적 재난으로 대응해야만 하는 문제로 등장했다. "경제 위상과 환경 수준의 불일치를 극복해야 합니다." 대통령 직속 미세먼지 문제 해결을 위한 국가기후환경회의 반기문 위원장의 말이다. 반 위원장은 2019년 9월 27일 '제1차 국민 정책제안'을 의결하기 위한 제4차 본회의에서 다음과 같이 말했다.

우리나라는 그간 경이적인 경제 발전을 이뤄 세계가 모두 부러워합니다. 그러나 우리나라 공기질은 경제협력개발기구(OECD) 국가 중 뒤에서 두 번째인 불일치·불균형 상태입니다. 미세먼지 문제는 우리의 인식을 경제성장에서 환경의 질 중심으로 전환하는 것과도 밀접한 관계가 있습니다.

물론 가장 중요한 것은 먹고 사는 문제이다. 가난할 때는 미세먼지보다는 먹는 문제가 중요해 미세먼지는 관심의 대상이 되지 않는다. 그러나 어느 정도 경제 수준이 올라가면 질 좋은 환경을 누리고자 하는 욕구가 강해진다. 삶의 질을 우선시한다. 반 위원장은 우리나라가 바로 이 수준으로 국민의 관심을 환경으로 전환할 타이밍이라고 본 것이다. 그렇다면 정말 우리나라 국민이 고농도 미세먼지를 심각한 문제로 생각하고 있을까?

놀랍게도 국민신문고와 시군구민원포털 등 국민 소통 창구로 접수되는 미세먼지 민원은 해마다 2배씩 늘고 있다. 국민권익위원회는 2019년 7월 1일 정부에 접수된 미세먼지 민원을 분석해 발표하는 자리에서 최근 3년간 국민신문고 등에 접수된 미세먼지 관련 민원이 6만 8,299건에 달한다고 밝혔을 정도다.

미세먼지 관련 민원은 2016년 7,637건에서 2017년에는 1만 9,144건, 2018년에는 3만 5,813건으로 급증하고 있다. 특히 겨울부터 봄까지 고농도 미세먼지 시즌에 폭증하는 것으로 집계됐다.* 이는 국민이 느끼는 미세먼지 문제의 심각성이 날로 커지고 있음을 보여준다.

이렇게 국민의 많은 관심과 민원의 근원인 미세먼지는 무엇일까? 물론 대답하는 사람이 처한 입장에 따라 답은 달라질 것 같다. 미세먼지를 연구하는 사람은 미세먼지를 작은 입자라고 말할 것이고, 날씨예보를 하는 사람은 날씨 변화라고 하고, 기후변화를 연구하는 사람은 기후변화에 의한 현상이라고 이야기할 것 같다. 재난관계자는 심각한 재난이라고 할 것이고, 경제관계자는 돈이라고 할 것이고, 의사들은 건강의 적이라고 말할 것이다.

다양한 의견이 있겠지만, 이번 장에서는 미세먼지에 관한 과학적 정의와 기상학에서 말하는 이론적인 개념 그리고 미세먼지가 사회·경제에 미치는 여러 악영향 등을 국내외 연구자료를 찾아가며 소개하고자 한다.

---

* 2017년 봄철에는 '초중고 야외활동 자제 등 관련 대책 요구'가 3,090건, 2018년 봄철에는 '학교 내 공기청정기 등 공기정화시설 설치 요구'가 5,549건 접수되었다. 그리고 2018년 겨울에는 '생활 주변 미세먼지 유발 시설 반대' 관련 민원이 5,314건으로 가장 많았다.

미세먼지는
아주 작은 입자다

얼마나 작아야 미세먼지일까?

우리 눈에 보이지 않을 정도로 작은 미세먼지는 얼마나 작은 걸까? 보통 모래알 크기의 9분의 1 정도 혹은 사람 머리카락 굵기의 약 5분의 1에서 7분의 1 정도라고 한다. 이렇게 작은 미세먼지를 이야기할 때 PM10, PM2.5, PM1.0 등의 표시가 등장한다. 무슨 의미일까? 여기서 P는 particulate(미립자 상태), M은 matter(물질)의 머리글자이고, 숫자는 입자 지름을 마이크로미터(μm)* 단위로 나타낸 것이다. 즉, 미세먼지 PM10은 '지름이 10μm 이하인 대기 중에 떠도는 고체나 액체의 작은 입자상 물질'을 뜻한다.

---

* 　1μm(마이크로미터)＝0.001mm,　1μg(마이크로그램)＝0.001mg

크기에 따라 좀 더 세분하면 현재 관측되는 대기 중 떠도는 고체나 액체의 입자상 물질(먼지)의 지름이 2.5~10μm(PM2.5~PM10)이면 거친 미세먼지(coarse particles), 지름이 2.5μm 이하는 초미세먼지(PM2.5)로 구분한다. 미세먼지는 입자가 너무 작아 양을 측정하고 표현할 때는 1m^3당 질량(μg)을 나타내는 $\mu g/m^3$ 단위를 사용한다.

참고로 외국에서는 지름 10μm 이하(PM10)를 부유먼지(suspended particles)라 하고 이보다 작은 지름 2.5μm 이하(PM2.5)를 미세먼지로, 그리고 1μm 이하(PM1.0)를 극초미세먼지로 구분한다. 그러나 우리나라에서는 지름 10μm 이하를 미세먼지(PM10)로, 지름 2.5μm 이하(PM2.5)를 초미세먼지(PM2.5)로 부르고 PM1.0 또한 초미세먼지로 분류한다. 이 외에도 기체로 배출되었다가 식어서 이보다 더 작은 먼지가 되는 응축성 미세먼지도 있다.

미세먼지와 기상학의 관측

날씨 전문가인 필자가 대한의사협회 미세먼지 특별대책위원을 맡고 보니 의사들과 대화를 나눌 기회가 자주 생겼다. 어느 날 한 위원이 "외국의 논문을 찾다 보면 '미세먼지'가 아니라 거의 다 연무(haze)로 나오는데 우리나라에서는 왜 '미세먼지'라는 단어를 쓰는 거냐"고 물어왔다. 답을 하자면 연무는 주로 기상학에서 전문용어로 사용해왔고 미세먼지는 우리나라에 봄철에 찾아오는 황사와 구분하기 위해 사용해온 단어가 아닐까 한다. 연무는 미세먼지와 크게 다르지 않다고 봐야 한다.

연무(煙霧)의 한자를 풀이하면 연기와 안개다. 국립국어원 표준국어대사전을 찾아보면 "고운 먼지와 그을음이 공중에 떠다니어 생기는 대기의 혼탁 현상, 주로 공장에서 배출된 매연과 자동차 따위의 배기가스에 의하여 일어난다"라고 나와 있다. 그러니 사전적인 정의대로라면 지금 우리나라에 많이 발생하는 미세먼지는 바로 연무, 영어로는 Haze이다.

우리가 하늘을 볼 때 뿌옇게 보이는 날이 있다. 안개가 끼거나 연무가 있는 날이다. 기상학에서는 습도를 기준으로 안개와 연무를 구분한다. 습도가 높은 날 뿌연 것은 안개로 관측하고, 습도가 낮은 날 뿌옇게 변하면 연무로 관측한다. 쉽게 설명하자면 안개는 수증기로 인해 생기는 현상이고, 연무는 연기나 다른 혼탁한 물질로 인해 생기는 현상이다.

연무를 나타낼 때 기상학적으로 헤이즈(haze), 환경학적으로 스모그(smog)라는 용어를 사용한다. 스모그는 매연(smoke)과 안개(fog)의 합성어로 연무와 같다. 세계에서 가장 악명 높았던 런던의 대기오염을 런던 스모그, 중국의 대기오염을 차이나 스모그 혹은 베이징 스모그라고 부른다. 이 스모그는 공장 석탄 연소와 자동차 배기가스가 원인이 되어 발생했다. 지금으로 말하면 미세먼지라고 할 수 있다.

구글 트렌드에서 흥미로운 분석을 했다. 2004년 1월부터 2019년 1월까지 전 세계에서 '연무', '스모그'와 '미세먼지'의 검색 횟수를 분석해보니 전 세계 사람들은 '연무' 또는 '스모그'로 검색하고 '미세먼지'로 검색하는 경우는 거의 없었다. 그런데 우리나라는 2014년 이후 연무나 스모그보다 거의 미세먼지로 검색하고 있었다. 왜 우리나라만 유독 미세먼지라는 용어를 사용하는 것일까? 2014년 이후 환경부에서 미세먼지라는 용어를 본격적으로 사용했고 언론에서 이를 그대로 인용하면서 국민에게 알려진 것이다. 우리나라만 관측에서 공식적으로 사용한다.

호흡기가 약한 필자는 아침에 일어나 창문을 열고 하늘이 희뿌연 잿빛이면 힘이 쭉 빠진다. 거리를 걸으면 기침이 나고, 미세먼지 농도가 높은 날에는 이런 증상이 더욱 심해진다. 혹시나 클린룸* 정도면 미세먼지로부터 자유로워질 수 있을까? 그러나 우리 일상에 그런 공간은 없다. 도시에 사는 한 미세먼지와 뒤섞여 살 수밖에 없다. 사람들은 먼지를 피하고 줄이고자 노력하지만, 그사이에도 우리는 먼지를 발생시키고 있다.

어떤 물질이 어디서 발생하는 것일까?

미세먼지를 이루는 성분은 그 미세먼지가 발생한 지역이나 계절, 기상 조건 등에 따라 달라진다. 일반적으로는 대기오염물질이 공기 중에서 반응하여 형성된 덩어리(황산염, 질산염 등)가 가장 많다. 즉, 2차로 생성된 미세먼지이다. 석탄·석유 등 화석연료를 태우는 과정에서 발생하는 탄소류와 검댕,** 지표면 흙먼지 등에서 생기는 광물질 등도 미세먼지이다. 우리나라에서 미세먼지 고농도 사례로 관측된 지역 중 특이한 지역이 백령도인데, 실제 성분을 분석하면 탄소류와 검댕의 비율은 상대적으로 낮다.

---

* 지구에서 가장 깨끗한 공기는 반도체 제조 공정이 이뤄지는 클린룸(청정실)이다. 반도체 불량률을 낮추기 위해 미세먼지의 양을 m³당 3만 5,000개 이하로 유지한다. 일반적으로 도시는 대기 중에 m³당 약 400만 개의 미세먼지가 존재하는 것에 비하면 무려 100분의 1도 안 되는 청정한 공기로 채워진 공간이다.

** 대기환경보전법상 '검댕'은 연소할 때 생기는 유리(遊離) 탄소가 응결하여 생기는 지름 1μm 이상이 되는 입자상 물질이다.

즉 국내에서 발생하는 미세먼지는 적은 것이다.

엔스 죈트겐(Jens Soentgen)과 크누트 필츠케(Knut Vozke)는 먼지의 본질과 작은 입자 세계에서의 물리적 작용 원리, 먼지의 기원·피해·활용·회피 그리고 심리적·문화사적 의미까지 먼지를 다각도로 조명한 『먼지 보고서 : 우주먼지에서 집먼지까지』(자연과생태, 2012)에서 "먼지의 본질은 모든 물질적인 것의 발단이자 종착역"이라고 말했다. 또한 "먼지의 실체는 매연·황사·꽃가루·화산재·섬유·각질·산업먼지·우주먼지 등이며, 먼지의 발생은 우주·자연·인간 모두가 근원지다. 이로 인한 영향으로 알레르기, 아토피, 호흡기질환, 반도체산업, 지구온난화 등의 문제가 따른다"고 주장하며 먼지로부터의 해방은 불가능하나 노력으로 그 피해는 줄일 수 있다고 말했다.

죈트겐은 먼지를 일으키는 요인을 세 가지로 보고 '우주먼지, 자연의 먼지, 인류가 발생시키는 먼지'로 정리했다. 우주와 자연의 먼지는 본래부터 있었고, 인류는 그에 익숙하다. 예전에는 그냥 지나쳤던 먼지가 문제가 되기 시작한 것은 산업화와 생활방식의 변화 때문이다. 즉, 미세먼지의 양이 증가하기 시작한 원인은 인류에게 있다는 것이다.

인류가 배출하는 먼지는 어떤 것이 있을까? 미세먼지는 오염원에서 대기로 직접 배출되는 토양과 금속성분, 이산화황, 일산화탄소 등의 1차 입자가 있다. 그리고 이들이 공기 중의 산소·오존·수증기 등과 화학반응을 일으켜 만들어지는 이산화질소(NO_2), 황산염(H_2SO_4) 같은 2차 입자 등이 있다. 그 외 난방, 실내 활동, 생물적 혹은 무생물적 요인(화재 등)도 미세먼지의 근원이다.

입자 물질은 자연 발생적인 것과 인공적인 것으로 나눌 수 있다. 자연 발생하는 대표적인 물질로는 황사가 있다. 바다에서 만들어지는 해염 입자나 화산재 등도 이에 속한다. 이런 물질들이 아주 작게 부서져 공기 중에 떠 있으면 초미세먼지라 부른다. 인공적인 입자 물질은 공장에서 만들어지는 매연물질이 대표적이다. 경유차에서 배출되는 배기가스, 석탄 광산 등에서 발생하는 분진, 나무나 풀을 태워 발생하는 연기*도 초미세먼지가 된다.

액체형 초미세먼지의 대표적인 물질은 질소산화물(NOx), 황산화물(SOx)이다. 이들은 산업체의 공장이나 자동차 배기가스 등에 많이 포함되어 있다. 기체로 배출되는 이러한 물질들은 대기 중에서 수분 등과 화학반응을 일으켜 질산이나 황산 같은 '액체형 입자'로 변한다. 액체형 입자는 입자형 초미세먼지와는 성질이 다르다. 폐에 들어가 폐포에 침착해 세포를 상하게 하고, 산 자체의 독성으로 인해 인체에 큰 피해를 준다.

그런데 더 큰 문제는 산성으로 변한 액체형 초미세먼지가 입자형 초미세먼지(PM2.5)에 달라붙을 때다. 일본 의학자 이노우에 히로유시는『은밀한 살인자 초미세먼지 PM2.5』(전나무숲, 2014)에서 이를 "숫돌 표면에 산을 발라놓은 상태"와 같다고 표현했다. 우리가 숨을 쉴 때 폐에 들어가는 초미세먼지는 몸속에서 다시 더 해로운 물질로 변해 인체에 치명적인 피해를 준다.

초미세먼지 중 탄소성 입자는 크게 원소탄소(EC)와 유기탄소(OC)로 구분된다. 원소탄소는 연소 오염원에서 대부분 대기 중으로 직접 방출되는 1차 오염물질이다. 1차 생성 먼지라고도 부르는데 여기에는 검댕이

---

* 청정지역일 것 같은 아마존 유역의 밀림지대에 초미세먼지 농도가 높은 것은 나무와 잡초를 불사르기 때문이다.

같은 게 포함된다. 유기탄소는 인위적 또는 자연적 배출원에서 직접 발생되는 1차 유기탄소와 이것이 산화와 노화과정을 거쳐 변환되는 2차 유기탄소가 있다.

2차 미세먼지가 만들어지는 과정은 다양하다. 자동차 배기가스나 주유소 유증기에서 배출된 휘발성 유기화합물(VOCs)이 오존(O_3)이나 수산기(OH)를 만나면 화학반응을 일으켜 2차 유기입자가 된다. 높은 온도와 압력에서 연료를 태우는 자동차에서 질소산화물(NOx)이 많이 발생한다. 이 질소산화물이 오존과 반응하여 질산이 만들어지고 다시 암모니아와 반응해 2차 무기입자가 발생한다. 또 자동차에서 배출된 아황산가스(SO_2)는 공기 중의 수증기 등과 반응해서 산성 물질인 황산이 만들어진다. 이것이 공기 중의 암모니아 등에 반응해 초미세입자 형태인 '황산암모늄($(NH_4)_2SO_4$)'이 된다.

KBS 이정훈 기자는 배기가스가 미세먼지로 2차 생성되는 과정을 실험을 통해 확인해 보도했다. 경유차에서 많이 나오는 질소산화물과 산업 현장에서 발생하는 휘발성 유기화합물을 실험 상자에 주입한 뒤 자외선에 1시간 노출시킨 후 측정한 결과 초미세먼지 농도가 주의보 수준까지 올라가고, 2시간 뒤엔 경보 기준의 2배까지 치솟는 것을 관찰할 수 있었다. 미세먼지가 전혀 없던 실험실이 한두 시간 만에 먼지 입자로 가득 찬 것이다. 생성된 입자를 전자현미경으로 들여다보니 지름이 0.5μm로 머리카락 굵기의 150분의 1 정도로 매우 작았다.

한국과학기술원의 김화진 박사는 "(배기가스가) 대기 중에 존재하는 여러 가지 산화제들과 반응하게 됩니다. 그러면 점점 무거워지면서 입자화되고요. 이것들이 조금씩 자라면서 우리가 알고 있는 초미세먼지의 일부

가 됩니다"라고 설명했다.[1]

이렇게 2차 생성된 미세먼지는 직접 배출된 먼지보다 입자가 작아 몸속 더 깊숙이 침투하기에 건강에 더 나쁘다. 일본 의학자 이노우에는 "아주 작고 어디에나 있는 특성 때문에 초미세먼지는 없애기가 어렵다. 게다가 소리도 냄새도 없이 인체에 들어와 심각한 상처를 입힌다. 호흡기·순환기·소화기·눈·피부 등 가리는 곳 없이 말이다"[2]라며 초미세먼지의 유해성을 경고했다.

최근 들어 초미세먼지의 유해성이 부각되면서 발생 원인을 분석하는 연구가 많다. 미국은 전체 초미세먼지의 20~60%, 유럽연합(EU)은 40% 이상이 화학반응으로 발생한 2차 먼지라고 한다. 우리나라는 어떨까? 환경부가 2016년 4월에 발표한 자료에 따르면, 서울과 경기 지역에서만 전체 초미세먼지 발생량의 약 3분의 2가 2차 먼지로 밝혀졌다.

환경부와 미국항공우주국 연구팀이 2016년 5월 2일부터 6월 12일까지 40일간 수행한 '한미협력 국내 대기질 공동조사(KORUS-AQ)'를 보면, 관측한 초미세먼지 중 배출원에서 직접 나온 1차 먼지는 25%밖에 되지 않았다. 나머지 75%는 질소산화물, 황산화물, 휘발성 유기화합물이 광화학 반응을 거쳐 만들어진 2차 먼지였다.[3]

미세먼지와 초미세먼지는 발생하는 원인이 다르다.[4] 미세먼지는 주로 물체 간의 마찰이나 물체를 태울 때 발생한다. 주로 제조업 공장에서 재료를 자르거나 가공하는 과정이나 나무를 태울 때, 주행 중 자동차 타이어가 마모되면서 만들어지는데 이 먼지들의 크기가 대개 $2.5\mu m$ 이상이다.

반면에 초미세먼지는 물리적인 마찰보다는 고압·고열에서 태울 때나, 화학적 반응으로 발생한다. 자동차가 초미세먼지를 만드는 주범인데, 자동차의 엔진은 수백 도가 넘는 고온과 함께 대기압의 수십 배에 달하는 높은 고압으로 휘발유나 경유를 태우기 때문에 질소산화물이나 황산화물과 함께 탄소 입자 등이 뿜어져 나온다. 그리고 이들 질소산화물이나 황산화물 중 일부는 여러 과정을 거쳐 초미세먼지가 된다.

미세먼지는
날씨다

"우리나라에서 매일 배출되는 미세먼지의 양은 비슷하지 않나요? 차량 운행이나 발전소 가동은 비슷한데 왜 미세먼지 농도는 날마다 다른가요?" 필자가 하는 원격 강의에서 한 초등학생이 해온 질문이다. 한마디로 답한다면 매일 날씨가 다르기 때문이다.

바람이 강하게 불거나, 비가 내리고, 대기가 불안정한 날은 미세먼지 확산 조건이 좋아져서 미세먼지가 덜하다. 그러나 바람이 약해 대기가 안정되어 역전층이 만들어지고, 이동성 고기압의 이동 속도가 느려지면 대기가 정체되어 미세먼지가 축적된다. 그러면 대기 중 미세먼지의 농도가 높아진다. 그래서 미세먼지 예보관들은 '미세먼지는 날씨'라고 말하는 것이다.

기상 요소와 미세먼지

미세먼지는 다양한 기상 요소나 인자 등에 영향을 받는다. 차진욱, 김장영(2018)의 연구를 보면 초미세먼지의 농도는 기상인자(풍속, 강수량, 일사량 등)에 영향을 받고, 이산화질소·이산화황·탄산(CO_3)·오존 등에도 영향을 받는다.[5] 연구에 의하면 미세먼지(PM10)와 오존, 이산화질소, 일산화탄소(CO), 이산화황, PM2.5, 합계 일조시간, 합계 일사의 수치가 커질수록 미세먼지 농도도 높아지는 현상을 보였다. 반면에 기상인자 변수인 일평균 기온, 일강수량, 평균 풍속, 평균 상대습도, 평균 지면 온도, 안개 계속 시간은 수치가 낮을수록 미세먼지 농도가 높아졌다.

오존은 대기질을 평가할 때 매우 중요한 물질이다. 지표면에서 만들어진 오존은 그 자체로도 위험할 뿐 아니라 미세먼지를 만드는 주범이다. 오존은 대기오염물질이면서 지구온난화를 더 가속시킨다.

문제는 최근 지구온난화로 인해 기온이 상승하면서 오존 발생이 증가하고 있다는 점이다.* 지표면 인근의 오존은 자동차 배기가스의 질소산화물과 화학 공장에서 배출되는 휘발성 유기화합물 등이 광光화학 반응을 일으키면서 만들어진다. 오존은 다른 물질과 쉽게 반응하는 성질이 있어서 우리의 생활 속에서 살균·악취 제거 등에 사용되기도 하지만, 호흡을 통해 인체에 들어오면 천식·폐기종 등 호흡기질환이나 심혈관질환을 일으킨다. 어린이나 노약자에게는 치명적인 대기오염물질이다.

---

* 2018년 5월 환경부의 대기질 측정 데이터베이스 '에어코리아'에 따르면 전국 오존주의보 발령 횟수는 매년 증가하고 있다. 2012년 64건이었는데 2017년에 276건으로 5년 만에 4.3배 이상으로 늘었다.

고농도 오존은 기온이 높고 햇볕이 강한 여름철 오후에 주로 발생한다. 그러나 최근에는 봄부터 가을까지 오존 특보가 자주 발령된다. 지구온난화로 인한 기온상승과 함께 대기오염물질 배출도 늘어나기 때문이다. 그러다 보니 오존 특보가 발령되는 시기도 빨라지고 기간도 길어지고 있다.

2012년 수도권 기준 첫 오존주의보는 6월 3일 발령되었으나 2015년에는 5월 27일, 2016년에는 5월 17일, 2017년에는 5월 1일, 2018년에는 4월 19일 오존주의보가 발령됐다. 그리고 2018년 오존주의보는 9월 말까지 이어졌다. 이렇게 오존 발생 시기가 빨라지고 기간이 길어지면 오존으로 인해 발생하는 초미세먼지 양도 늘어난다. 김세웅 미국 어바인 캘리포니아대 지구시스템과학과 교수는 "한국에선 미세먼지에 집중하고 있지만 결국 오존과 미세먼지는 통합적으로 관리돼야 한다. 중국도 미세먼지에서 오존으로 눈을 옮기고 있다"라며 오존 관리의 중요성을 언급했다.[6]

바람의 속도와 미세먼지 농도의 관계는?

2017년에 한국과 미국이 공동으로 서울의 최근 미세먼지 농도 증가에 관한 연구를 했다.[7] 이 연구에서 미세먼지는 풍향보다도 풍속에 더 많은 영향을 받는 것으로 밝혀졌다. 풍속이 미세먼지의 분포와 확산, 주변 공기와의 혼합 등에 가장 큰 영향을 주는 것이다. 연구진은 10m 고도의 풍속을 이용해 분석한 결과, 연도에 따라 변동하는 미세먼지 농도와 풍속의 편차는 거의 정반대로 움직이는 것으로 나타났다. 즉, 풍속이 평균보다 강해지면 미세먼지 농도는 평균보다 낮아진다. 그러나 풍속이 평균보다 약해지면 미세먼지 농도는 평균보다 높아지는 결과를 보였다.

우리나라에 크게 영향을 주는 미세먼지의 경우, 국지적인 바람보다는 중국에서 한반도로 이동하는 큰 규모의 공기 흐름에 크게 좌우되는 것으로 밝혀졌다. 특히 계속 미세먼지 농도가 줄어들다가 다시 증가하기 시작한 2012년에는 풍속이 미세먼지 농도와는 정반대로 평균보다 계속 약해졌다. 2012년 이후 미세먼지 농도가 증가한 가장 큰 원인 중 하나는 풍속이 예년보다 약해졌기 때문이다. 미세먼지가 빠져나가지 못하고 한반도에 그대로 쌓이면서 고농도의 미세먼지가 발생하는 것이다.

2018년 11월 6일 JTBC 방송에서는 "며칠째 한반도 '무풍지대' … 미세먼지 더한 중국 스모그"라는 제목으로 바람이 불지 않아 미세먼지가 더 심해질 것이라고 보도했다. 내용을 보자.

물론 공기가 탁할 것이라는 예보는 있었지만, 오늘 상황은 예상을 훨씬 뛰어넘었습니다. 며칠째 이어진 대기정체 현상, 한반도가 이른바 '무풍지대'에 들어서면서 국내에서 발생한 미세먼지가 쌓여갔는데, 어젯밤부터는 중국 스모그까지 유입돼서 예상보다 수치가 훨씬 더 높았습니다. 짙게 낀 안개가 미세먼지와 뒤엉켜 오늘 아침 서울의 시정은 2.4km, 맑은 날의 10분의 1도 보이지 않았습니다. 서울을 기준으로 지난 1일 일평균 $19\mu g/m^3$이던 미세먼지 농도는 어제 $39\mu g$까지 올랐습니다. 평균 풍속이 초속 1m대에 불과한 '무풍지대', 한반도 일대에 바람이 뚝 끊기면서 국내에서 발생한 미세먼지가 매일매일 쌓여간 것입니다. 중국 스모그가 본격적으로 유입된 것은 어젯밤, 서해상에 떠다니던 스모그가 살짝 열린

'바람길'을 타고 물밀 듯이 들어왔습니다. 이 여파로 서울 초미세먼지 평균치가 $20\mu g/㎥$ 이상 더 올랐고 1시간 평균으로는 $91\mu g/㎥$, 매우 나쁨 수준을 기록했습니다.[8]

바람이 불지 않아 우리나라에 쌓인 미세먼지에 중국의 미세먼지가 더해지자 급격히 농도가 높아졌다는 것이다. 미세먼지 예보가 시작된 2015년부터 미세먼지 예보를 해온 필자의 경험을 봐도 바람이 강하게 불면 미세먼지는 대기 중으로 확산되어 농도가 높아지지 않는다.

"서쪽 풍속 60년간 감소 … 고농도 미세먼지 악화될 것" 2019년 12월 12일 《한겨레신문》의 기사 제목이다.[9] 광주과학기술원 윤진호 교수연구팀은 기후위기로 남한 서쪽 지역 풍속이 50년간 감소하면서 고농도 미세먼지 현상이 갈수록 악화될 수 있다고 예측했다. 앞으로 풍속이 계속 줄면 2019년 3월 초에 일주일간 발생한 고농도 미세먼지보다 더 심각한 사태가 빈번히 발생할 수도 있다고 예측했다.

연구팀은 최근 미세먼지 평균 농도가 감소하는데도 미세먼지 나쁨 일수가 늘고 있는 이유를 풍속 감소 때문으로 보았다. 윤진호 교수는 "미세먼지 고농도 사례는 배출량과도 관련이 깊지만 평균 풍속도 주요한 원인"이라며 "평균 풍속이 줄면 미세먼지가 한반도를 빠져나가지 못해 미세먼지 고농도 사례가 발생하는 확률이 증가할 수 있다"고 밝혔다.

그렇다면 바람이 약해지면 중국의 미세먼지는 우리나라에 어떤 영향을 줄까? 다양한 의견이 있지만, 정용승 고려대기환경연구소장의 말에 따르면 "바람이 약해진 상태에서 중국이 석탄 가동 공장을 늘리면 미세먼지가 평소보다 느리지만 더욱 많이 우리나라에 올 수 있다"고 한다. 그는 "평소엔 중국이 배출한 오염물질이 한국에 닿는 데 12~36시간 걸린다. 그러나 북서풍이 약해지면 이틀에서 사흘로 늘어나고, 길어진 기간동안 더 많은 오염물질을 흡수해 한국에 영향을 줄 수 있다"고 덧붙였다.

2018년 11월 5일 국립환경과학원은 고농도 미세먼지 분석 결과를 발표하면서 "앞으로 사흘 후는 대기의 원활한 확산으로 고농도 미세먼지 현상이 해소될 것"이라고 전망했다. 대기의 흐름이 활발하면 미세먼지 농도가 좋아지지만 반대라면 악화된다는 이야기다.

이처럼 대기 순환이 원활하지 않을 때를 '대기 정체'라고 부른다. 대기 정체는 그 자체로 이상기후 현상이라고 볼 수 있다. 지구온난화는 제트기류를 구불구불하게 사행으로 흐르게 한다. 제트기류가 사행하면 '블로킹' 현상이 발생한다. 대기의 흐름을 막아서 '대기 동맥 경화'라고도 부른다. 제트기류가 끊어질 경우도 있다. 이때는 상층으로 떨어져 독립되는 절리 고기압*이 만들어지는데, 이 공기가 대기의 흐름을 막아버려 대기가 정체된다. 우리나라 동쪽 상공에서 강한 상층 고기압이 만들어지고, 중국에서 발생한 미세먼지와 국내에서 발생한 미세먼지가 만나 합쳐지면 우리나라에 고농도 미세먼지가 발생한다.

역전층이 있으면 미세먼지 농도는 높아진다

대기가 안정한 날씨에 미세먼지 농도가 높은데, 이는 지표 부근에 역전

---

* 상층의 편서풍대가 남북으로 구불구불하게 휘어져서 고위도 쪽으로 늘어난 부분이 본류에서 잘려 생기는 키가 크고 온난한 고기압이다.

층이 만들어지면서 미세먼지가 역전층 위쪽 상공으로 확산되지 않기 때문이다. 아래의 그림처럼 역전층이 만들어지면 경계면 위와 아래의 기상 상태가 180도 바뀐다. 경계 아래로는 미세먼지가 축적되면서 농도가 급격히 상승하지만, 경계면 위로는 파란 하늘이 보이는 등 미세먼지 농도가 매우 낮아진다.

 일반적으로 고도가 100m 높아질 때마다 대기 중 기온은 0.6℃씩 낮아진다. 그런데 고도가 높아질수록 기온이 올라가는 현상이 나타날 때가 있다. 이것을 기온 역전 현상이라 한다. 기온 역전은 일교차가 큰 계절이나 산간분지에서 자주 발생한다. 아침에 기온이 내려가면서 지표면이 복사 냉각될 때 잘 발생한다. 통상 지표면은 태양 일사에 의해 데워져 뜨거운데 역전층이 만들어질 때는 지표면 쪽의 기온이 낮아지고 어느 높이 이상이 되면 지표면보다 온도가 높은 층이 생긴다. 그렇게 되면 고도가 낮은 쪽에 무거운 공기가(찬 공기)가, 고도가 높은 쪽에 가벼운 공기가 머물며 대기가 안정되어 대류에 의한 공기 상하이동이 일어나지 않는다. 그렇게 되면 지상에서 주로 발생하는 미세먼지 등 대기오염물질이 상공으로

역전층 경계

　　　　　　　　　　　　　　미세먼지 제로 프로젝트

확산되지 못해 지표층에 계속 머물러 축적되면서 미세먼지 농도가 높아진다.

서해상 고기압이 중국의 미세먼지를 우리나라로 유입시킨다

미세먼지(PM10)를 비롯한 대기오염물질의 농도는 오염원의 종류, 발생 지역의 지형적 특성, 기상학적 요인 등과 관련이 많다. 따라서 대기질 관리를 위해서는 오염원의 분포와 특성, 기상변수, PM10 농도 등의 상관성을 분석할 필요가 있다.

서울대학교의 정명일 등(2015)은 수도권 지역의 고농도 미세먼지(PM10) 발생과 관련한 종관규모(synoptic scale)*의 기상패턴을 분석했다.[10] 우선 고농도 미세먼지(PM10)의 발생 일수를 연도와 월에 따라 살펴본 결과, 2003년 이후로 감소하는 경향을 보였는데 대기환경 기준이 강화된 2007년 이후로는 $151\mu g/m^3$ 이상의 농도 발생일도 감소했다. 계절별로 살펴보면 봄철에 고농도의 미세먼지(PM10)가 가장 많이 발생했으며 겨울철 또한 다른 계절보다 높았다.

그리고 두 계절의 장기적 경향성을 살펴본 결과, 봄철이 겨울철보다 꾸준히 감소해온 것을 알 수 있었다. 따라서 봄철의 변동성이 전체 변동성에 영향을 준다고 볼 수 있다. 다음으로 두 계절의 장기적 경향성과 기후지수의 관련성을 살펴보았다. 봄철에는 우리나라 위에 넓게 고기압이 분

---

* 일기도에 표현되는 보통의 이동성 고기압이나 저기압의 공간적 크기 및 수명을 하는데, 수평 규모는 100~5,000km이고, 여러 날에서 여러 주 지속되는 대기 순환을 말한다.

포해서 중국으로부터 북풍이 강하게 불어 들어온다. 이와 달리 겨울철에는 우리나라 서쪽에 위치한 고기압이 이틀 정도 정체함에 따라 약한 바람이 불어온다. 결과적으로 봄철의 경우 중국 북동 부근의 오염물질 배출원과 황사 발원지 등에서 발생한 미세먼지가 우리나라로 이동하여 고농도의 미세먼지(PM10)를 발생시키는 것이다.

서울대학교의 허창회 교수팀은 서울에 설치된 27개 대기오염측정망에서 2001년부터 2013년까지 시간별로 측정된 PM10 농도 자료를 분석했다.[11] 이 연구에서는 미세먼지 고농도 현상은 대기환경 기준에 따라 일평균 PM10 농도가 $100\mu g/m^3$ 이상인 날로 정의하고, 자연 발생 요소인 황사 발생일은 제외했다. 중국 지역 73개 관측소의 대기오염지표(Air Pollution Index, API) 자료와 미국 대기환경청에서 개발한 역궤적 분석 모델 (Hybrid Single-Particle Lagrangian Integrated Trajectory, HYSPLIT)을 활용해 중국발 오염물질의 이동 가능성을 살펴보았다.

결과를 살펴보면 2001년부터 2013년까지 서울지역에서 발생한 미세먼지 고농도 일수는 319일이었다. 이 중 4일 이상 지속된 고농도 일수는 전체 사례의 33%(105일, 21사례)를 차지했다. 수일간 지속되는 고농도 사례의 발생 조건을 살펴보니 중국과 우리나라를 포함한 광범위한 지역에 걸쳐 강한 고기압 아노말리(anomaly)*가 있었다. 이는 오염물질이 확산되지 않고 중국과 우리나라에 축적되게 하는 역할을 한다. 그리고 북위 40° 지역과 북서 태평양에는 저기압 아노말리가 있었다. 이러한 기압배치와 약한 바람은 고기압을 정체시켜서 고농도 미세먼지 현상이 수일간

---

* 어느 특정 지역에서 기온, 강수량 또는 다른 기상 요소와 같은 고유 요소가 장기간의 평균값으로부터 변화하는 차이 값을 말한다.

미세먼지 제로 프로젝트

지속된다.

우리나라에서 미세먼지 고농도가 4일 이상 지속되는 사례가 발생하기 전날의 중국 PM10 농도는 평소보다 높았다. 그리고 역궤적 기류가 통과하는 베이징과 톈진 등의 대도시에서는 평소보다 PM10 농도가 매우 높은 $160 \mu g / m^3$ 까지 있었음을 확인했다.

경도-고도 단면도를 보면, 대체로 따뜻한 계절에 비해 겨울 등의 찬 계절에서 미세먼지 기류의 흐름이 빠르다. 흥미로운 점은 계절에 상관없이 미세먼지 고농도 현상이 발생하기 하루 전부터 기류가 수평하게 들어온다는 것이다. 이는 오염물질이 대기 경계층의 하층을 통해 이동한다는 것을 의미한다. 이는 중국으로부터 상당한 양의 미세먼지가 유입되는 것으로 해석할 수 있다.

미세먼지는
기후변화다

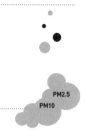

기후변화가 미세먼지 농도를 높인다

미세먼지를 연구하는 사람들은 최근 고농도 미세먼지가 늘어난 원인 중 하나로 기후변화를 꼽는다. 2019년 3월 1일부터 7일까지 역사상 최악의 미세먼지가 한반도를 덮쳤을 때 신용승 서울시보건연구원장은 그 원인을 "우리나라에 발생한 최악의 고농도 미세먼지의 원인은 기후변화 때문입니다"라고 말했다.

실제로 최근 개최되는 기후변화 세미나 등에서 발표되는 내용을 보면 기후변화가 미래에는 미세먼지 농도를 더 높일 것으로 예측하는 학자들이 많다. 2019년 9월 프레스센터에서 한국과학기술단체총연합회가 주관한 '기후변화와 미래' 포럼이 열렸다. 당시 필자도 패널로 참석했는데 기후변화가 미세먼지를 고농도로 만든다는 부경대 김백민 교수의 발표 의견에 동의한다.

이현주 등(2018) APEC 기후센터 연구팀의 연구결과[12]도 한마디로 요약하면 "기후변화로 최악의 고농도 미세먼지 잦아진다"는 것이었다. 연구팀은 미래 기후변화 시나리오(Representative Concentration Pathways, RCP)*를 온실가스 저감대책을 상당 부분 실행하는 경우(RCP 4.5)와 온실가스 배출량을 줄이지 않고 지금처럼 계속해서 배출할 경우(RCP 8.5) 두 가지로 나누어 우리나라 고농도 미세먼지 발생이 얼마나 더 잦아지고 또 얼마나 더 강해질 것인지 분석했다.

분석 결과 기후변화가 진행됨에 따라 고농도 미세먼지가 발생하기 좋은 기상 조건이 현저하게 증가하고, 미세먼지를 확산시키는 북풍이 약해져 대기는 안정되고 한반도 상공에는 고기압성 패턴이 강화될 것으로 예측했다. 이렇게 되면 대기가 정체하면서 미세먼지가 쌓이는 조건이 더 자주 만들어진다. 연구팀은 기후변화로 겨울철 동아시아 지역 몬순이 약해지고 대류권 하층이 빨리 데워지는 것으로 보았다. 결과적으로 고농도 미세먼지 발생이 증가하는 것이다. 또 중위도 지역과 극 지역의 기압차가 줄어들면서 바람이 약해지는 것도 고농도 미세먼지를 다량으로 발생시킬 것으로 분석했다.

해외에서도 이와 비슷한 연구가 있었다. 카이(Wenju Cai) 등(2017)은 기후변화로 동아시아 겨울 몬순(북서풍)이 약해지고 대류권 하층이 빨리 데워지면서 대기가 안정되어 정체 기간이 늘어날 것으로 예측했다.[13]

---

* RCP 기후변화 시나리오는 RCP 2.6(엄격한 완화), RCP 4.5(중간 단계 시나리오), RCP 6.0(중간 단계이지만 절약과 어느 정도 규제가 있는 시나리오), RCP 8.5(매우 높은 온실가스 배출)의 네 가지가 있다.

중국이나 우리나라 풍속이 약해진 것도 미세먼지 농도의 상승을 가져왔고, 전문가들은 그 원인 중 하나로 기후변화를 들고 있다.

북극 빙하가 녹을수록 미세먼지 농도가 높아진다

2013년 1월 중국의 북동부 지방에 최악의 스모그가 발생했다. 1월 내내 미세먼지 농도가 매우 높게 지속되었다. 그동안 중국은 미세먼지 농도를 줄이기 위해 여러 노력을 했고, 실제로 자연적으로나 인위적으로나 미세먼지 배출량이 늘어나지도 않았다. 그런데 왜 한 달간 최악의 미세먼지가 발생한 것일까?

이에 대해 2017년에 미국 조지아공과대학교의 주(Yufei Zou) 연구팀이 한 가지 큰 이유를 찾아냈다.[14] 연구팀은 중국 미세먼지 농도에 영향을 주는 엘니뇨, 북극 빙하의 양, 시베리아 적설량, 바람 등의 데이터를 고루 분석했다. 그 결과 북극 빙하의 양과 유라시아에 내리는 눈, 그리고 바람이 약해진 것이 중국 최악의 미세먼지 발생과 연관이 있었다. 특히 북극의 해빙 면적과 유라시아 지역에 내리는 눈과 바람의 변화를 집중해서 분석한 결과, 중국 대륙의 기록적인 스모그는 북극의 빙하 면적 감소와 유라시아 지역에 내리는 눈의 증가, 약해진 바람과 관련이 있었다.

중국에 최악의 스모그가 발생하기 4개월 전인 2012년 9월에 북극의 빙하 면적은 341만km²이었다. 1979년 북극의 빙하 면적을 관측하기 시작한 이후 가장 작은 면적이다. 연구팀은 북극의 빙하 면적이 한반도와 중국을 비롯한 동북아시아 지역에 큰 영향을 준다는 사실을 알아냈다.

지구온난화로 북극 기온이 상승하면서 북극 바다에 있는 빙하가 녹고, 북극 바다는 태양 빛을 그전보다 많이 흡수하게 되어 북극 기온이 오르면서 북극 한기를 막는 제트기류가 약해진다. 더 많은 수증기가 증발해 고위도 지역에 더 많은 눈을 내리게 한다. 북극 빙하가 줄어들면 유라시아 지역은 강설 면적이 증가하는 것이다. 강설 면적이 넓어지면 복사냉각으로 발달하는 시베리아 고기압이 강해질 가능성이 커진다. 그 영향으로 우리나라에는 한파가 닥친다.

2017년 3월 미국 조지아공대와 연세대 연구진은 35년간의 기상 자료를 분석한 결과 앞으로 북극 바다의 빙하 감소가 계절풍의 약화와 대기 정체를 불러와 동북아의 대기오염을 악화시킬 것으로 예측했다. 세계기상기구(World Meteorological Organization, WMO)도 "북극해의 얼음 표면적이 38년 만에 가장 작은 크기로 작아졌다. 지구온난화로 북극 해빙이 해마다 줄고 있어 중국 등지의 대기오염이 갈수록 심해질 것이다"라고 발표했다. 기후변화로 인해 바람이 약해지면서 갈수록 미세먼지 농도는 높아질 것이라는 예측이다.

정리하면, 기후변화는 우리나라를 포함한 동북아시아 지역에 크게 두 가지 반대 기상현상을 불러온다. 하나는 약해진 제트기류가 강한 북극 한기를 우리나라로 끌고 내려와 강한 한파가 닥치는 경우다. 이 경우는 바람이 강하기에 미세먼지 농도는 낮아진다. 다른 하나는 시베리아 고기압이 우리나라로 직접 내려오기보다는 동쪽으로 치우치면서 내려오는 경우이다. 이럴 때는 오염이 심한 중국 북동부는 상대적으로 바람이 약해진다. 오염물질을 확산시키던 겨울철의 강한 바람이 약해지면서 미세먼지 등이 그대로 쌓이게 된다. 북극 바다의 빙하가 줄어들고 유라시아 지역에 강설 면적이 늘어날수록 중국 북동부에는 오염물질이 정체할 가능성이 크다. 바로 이런 기압배치가 2013년 1월 중국 북 동부에 최악의 오염을 초래한 것이다. 이때 우리나라는 어땠을까? 우리나라는 한파와 고농도 미세먼지가 번갈아 찾아왔다. 차가운 대륙 고기압이 우리나라로 내려올 때는 미세먼지가 좋았지만 주춤할 때는 미세먼지 농도가 높았다.

미세먼지가 기후를 바꾼다

미세먼지는 날씨에 영향을 받기만 하지 않는다. 역으로 날씨에 다시 영향을 준다. 짧은 기간의 날씨만 아니라 장기적으로는 기후에도 많은 영향을 미친다는 것이 최근 다양한 연구에서 밝혀지고 있다.

광주과학기술원의 이다솜, 윤진호(2018)의 최근 10년 동안의 기후변화와 미세먼지와의 연관성 연구에서 지표면에서부터 대류권 하층까지 안정도의 증가를 확인할 수 있었다.[15] 미세먼지가 고농도로 발생하게 되는 가장 중요한 요건이 대기하층과 지표면 사이의 안정도이다. 하층의 대기가 안정되면 안개가 끼고 미세먼지는 확산되지 않기 때문이다.

연구팀은 최근에 지표면은 복사냉각으로 차가워지고 그 위에 위치한 저고도 상층인 950hp까지 공기가 따뜻해지는 온난화가 빠르게 증가하고 있음을 확인했다. 지구온난화로 인해 한반도 대기 안정도가 더 증가하는 것이라고 설명한다. 결국 대기 하층의 온난화는 풍속이 약해지는 것과 맞물려서 미세먼지 농도를 더 높이게 된다.

소지현 등(2014)의 연구에서는 미세먼지 등 단기 체류 기후변화 유발

물질들이 기후변화를 유발하는 중요한 요소라고 말한다.[16] 중국을 포함한 동아시아는 전 지구적으로 대기 중으로 방출하는 초미세먼지(PM2.5)의 농도가 매우 높은 지역이다. 이 지역에서 북태평양으로의 초미세먼지 이동은 구름 생성과 대기순환 변동성에 영향을 주는 것으로 알려져 있다(Zhang et al., 2007).[17] 특히 에어로졸(aerosol)*의 간접효과로 구름의 미세 물리과정과 복사과정을 변화시킨다. 겨울철 중국에서 발생하는 초미세먼지 농도의 변화는 북태평양 지역의 알류샨 저기압(Aleutian low)의 변동과 상관이 있다. 발달한 대류운對流雲의 양이 북태평양에서 전반적으로 많이 나타난다. 대류운이 증가한 영역에서 강수 역시 증가했고, 이는 초미세먼지의 농도 증가에 의한 간접효과라고 할 수 있다.

좀 더 설명하면, 구름의 응결핵으로 작용할 수 있는 에어로졸이 증가하면 구름의 입자가 작아진다. 그러면 구름 내부에서 상승 기류를 타고 이동이 쉬워져 잠열 방출도 증가한다. 따라서 대류운에 기인한 강수량이 증가한 것으로 생각할 수 있다.

초미세먼지는 강수 증가에 영향을 준다는 연구는 또 있다. 국립기상연구소의 채상희 등(2012)은 인공강우 시 에어러솔(PM2.5) 효과를 분석하였다.[18] 모의가 가능한 중규모 기상모형인 WRF-CHEM(The Weather Research and Forecasting model coupled with Chemistry)를 이용하여 특정 사례 일에 초미세먼지가 강수에 어떤 영향을 미쳤는지를 분석했다.

그 결과 초미세먼지가 강수량 증가에 영향을 주는 것으로 나타났다. 비

---

* 대기 중에 부유하는 고체 또는 액체상태의 작은 입자로 그 크기는 보통 0.001~1.0㎛ 정도이다. 에어로졸은 자연적으로 또는 화석연료 사용 등에 의하여 인공적으로 만들어질 수 있는데 미세먼지도 여기에 속한다.

보다는 눈이나 싸락눈에 더 큰 영향을 미쳤다. 이것은 배출된 초미세먼지가 빙정핵氷晶核(ice nucleus)으로 작용했기 때문으로 보인다. 구름 속에 있는 물(cloud water)이 빙정핵 주변으로 이동해 빙정을 더 많이 생성하고 늘어난 빙정들은 대기 중의 얼음과 눈 또는 싸락눈을 더 형성하여 결과적으로 눈·얼음·싸락눈이 증가한 것이다.

이와 관련해 상당히 흥미로운 연구결과도 있는데, 전북대학교의 위지은, 문병권(2017)의 연구에 의하면, 엘니뇨(El Niño) 겨울이 라니냐(La Niña)* 겨울보다 미세먼지 농도가 높고 강수량이 적을수록 미세먼지 농도가 높게 나타났다.[19]

기후변화가 심각해진다는데 그러면 미세먼지는 더 나빠질까? 기후변화로 인해 미세먼지가 증가할 가능성이 크다는 것은 앞에서 언급했다. 실제로 이에 대한 연구가 있다. 알렌 등(2016)은 미국·영국과 공동으로 지구온난화로 인한 기후변화가 대기 중의 에어로졸 총량에 어떤 영향을 주는가를 연구했다.[20] 기후변화 시나리오 중 지금처럼 계속해서 온실가스를 배출한다고 가정했을 때 2000년부터 2100년까지 기후변화와 대기 중의 에어로졸 변화를 예측했다. 그랬더니 지구온난화가 진행될 경우 대기 중의 에어로졸은 증가하는 것으로 나타났다. 대기 중에 미세먼지를 포함한 에어로졸이 늘어날 경우 세기말에는 지표면 $1m^2$가 받는 태양에너지는 기온이 1℃ 상승할 때마다 0.02~0.09W씩 줄어들 것으로 예상했다.

이 이야기는 기온이 상승할수록 대기 중에서 태양에너지를 반사하거나 흡수하는 에어로졸이 늘어나고 결국 지표에서 받을 수 있는 에너지는

---

* 엘니뇨는 태평양의 해수 온도가 높아져 일정 기간 지속되는 현상을, '라니냐'는 반대로 수온이 차가워지는 현상이다. 두 현상은 번갈아 나타나며 기후에 영향을 준다.

줄어든다는 것이다. 이런 연구가 국립기상연구소의 연구에서도 나왔다. 1980년대부터 급증한 동아시아지역의 에어로졸로 인해 남동 중국부터 한반도 북쪽 지역까지 지상 기온이 떨어진다는 것이다.

2016년 《연합뉴스》는 〈네이처 지오사이언스*Nature Geoscience*〉에 발표된 미국·영국·중국의 공동연구를 인용해 "중국의 극심한 대기오염이 동아시아 기후변화의 주요 원인"이라고 보도했다.[21] 중국에서 석탄과 석유 등 화석연료를 태우는 과정에서 발생하는 미세먼지들이 대기 중에 머물면서 동아시아 지역의 기온과 강우 패턴을 변화시킨다는 것이다. 이 연구팀은 미세먼지 등의 에어로졸은 온실가스보다도 배출 지역의 기후에 더 큰 영향을 미친다고 주장했다. 중국에서 배출된 미세먼지가 동아시아 상공에 머물면서 햇볕을 차단해 대기를 냉각한다는 것이다.

이처럼 하나의 이상 현상으로 끝나는 것이 아니라 다른 쪽의 기후에도 연쇄적으로 영향을 미친다. 기온이 떨어지면 대류과 해양의 기압 경도력이 약해지고, 중국으로 유입되는 수증기량이 줄어든다. 이에 따라 상승기류도 약화되므로 동아시아 지역의 여름 몬순을 약하게 만든다. 미세먼지의 증가가 이런 과정을 거치며 장기적으로는 기후변화를 일으키게 되는 것이다.

그렇다면 온실가스에 의한 지구온난화와 미세먼지로 인한 기온 하강에는 어떤 차이가 있을까? 미세먼지에 의해 기온이 떨어지는 현상은 국지적으로는 분명히 있다. 그러나 이산화탄소 등의 온실가스는 그보다 범위가 넓은 전 지구의 기온을 상승시킨다.

무엇보다 스모그와 온실가스가 지구 환경에 영향을 주는 기간에 차이가 난다. 미세먼지 등의 스모그가 지구 기온을 낮추는 것은 길어야 수십

년을 넘지 못할 것이다. 화석연료가 고갈되고, 또 신재생에너지로 점차 대체하고 있으며 미세먼지를 없애는 새로운 기술이 계속 개발되고 있기 때문이다.

그러나 온실가스는 그와 달리 계속해서 증가할 것으로 예상된다. 온실가스는 지구온난화에 미치는 영향이 길게는 수천 년까지 갈 수 있다. 둘 다 지구의 기후를 변화시키고 있지만, 굳이 따진다면 온실가스가 미세먼지보다 지구온난화에는 더 치명적이다.

미세먼지는
재난이다

영화에서 보는 미세먼지의 사회 재난과 공포

차 이 파란 하늘을 본 적 있어요?

왕 휘칭 푸른 끼가 있는 하늘은 한 번 본 적이 있어요.

차 이 하얀 구름은 어때? 본 적 있어요?

왕 휘칭 아뇨, 없는데요…….

중국의 미세먼지를 다룬 다큐멘터리 〈언더 더 돔Under the dome〉 (2015) 중에 나오는 대화이다. 필자는 영상을 보는 내내 마음이 무거웠다. 남의 나라 일만은 아니라는 생각 때문이다. 하얀 구름을 본 적이 없는 중국의 어린이들, 이들의 기억 속 구름은 오직 검은색과 진회색뿐이다. 이 영상은 CCTV 전 앵커 차이징柴靜이 어린 딸의 암 발생 원인이 중국의 심각한 미세먼지 때문이라고 의심하며 그 근거자료를 찾아 취재해간 내용이다. 미세먼지의 피해를 알리고, 미세먼지를 줄이기 위한 대안과 대응책을 찾기 바라며 만들었다. 그는 제작하면서 중국의 디스토피아적인 미세먼지의 현실에 절망한다.

이처럼 사실을 다룬 다큐멘터리 외에도 미세먼지와 기후변화를 소재나 배경으로 한 영화와 드라마를 심심찮게 볼 수 있다. 미세먼지가 중국보다 우리나라가 더 심각해진 미래 상황을 보여주는 국내 SF 드라마도 흥미로웠다. 웹 드라마 〈고래먼지〉(2018)다. "공기 썩기 전에는 〈벚꽃엔딩〉 들으면서 봄만 되면 소풍 나갔었는데", "소풍이 뭐예요?" 2053년의 서울에서 이루어지는 대화들이다. 극심한 미세먼지로 인해 방독면 없이 외출하는 것은 자살이나 다름없는 시대, 보이는 것이라고는 다 무너진 황량한 도시, 다시 볼 수 없게 된 봄 풍경은 노래 가사로만 남아 있다. 소풍이라는 것을 아예 알지 못하는 세대가 2053년이면 정말 서울에 나타날까? 상상만으로도 숨이 막힌다.

"잿빛 하늘 아래에서 살아가는 사람들, 그리고 그들의 존재마저도 지워버리는 스크린 속 미세먼지는 차라리 공포다." 한국 영화 〈낯선 자〉(2018)도 배경은 마찬가지다. 모래바람과 미세먼지가 너무 심해 창문을 꽁꽁 싸매 닫을 수밖에 없어 집 안은 대낮에도 깜깜하다. 맑은 공기를 찾아 집에 침입한 거지를 피해 온 힘을 다해 도망친다. 그러나 바깥은 앞이 보이지 않을 정도로 미세먼지가 자욱하다.

해외로 가보자. 필자의 기억에 가장 인상 깊었던 영화는 〈인터스텔라 Interstellar〉(2014)다. 지구의 극심한 기후변화, 지구온난화로 생태계가 파괴되는 등 지구는 사람이 살 수 없는 행성으로 변해간다. 인간의 탐욕으로 지구 산소량은 줄어들고 지독한 모래바람과 미세먼지 바람이 지구를 뒤덮는다. 강력한 산성 오염물질인 미세먼지로 인해 나무도 풀도 자라기 힘들다. 식량의 감산으로 옥수수 외에는 먹을 것도 없다. 백약이 무효인 인류는 서서히 죽음을 기다려야 하는 상황이다. 인류의 마지막 희망은 사람들이 살 수 있는 다른 행성을 찾는 것이다.

"마침내 미세먼지가 온 세상을 뒤덮었다!" 프랑스 영화 〈인 더 더스트 *Just a Breath Away*〉(2018)의 카피다. 파리에 지진과 함께 미세먼지가 차오르는 사상 초유의 재난이 발생해 수많은 사람이 죽어가 파리시민의 60%에 이른다. "최첨단 인공지능으로 병을 치료하는 미래이지만 미세먼지만은 국가도 사람도 할 수 있는 것이 없습니다." 감독의 말이 의미심장하게 들린다.

미세먼지 재난 사고

영화가 아닌 현실에서 실제로 미세먼지로 인해 엄청난 재난이 발생했다. 지금이야 미세먼지가 얼마나 나쁜지 많은 사람이 알고 있지만, 미세먼지가 세상에 알려지게 된 끔찍한 사건이 있기 전까지만 해도 심각성에 관해 잘 몰랐다.

미세먼지가 인류의 삶에 영향을 준다는 사실이 최초로 알려진 것은 대기오염으로 인한 집단 사망 사고가 일어난 이후이다. 1930년에 발생한 벨기에 뫼즈 계곡의 참사는 최초의 대기오염 사고였다. 1930년 12월 1일에 짙은 안개가 벨기에를 휘감았다. 기온의 교차가 큰 내륙성 기후를 보이는 분지인 뮤즈 계곡도 마찬가지였다. 안개의 색깔은 시간이 흐를수록 회색으로 짙어졌다. 닷새째 되는 날인 12월 6일 강한 바람이 불면서 안개가 겨우 걷혔다. 그러나 뮤즈 계곡은 아비규환의 아수라장이었다. 사상자가 6,000명이나 나온 엄청난 재난이었다. 벨기에 정부는 즉시 사태를 수습하면서 원인 파악에 나섰다.

사망자 부검 결과 기관지와 폐가 심각하게 손상된 것이 발견되었다. 폐포에는 검댕이 입자가 빼곡했다. 사고조사위원회는 사고 원인을 공기의 오염과 기상 조건을 꼽았다. 당시 뮤즈 계곡에서는 에너지원으로 석탄을 주로 사용하고 있었는데, 석탄에 포함된 황이 사람들을 죽게 만든 원인이었다. 황 자체로도 위험하지만, 안개와 결합해 만들어지는 황산은 더 위험했다. 당시 죽은 사람들 폐에서 발견된 검댕은 지금으로 말하면 초미세먼지라고 할 수 있다. 다른 원인은 기상 조건이었다. 대기가 안정되어 있었던 탓에 안개가 발생하면서 역전층이 만들어졌다. 그러다 보니 뮤즈 계곡 안에서 발생한 오염물질들이 다른 지역으로 퍼지지 못하고 며칠간 축적된 것이다. 당시의 과학기술로는 규명하기가 어려워 정확한 진상조사는 거의 불가능했다. 그러나 후에 과학자들은 당시의 대기오염물질이 지금으로 말하면 오염된 미세먼지라고 추측한다. 이 사건은 세계 3대 대기오염 사건으로 기록되었다.

두 번째 사건은 1948년 미국 펜실베이니아주에 있는 인구 1만 4,000명이 거주하는 도시 '도노라'에서 발생했다. 주로 제철소와 황산 제련 공장이 들어선 도노라는 평상시에도 안개가 짙게 끼는 계곡이었다. 1948년 10월 27일부터 안개가 끼고 바람이 불지 않는 날이 닷새간 지속되었다. 그 기간 공장에서 배출된 여러 종류의 유해가스와 매연, 증기 등이 안개와 함께 섞여 공중에 머물렀다. 20여 명이 죽고 6,000여 명이 호흡기 질병으로 입원 치료를 받았다.

이 사건은 미세먼지가 인체에 어떤 영향을 미치는지를 보여준 대표적인 사례였다. 미국에서는 왜 이런 사태가 벌어졌는지를 밝히기 위해 역학조사를 실시했다. 그랬더니 $10\mu m$ 이하의 오염된 미세먼지가 질병 발생과 사망률을 높이는 것으로 밝혀졌다. 또한 건강한 사람에게도 해로운 영향을 미칠 가능성이 크다는 것이 최초로 밝혀졌다. 이후 미국 정부에서는 대기오염 대책을 마련하기 시작하고 미세먼지에 대한 대기오염 기준도 세우기 시작했다.

도노라 계곡의 비극 이후 4년 만에 또다시 대기오염에 의한 엄청난 사망자가 발생한다. 1952년 런던 스모그 사건으로 그레이트 스모그(Great Smog)라고도 불린다. 1952년 12월 5일부터 12월 10일까지 차가운 고기압이 밀려오면서 기온이 뚝 떨어졌다. 대기가 안정되면서 런던은 차가운 안개로 뒤덮였고, 런던 시민들은 추워지자 난방을 위해 평소보다 많은 석탄을 사용했다. 여기에 디젤 버스에서 배출된 미세먼지까지 더해졌다. 다량의 석탄 그을음은 미세먼지로, 황산가스는 2차 입자성 물질로 변해 초미세먼지가 되었다. 엄청나게 높은 미세먼지 농도에 수많은 사람이 고통을 받고 죽어갔다. 총 1만 2,000명이 사망하는 대참사였다. 이후 영국 의회는 청정대기법(Clean Air Act 1956)을 제정하게 된다.

이런 일련의 사건을 겪으면서 세계보건기구(WHO)는 미세먼지와 초미세먼지에 대한 대기질 가이드라인을 1987년부터 제정했다. 우리나라 환경부도 미세먼지와 초미세먼지를 대기오염물질로 규제하고 있다.

미세먼지도 재난방송을 해야 한다

2019년 4월 고성에서 대형산불이 발생했을 때 일부 방송이 재난방송을 하지 않아 문제가 된 적이 있다. 당시 청와대 게시판은 '국가적 재난 발생 시 각 방송사는 진행 중인 방송을 모두 중단하고 해당 재난에 대한 방송을 편성하길 요청한다'는 국민 청원으로 뜨겁게 달궈졌다.

「방송통신발전기본법」에 따르면 재난방송은 재난이나 재해, 또는 민방위 사태가 발생하거나 발생할 우려가 있을 시 그 발생을 예방하거나 대피, 구조, 복구 등에 필요한 정보를 제공해 그 피해를 줄일 수 있도록 명시하고 있다. 인터넷이나 재난 문자 메시지 등으로 재난 상황을 접하기 어려운 사람들을 위해 상대적으로 보급률이 높은 미디어인 TV를 통한 방송의 중요성을 보여준 사건이었다.

다행히 정부는 최근 미세먼지를 포함한 재난방송 매뉴얼 개정을 추진 중이라고 발표했다. 다만 2019년 초 처음으로 사회적 재난으로 지정된 미세먼지의 경우 새로운 재난이기에 국민에게 어떻게 알릴지 고민이 필요해 보인다. 올바른 미세먼지 재난방송을 위해서는 사전에 어떤 준비를 해야 할까?

먼저 미세먼지의 특성을 파악하고 국민에게 정확한 미세먼지 정보를 제공해야 한다. 미세먼지는 같은 지역에서도 도로변인지 주택가인지에 따라 상황이 달라진다. 같은 장소라도 높이에 따라 그 농도가 다르다. 거기다 미세먼지 농도는 풍향, 풍속 같은 기상 상황에 따라 순식간에 돌변한다. 또 위치별 지형적 특성과 주위 오염원 유무에 따라 매우 다른 값을 보인다. 따라서 정확한 미세먼지 농도를 파악하기 위해서는 우선 3m 이하 높이에 최대한 많은 측정기를 설치해 가능한 한 모든 공기질 데이터를 수집해 정확한 측정값을 실시간으로 제공해야 한다.

그다음은 이러한 미세먼지의 특성을 재난방송에 접목하는 작업이 필요하다. 우리가 흔히 떠올리는 태풍 같은 기상재해와 산불, 지진 같은 재난은 불시에 발생하므로 주로 발생 시에만 빠른 전달이 필요할 뿐 평상시에는 재난방송이 필요하지 않다. 그러나 미세먼지는 숨을 쉬는 내내 누구도 피해 갈 수 없고 24시간 항시적으로 직면할 수밖에 없는 문제다. 따라서 미세먼지 재난방송은 상시로 정보를 전달할 수 있는 체계가 구축돼야 한다.

예전 같으면 감히 상상할 수 없는 방법이었지만 최근 빠르게 발전하고 있는 빅데이터와 인공지능(AI) 기술의 힘을 빌리면 훨씬 세분화된 지역별 미세먼지 재난방송은 물론이고 개개인에게 맞춤형 미세먼지 재난방송도 가능할 것으로 보인다.

미세먼지는
돈이다

"미세먼지(PM10) 농도가 월평균 1%씩 1년 동안 높아질 경우 미세먼지 관련 질환을 앓는 환자 수가 260만 명가량 증가한다." 빅데이터를 분석해 미세먼지 농도와 질병의 사회경제적 손실과 파급효과를 추정한 국내 연구 발표 내용이다. 성균관대, 순천향대, 경상대의 공동연구자들(2018)은 2010년 1월부터 2017년 5월까지의 미세먼지 평균 농도와 건강보험심사평가원의 보건의료 빅데이터를 분석해 경제성을 평가했다.[22]

이들의 연구를 보면 미세먼지 농도가 월평균 1% 증가하면 5개월 후 환자 수는 0.25%가량 늘어나는데 2017년을 기준으로 계산하면 환자 22만 1,988명이 증가하고 이에 따라 늘어나는 의료비는 연간 649억에 달하는 것으로 추정됐다.

또한 미세먼지 농도가 1% 높아지면 2014년을 기준으로 국내총생산은 0.0052%, 고용은 0.0058% 감소하는 것으로 추정했다. 미세먼지 농도가 높아지면 환자가 늘면서 의료비가 증가하고, 가계소비에서 의료비 외 부문의 지출은 줄어들어 사회 전체적으로 소비가 위축된다. 연구팀은 2010년부터 2017년 기간 중 미세먼지 농도가 월평균 15% 증가한 경우를 기준으로 분석한 결과 GDP가 잠재적으로 0.08% 정도 감소하는 것으로 보고했다.

미세먼지를 줄이는 데 투자를 늘려야 한다

한국환경정책평가원에서 2018년 황사와 미세먼지로 인한 사회적 비용이 최대 20조 원 정도라는 연구결과를 발표했다. 엄청난 경제적 피해다. 미세먼지는 반도체, 디스플레이, 자동차 엔진과 같은 정밀 전자기계 제품의 불량률을 증가시키고 생산성을 저하시킨다. 항공기나 자동차와 같은 운송 분야에도 악영향을 미쳐서 물류와 유통 수출입, 교통제한 운행정지 등도 가져온다. 그러나 가장 큰 피해는 건강에 미치는 악영향이다.

정부에서는 미세먼지를 줄이기 위해 엄청난 예산을 투자하고 있다. 많은 돈을 투자하더라도 미세먼지를 잘만 관리한다면 오히려 경제적으로는 이익이다. 서울시는 '서울시 미세먼지 10대 대책'을 위해 2017년부터 2020년까지 총 6,417억 원을 투입할 계획이다. 이렇게 많은 돈을 투입하려면 사회경제적 편익을 따져 타당성을 확보할 필요가 있다. 이를 위해 서울연구원은 무작위로 추출된 서울시 551가구를 대상으로 대면면접방식의 설문조사를 시행했다. 우선 2025년까지 서울시 초미세먼지(PM2.5) 연평균 농도를 최근 평균보다 $10\mu g/m^3$ 줄이는 데 드는 비용을 개별 가구에서 세금의 형태로 최대 얼마까지 낼 용의가 있는지를 물었다. 그랬더니 서울시의 가구당 연평균 지불 용의액은 13만 8,107원이었다. 서울시민들이 초미세먼지 농도를 줄이기 위해서라면 가구당 연 13만 원 이상을 세금으로 내겠다는 것이다. 이러한 수치라면 서울시의 총가구 수를 감안한다면 서울시민 전체가 미세먼지 관리정책에 지불할 용의가 있는 세금은 매년 5,407억 원이라고 추정할 수 있다. 필자가 생각한 금액보다 큰 액수다. 그만큼 서울 시민들이 미세먼지가 심각하다고 생각하기 때문이 아닌가 한다.

만약 서울시가 성공적으로 미세먼지를 잘 관리해서 2025년 연평균 초미세먼지 농도가 $15\mu g/m^3$가 된다고 가정해보자. 서울연구원은 그렇게 된다면 서울시민의 미세먼지 건강영향 개선 이익이 연평균 4,139억 원이 될 것으로 추정했다. 그리고 산업 총생산액도 올라 연평균 160억 원 증가하고, 가시거리 개선에 따른 편익은 연평균 최소 438억 원에서 최대 1,400억 원이 될 것으로 추정했다. 그러니까 연평균 최대 5,700억 원 정도의 경제적 이익이 발생한다는 것이다.

서울시가 현재(2019년) 미세먼지 관리를 위해 투자하고 있는 연평균 예산은 1,604억 원 정도이다. 그런데 이 정도 돈을 투자해서 5,700억 원의 이익이 있다면 거의 3~4배의 경제적 이익이 있다. 이러한 근거를 바탕으로 서울연구원은 서울시가 미세먼지 문제 개선을 위해 더 많은 예산을 투입해야 한다고 강조한다. 서울연구원의 비용편익분석은 엄밀한 의미에서의 비용편익분석은 아니고, 또 비용과 편익을 추정한 대상 연도가 다르다는 한계도 있다. 그러나 우리나라에서 최초로 미세먼지 관리비용과 그렇게 했을 때의 경제적 이익을 정량화한 연구라는 점에서 의미가 있다.

미세먼지가 국민의 건강과 산업에 주는 피해를 생각한다면 현재보다 더 많은 투자가 있어야 하지 않나 생각한다.

미세먼지가 소비 패턴을 바꾼다

이젠 미세먼지가 계절적 관심사가 아닌 연중 이슈라는 점을 보여주듯 2018년 하반기부터 2019년까지 1년간 구글의 단어 검색어 2위는 미세먼지였다. 미세먼지를 제외한 종합순위 10위 내 키워드 대부분이 각종 사건, 사고와 관련된 연예인 혹은 인기 영화나 게임 관련 키워드임을 고려하면 미세먼지에 대한 국민의 관심이 얼마나 큰지 알 수 있다. 이렇게 키워드로 드러난 미세먼지에 대한 관심은 고스란히 소비로도 이어진다.

초미세먼지 농도가 높아지면서 소비 패턴도 바뀌고 있다. 2019년 3월 BC카드가 서울에 거주하는 약 700만 명 고객의 2017년과 2018년의 겨울철(12~1월) 카드 결제 데이터를 분석한 결과 초미세먼지 농도에 따라 카드 결제액과 업종별 매출에 차이를 볼 수 있었다. 일반적으로 초미세먼지 농도가 높을수록 외부 활동이 줄어 소비가 움츠러들 것으로 생각하지만 실제로는 달랐다. 초미세먼지 등급이 '매우 나쁨'인 날에 소비가 더 늘어났다. 하루 평균 카드 소비액을 전년 동기와 비교하면 '매우 나쁨'인 날에 19%, '나쁨'인 날은 7.7%가 늘었다고 한다. 초미세먼지 농도가 '매우 나쁨'일 때 '보통'일 때보다 거의 4배 이상 많이 카드를 사용한 것이다. 이것은 공기가 나쁘면 외출하지 않고 온라인쇼핑을 많이 하기 때문이다. 외출이 필요한 편의점(건당 평균 결제액 6,800원) 등에서의 소비가 줄어드는 대신 결제액이 큰 온라인 쇼핑(건당 10만 1,000원) 등의 이용이 늘기 때문이다.

그렇다면 초미세먼지가 많을 때 매출이 늘어나는 업종은 무엇일까? 초미세먼지 농도가 나쁠수록 개인 병·의원, 배달 앱, 키즈카페 매출액이 폭발적으로 늘어났다. 반면 음식점·아웃렛·테마파크 등은 찾는 사람이 많이 감소했는데, 이런 경향은 평일보다도 특히 휴일에 도드라졌다. 개인 병·의원 중에선 호흡기·피부질환과 관련된 이비인후과·안과·피부과 이용액이 많이 증가했는데, 이비인후과 매출액은 휴일에 무려 157%나 증가했다. 배달 앱의 경우에도 '매우 나쁨'일 때 휴일에는 91% 매출액이 늘어났고, 키즈 카페도 휴일 이용액이 81% 증가했다고 한다. 이런 업종은 미세먼지가 농도가 높을수록 호황이지만 그렇다고 드러내놓고 좋아하기도 어렵지 않을까 싶다.

2018년 겨울과 2019년 봄에 유난히 심했던 미세먼지 덕에 뜻밖의 상품이 인기를 누렸다. 바로 편한 숨을 쉬게 해 주는 산소 캔이다. 인터넷에서 "숨 쉬는 데도 돈 드나?"라는 불만의 소리가 있었지만 매출은 급상승했다. 2018년 가을부터 2019년 봄까지 미세먼지가 극성을 부리면서 산소 캔 판매가 그 전년도 대비 거의 2배로 급증했다. 원래 산소 캔은 천식 환자 등을 위한 의료용 제품이지만, 고농도 초미세먼지 발생일에는 산소 캔을 찾는 사람들이 늘어난 것이다. 그리고 최근에는 산소를 배출하는 분말형 공기정화제도 인기를 끌고 있다. 산소 캔의 경우 신선한 산소가 고농도 압축되어 담겨 있어, 코에 대고 숨을 마시면 산소가 몸속으로 들어온다. 미세먼지가 만든 새로운 사업 분야가 아닌가 한다.

"도시 전체가 가스실" 2019년 11월 《중앙일보》 기사제목이다. 뉴델리는 대기오염으로 악명이 높은 도시이다. 인구과밀에 낡은 경유차도 많고, 난방이나 취사용으로 소똥이나 폐자재를 태우면서 발생하는 미세먼지의 양이 많다. 여기에 더해 11월에는 추수가 끝난 뒤 논밭을 태우면서 발생하는 미세먼지와 디왈리(Diwali) 축제*에서 터뜨리는 폭죽의 미세먼지까지 더해지면서 대기오염은 최악이 된다.

글로벌 대기오염 조사기관인 에어 비주얼(Air Visual)에서 2018년 전 세계 수도의 초미세먼지 오염도를 분석한 결과를 보면, 뉴델리가 조사대상 62개 수도 가운데 가장 높았다. 뉴델리의 연평균 초미세먼지(PM2.5) 농도는 113.5$\mu g/m^3$이었다. 이는 우리나라에 2019년 3월 초 일주일간 최악의 미세먼지가 발생했을 때 서울의 일평균 초미세먼지 농도가 110$\mu g/m^3$였는데 이보다도 높은 수치다. 그때 우리는 이대로는 도저히 살 수 없다고들 했는데 뉴델리는 연평균 미세먼지 농도가 우리나라의 가장 높은 날보다도 더 높은 것이다. 2019년 11월에는 초미세먼지 농도가 1,000$\mu g/m^3$를 넘었다고 하니 도시 전체가 가스실이라는 말이 나올 만하다. 상황이 이러니 신선한 공기를 찾아 산소를 마신다는 산소 카페가 등장할 수밖에 없지 않을까 싶다.

이처럼 미세먼지 농도가 높은 인도는 이로 인한 관련 질환자도 많을 수밖에 없다. 인도 의학연구위원회(ICMR)의 보고서에 따르면 2017년 인도에서 대기오염과 관련된 질환으로 사망한 사람만도 124만 명이나 된다. 이 수치는 인도 전체 사망자 수의 12.5%로 엄청난 숫자다. 하지만 인도 정부의 미세먼지 대책은 미흡하다 보니 뉴델리 시내 대형 쇼핑몰에

---

* 힌두교에서 부와 풍요의 여신인 락슈미를 기념하여 매년 10~11월경에 닷새간 집과 사원 등에 등불을 밝히고 힌두교의 신들에게 감사의 기도를 올리는 전통이다.

정화된 산소를 판매하는 카페 '옥시 퓨어'가 등장했다. 이 카페에서 약 5,000원을 내면 15분간 신선한 산소를 마실 수 있다. 산소에 향을 첨가하여 총 7종류 가운데 선택할 수 있으며 가격은 각각 다르다고 한다. 산소 카페 측은 "정화된 산소가 피로 해소, 수면 장애 등에도 도움이 된다"면서 홍보하고 휴대용 산소 캔도 판매한다. 인도는 국민소득이 매우 낮아 돈을 내고 산소를 사 마시는 것은 경제적으로 부담스러울 수밖에 없다. 그런데도 건강을 위해 산소 카페를 찾는 사람들이 많다고 한다. 이러한 산소 카페는 상대적으로 공기가 좋은 캐나다나 프랑스 등에서도 성업 중이라고 한다.

가전제품과 옷, 선택의 이유가 달라졌다

브랜드 가치를 평가하는 브랜드스탁이 발표한 '2019년 100대 브랜드'에 따르면 공기청정기와 에어워셔 등 미세먼지 관련 브랜드의 순위가 일제히 상승했다. 공기청정기와 자연 가습기를 판매하는 회사의 브랜드가 각각 98위, 99위에 오르며 첫 100위권에 진입한 것을 시작으로 미세먼지와 관련된 기능을 갖춘 다른 전자제품 브랜드 역시 일제히 브랜드 가치가 높아졌다. 여름이면 강세를 보이던 프리미엄 에어컨 브랜드조차 냉방 기능이 아닌 미세먼지 제거 기능을 전면에 부각해 홍보하는 것은 바로 미세먼지 마케팅이 더 중요하다는 인식 때문이다.

미세먼지 관련 가전제품들도 판매 1순위로 올라섰다. 옥션 온라인쇼핑 사이트에 따르면 2019년 1월 1일~3월 27일 미세먼지 관련 가전용품 판매량은 2016년과 비교했을 때 245% 늘었다. 공기청정기 판매량은 2016년보다 무려 5배(515%)나 많아졌다. 미세먼지 탓에 빨래를 햇볕과 바람만으로 자연 건조하는 것을 꺼리면서 의류관리기(스타일러)와 의류건조기도 필수 가전제품으로 자리 잡아 3년 전보다 각각 21배(2,103%)와 18배(1,825%)나 급증했다. 전문가들은 이젠 가정에서 TV나 냉장고보다 공기청정기, 의류관리기, 의류건조기를 더 많이 장만할 것이라는 전망까지 하고 있을 정도다.

전자제품만이 아니다. 의류업계도 의류에 묻는 미세먼지를 줄이는 제품으로 승부를 걸고 있다. 아웃도어 브랜드 N사는 정전기, 미세먼지 방지 효과가 있는 도전사 원단을 활용해 미세먼지 차단 효과가 있는 의류를 선보였다. 의류가 미세먼지를 나르는 악역이 아닌 미세먼지를 줄이는 제품이라는 이미지를 주면서 소비자의 관심을 끄는 데 성공했다. 다른 의류업체 L사는 미세먼지가 달라붙지 않는 더스트 스탑 시리즈를 출시했다. 야외활동도 늘고 미세먼지 농도도 높아지는 봄을 맞아 탄소가 함유된 기능성 원단으로 만든 정전기와 미세먼지를 막아주는 옷이다. 또 다른 아웃도어 업체 N사는 프로텍션 재킷 시리즈 의류를 선보였다. 대표 제품인 '데이 컴팩트 쉴드 자켓'은 특수 처리한 원단을 사용한다. 여러 층과 막으로 짜인 원단으로 미세먼지가 침투할 틈을 만들지 않아 신체를 보호하는 원리이다. 이 제품 역시 정전기 발생을 방지해 먼지가 최대한 붙지 않게 하는 도전사 원단을 제품별로 적용하고 있다. 여기에 입과 코를 충분히 덮는 하이넥 디자인, 줄로 조임 정도를 조절할 수 있는 후드 등을 달아서 미세먼지로부터 신체를 최대한 보호할 수 있도록 디자인했다.

미세먼지는 노인과 아이들에게는 치명적이다. 그렇다 보니 어린이 의류기업도 미세먼지를 막아주는 옷이 시장에 나오고 있다. Z사는 정전기 방지 원단을 사용하여 미세먼지를 막아주고, 어린이의 민감한 피부를 보호하는 의류를 선보였다. A사는 방진 가공으로 만든 원단을 사용해 안티 더스트 점퍼를 만들어 미세먼지가 옷에 붙는 것을 방지하고, 허리에 고무줄을 넣어 체형에 꼭 맞도록 해 미세먼지로 인한 제품 오염을 최대한 막았다.

미세먼지로 실내골프장도 인기가 높아졌다. 국내 한 실내골프업체가 조사한 바에 따르면 국내 골프 인구의 폭발적인 증가세를 보여 2018년 현재 필드에서 골프를 즐기는 인구는 264만 명, 스크린골프를 즐기는 인구는 351만 명으로 스크린골프를 즐기는 수가 필드 골프 수를 넘어섰다. 추위나 더위, 태풍과 폭염 등 나쁜 날씨도 영향을 주지만 최근에는 미세먼지가 가장 영향을 많이 미치고 있다. 우천의 여부를 떠나 공기가 나쁜 날 굳이 야외로 나가지 않아도 골프를 즐길 수 있고 회원권과 같은 목돈 지출도 필요 없는 장점을 내세워 골퍼들을 유혹하는 데 성공한 것이다.

나무와 숲이 대세다

미세먼지로 공기질이 나쁜 날이면 식물 판매도 대박이 난다. 2019년 2월 중순에서 하순 사이 미세먼지가 매우 나쁠 때 공기정화에 효과가 있다고 알려진 식물 판매량이 대폭 증가했다고 한다. 11번가에 따르면 미세먼지가 극성을 부리자 공기정화 식물 거래가 그 전년도 같은 기간보다 119% 증가하고 전월과 비교했을 때는 59%, 전주보다는 44% 늘어났다고 한다.

2019년 3월 초에 온라인 쇼핑몰에서는 미세먼지 정화 식물 코너가 그 야말로 '핫' 했다. 실제로 화초를 키우면 수분 제공, 음이온 방출, 미세먼지나 폼알데하이드 제거 기능이 어느 정도는 있다. 네덜란드 바헤닝언대학교 연구팀의 연구에 의하면 식물을 키우는 사무실이나 집은 식물이 없는 사무실보다 습도가 평균 5% 높고 기온 변화도 덜 심해 사람에게 유익한 미기상(microclimate)을 조절하는 효과가 있는 것으로 나타났다. 그 밖에도 식물이 있는 사무실에서 근무하는 사람은 긍정적으로 변한다고 한다. 집 안에 식물을 키우면 미세먼지 문제를 해결할 수 있을 뿐 아니라 정서적 안정에도 도움이 된다.

언제부터인가 '미세먼지 포비아'라는 말이 유행이다. 식물이 미세먼지를 줄이는 기능이 있다 보니 맑은 공기를 원하는 사람들이 식물원 같은 환경 속에서 커피를 즐기는 식물원 카페도 인기를 끌고 있다. 나무, 꽃 등 식물을 관람할 수 있던 종래의 식물원을 카페로 활용하는 것이다. 스투키나 아레카야자 등 공기 정화에 효과가 좋고 미관상으로도 수려한 식물들 사이에서 음료나 다과를 즐길 수 있는 것이 특징이다. 경기도 화성시 매송면의 B 식물원 베이커리 & 카페가 좋은 예이다. 이 카페에는 국립원예특작과학원이 공기정화 식물로 추천한 스투키, 아레카야자, 테이블야자, 스파티필룸, 벵갈고무나무 등 6종 이상의 식물 약 250그루가 있어서 미세먼지를 차단하고 청정한 공기를 유지한다.

2019년 1월 산림청이 발표한 '미세먼지 저감 및 품격 있는 도시를 위한 그린 인프라 구축방안'에서 "도시에 조성된 나무 1그루는 1년에 미세먼지 35.7g을 흡수하고, 숲 1ha는 미세먼지 46kg을 포함한 대기오염

168kg을 저감한다"고 밝혔다.

숲을 끼고 있는 숲세권 아파트가 인기를 끌고 있다. 발 빠른 건설업계에서는 '미세먼지를 줄여주는 숲에서 가깝다'는 뜻으로 '숲세권'이란 신조어를 내세우며, 아파트 단지 입구부터 집 내부까지 곳곳에 미세먼지 저감 또는 측정을 내세운 마케팅을 하고 있다. 점점 더 심해지는 미세먼지를 피해 자연 인근으로 주거지를 옮기고자 하는 사람들의 수요를 읽은 것이다. 주택산업연구원의 '2025년 미래 주택시장 트렌드'를 보면 많은 사람이 집을 선택하는 기준으로 숲이나 공원 등 녹지공간이 가까운 '숲세권' 아파트를 선호하고 있다. 미세먼지 등으로 대기환경이 악화되면서 좀 더 쾌적한 주거환경을 선호하는 수요자들이 증가하고 있는 것이다.

부동산 규제의 영향을 비교적 덜 받아 틈새 투자처로 급부상 중인 상업시설도 공원을 품은 '공세권'이 더 인기라고 한다. 공원이 있으면 미세먼지 농도가 낮아진다. 여기에 공원 방문객들까지 유동인구와 배후 수요자로 삼을 수 있어 안정적인 수익 창출이 가능해지기 때문이다. 실제로 2019년 초에 전국적으로 대규모 공원 옆에 위치한 아파트 분양단지의 상업시설은 엄청난 인기를 끌면서 완판되었다고 한다.

미세먼지 제로 프로젝트

제 2 장

미세먼지와 건강

25 Lessons for the
Clean Air

●●●

　　"미세먼지에 가장 좋은 음식은?"

　다음소프트의 빅데이터 분석에 따르면 우리 국민은 삼겹살로 알고 있다. 1위가 삼겹살이고 2위부터 5위까지가 녹차, 마늘, 미역, 미나리 등의 순서였다. 2위부터 5위까지는 미세먼지로부터 몸을 보호하고 중금속을 배출하는 효과가 있다고 알려진 식품들이다.

　삼겹살이 1등 한 이유는 무엇일까? 많은 사람이 삼겹살을 먹으면 기관지의 미세먼지가 씻겨 내려간다는 속설을 믿기 때문이라고 한다. 어쨌거나 미세먼지가 심한 날 삼겹살 음식점이 북적이는 것은 사람들이 그만큼 미세먼지가 건강에 해롭다고 믿기 때문일 것이다.

　이번 장에서는 미세먼지가 우리의 일상을 어떻게 파고들어 건강에 어떤 영향을 미치는지를 국내외 연구를 통해 살펴보고자 한다.

미세먼지는
호흡기에 치명적이다

미세먼지는 호흡기에 독이다

익히 알려진 것처럼 미세먼지는 호흡기 및 천식 환자에게 나쁜 영향을 준다. 전문가들도 미세먼지에 대해 주의를 하고 있다. 김영삼 세브란스 병원 호흡기내과 교수는 《조선일보》와의 인터뷰[1]에서 "지름이 2.5μm보다 작은 초미세먼지는 우리 몸속 허파꽈리까지 스며들 수 있으니, 호흡기질환 관리에 소홀히 해선 안 됩니다"라고 말했다.

2018년에 발간된 『OECD 건강통계 2017』 자료를 보면 우리나라의 호흡기질환 사망률은 OECD 평균(인구 10만 명당 64명)보다 높고, 2010년 10만 명당 67.5명에서 2013년 70명으로 증가 양상을 보이고 있다. OECD는 미세먼지 등의 대기오염이 호흡기 질환자 사망에 영향을 주었을 것으로 추정했다.

질병관리본부는 미세먼지 농도가 $10\mu g/m^3$ 증가할 때마다 만성폐쇄성 폐질환(COPD)로 인한 입원율이 2.7% 증가하고 사망률 또한 1.1% 증가한다고 밝혔다. 초미세먼지(PM2.5) 농도가 $10\mu g/m^3$ 증가할 때마다 폐암 발병률이 9% 증가했다고 밝혔다. 대한 결핵 및 호흡기학회도 미세먼지가 호흡기질환에 매우 위험함을 알리는 기자간담회를 열었다.

강원의대 호흡기내과 김우진 교수는 "미세먼지는 폐의 기능을 떨어뜨리고, 기능 감소 속도를 높이며, 폐암을 비롯한 호흡기질환의 발병과 악화, 사망 위험을 증가시킨다. 미세먼지 수치가 높은 다음 날만이 아니라 수일이 후까지도 환자가 늘어난다. 미세먼지 노출 기간이 길수록 증상이 더 심해지고 어린이와 노인이 상대적으로 더 크게 영향을 받고 있다"고 말한다.

질병관리본부는 미세먼지가 호흡기질환에 나쁜 이유를 기관지에 미세먼지가 쌓이면 가래가 생기고 기침이 잦아지며 기관지 점막이 건조해진다. 그러면 세균이 쉽게 침투할 수 있어, 만성폐질환이 있는 사람에게서 폐렴과 같은 감염성 질환의 발병률이 증가한다고 설명한다.

폐기능은 호흡기 건강의 지표라고 할 수 있는데 출생 후 성인이 될 때까지 기능이 향상되다가 나이가 들면서 점차 저하된다. 그런데 미세먼지는 폐기능 감소와 가장 관련 있고 초미세먼지는 더 해롭다.[2] 초미세먼지가 더 위험한 이유는 무엇일까? 폐 전체의 85%는 폐포*로 불리는 동그란 기관으로 차 있다. 이 폐포 하나하나의 작용이 합쳐져 폐 전체 기능이 된다. 폐포는 조직에서 분비된 액체의 표면장력으로 스스로 오그라들려는

---

* 세기관지 끝가지와 연결되며 폐 내에서 가스를 교환하고 숨을 쉬면서 들어온 공기에서 산소를 흡수하고 혈액에 녹아 있는 이산화탄소를 배출한다.

힘이 있다. 그리고 폐포 표면에는 '폐 표면 활성 물질'이라는 점액이 분비되어 표면장력을 완화시킨다. 그런데 초미세먼지(PM2.5)가 인체로 들어와 폐의 표면활성 물질에 붙으면 폐포의 표면장력의 균형이 무너져 폐포의 부피가 변하고 기능에 장애가 생긴다.

세계보건기구(WHO)에서는 미세먼지 노출에 의한 단·장기 건강영향을 발표했다. 미세먼지는 활성산소 생성을 증가시켜서 염증반응을 유발해서 염증성 사이토키닌(cytokine)*이 증가한다. 이러한 염증반응은 미세먼지의 크기가 작을수록, 중금속이나 내독소가 포함되어 있을 때 더 심하게 나타난다. 단기적으로는 폐 염증반응이나 호흡기질환 악화, 약 사용이 증가고, 심혈관계에 부정적인 영향, 입원 및 사망률 증가 등을 초래할 수 있다. 장기적으로는 미세먼지 노출 시에는 하기도 감염 증상 증가, 어린이의 폐기능 저하, 만성폐쇄성 폐질환자 증가, 성인 폐기능 감소 속도 증가, 폐암 발생 증가가 있을 수 있다.

"미세먼지에 많이 노출된 아이들이 적게 노출된 아이보다 폐렴에 걸릴 확률이 다섯 배 높습니다." 2019년 4월 9일 한국과학기술단체총연합회(과총)가 개최한 '제2회 미세먼지 국민포럼'에서 신동천 연세대 의대 교수는 남부 캘리포니아에서 실시한 추적 조사 결과를 인용하면서 미세먼지로부터 아이들 보호가 시급하다고 말했다.

2019년 보험개발원은 2016~2017년 2년간의 월별 미세먼지 농도와 0~19세의 호흡기질환 사고를 손해보험사 실손의료보험 자료 등을 토대로 분석한 결과를 발표했다. 분석 자료에 따르면 공기질이 좋았던 5~11

---

* 면역 세포가 분비하는 단백질을 통틀어 사이토키닌(사이토카인)이라고 일컫는다. 특정 수용체와 결합하여 면역반응에 관여한다.

월엔 호흡기질환 사고 건수 비중이 전체의 5~6% 안팎이었다. 그러나 초미세먼지 농도가 $30\mu g/m^3$ 안팎으로 치솟았던 12~4월에는 최저 10.1%, 최고 19.2%에 달했다. 어린이와 청소년의 호흡기질환 발병이 증가한 것이다.

김의숙(2018)은 만성폐쇄성 폐질환자의 경우 미세먼지가 고농도일 때 급성 악화로 입원이 증가했다고 밝혔다.[3] 특히 호흡기 바이러스 감염이 많은 점을 고려할 때, 고농도 미세먼지가 발생하면 호흡기 감염에 취약한 만성폐쇄성 폐질환자는 예방적 차원에서 가급적 실외 활동을 자제해야 한다고 권고했다.

한림대학교 동탄성심병원 호흡기내과 현인규·김철홍 교수와 일본 구루메 의과대학 예방의학교실 요코 이시하라 교수 공동연구팀의 연구에서 미세먼지가 심하면 만성폐쇄성 폐질환자의 호흡 곤란 횟수가 일반인보다 28배나 높아지고, 삶의 질이 급격히 떨어지는 것으로 조사되었다.[4] 젊은 사람에 비해 모든 기능이 떨어지는 노인들에게 미세먼지는 삶의 방해꾼이 되는 것이다.

2019년 2월 21일 국민건강보험 일산병원 연구소는 "미세먼지(PM10)와 초미세먼지(PM2.5)가 호흡기 질환자의 사망률을 높인다"고 발표했다. 연구팀은 2016년까지 10년간 서울시에 거주한 호흡기질환(천식, COPD, 폐암) 환자의 자료를 분석했다. 그 결과 미세먼지와 초미세먼지가 높을수록 외래 진찰과 입원 횟수가 늘고, 사망률도 높았다. 천식 환자는 미세먼지 $25\mu g/m^3$를 기준으로 $10\mu g/m^3$ 증가할 때마다 외래 방문이 0.23%, 입원 0.53%, 응급실을 거친 입원은 0.77%가 증가했다. 초미세먼지는 $15\mu g/m^3$를 기준으로 $10\mu g/m^3$ 증가할 때마다 천식 환자의 외래 방문이 0.20%, 입원 0.83%, 응급실 경유 입원은 1.55% 증가했다. 같은 농도 기준에서 사망률은 미세먼지가 1.51%, 초미세먼지가 1.99% 증가했다. 이러한 분석 결과는 미세먼지와 초미세먼지는 우리나라의 나쁨 기준보다 낮은 수치일 때도 호흡기 환자에게는 상당한 영향을 준다는 것을 의미한다.

2019년 국립중앙의료원 박윤숙 선임연구원은 서울에서 2002년부터 2010년까지 9년간(2002~2010년) 천식 등 호흡기질환으로 입원한 15세 이상 환자 1만 3,974명의 자료를 분석한 결과, 미세먼지 농도가 높아질 때마다 각종 호흡기질환으로 입원하는 환자가 증가한 것을 알 수 있었다.[5] 서울지역 미세먼지 농도가 $50\mu g/m^3$에서 $10\mu g/m^3$ 증가할 때마다 호흡기질환으로 입원하는 15세 미만 어린이는 1.4% 증가했다. 65세 이상 노인은 1.6%, 75세 이상은 2.9% 이상 입원환자가 늘었다. 동일한 조건에서 폐렴 환자가 호흡기질환 악화로 입원할 가능성은 1.5% 증가했다. 만성 폐쇄성 폐질환자와 폐렴·천식 둘 다 있는 환자의 경우 각각 1.5%, 1.6% 늘었다.

미세먼지는 천식을 악화시킨다

세계적인 추세에 따라 한국도 천식*의 유병률이 빠르게 증가하여 현재 약 5~10%의 유병률을 보이고 있다. 천식은 환자에게 직접적인 고통을 초래할 뿐 아니라 사회·경제적으로도 심각한 문제를 일으키고 있다. 영유

---

* 천식(asthma)은 호흡 곤란, 기침, 거친 숨소리 등의 증상이 반복·발작적으로 나타나는 질환이다.

아부터 노인에 이르기까지 모든 연령에서 문제가 되는 천식은 여러 원인에 의하여 증상 악화와 폐기능 저하를 보이는 것이 특징이다. 악화의 주요 원인 중 하나가 미세먼지이고, 입자가 작은 초미세먼지는 폐포까지 침착하기 때문에 천식에 더 많은 영향을 준다.

동유럽으로 여행을 가면 많은 관광객이 폴란드의 소금광산을 찾는다. 내부 온도를 항상 14℃로 유지하는 이 광산은 여름에는 공기가 외부보다 낮아 습도가 높고, 겨울에는 외부 온도보다 높아 수분을 증발시켜 건조해진다. 그래서 광산 내부는 일정한 온도를 유지하며 여름에는 습하고 겨울에는 건조하다. 이런 독특한 특성으로 광산 내부 공기는 미세먼지 없이 매우 깨끗이 정화되고 약간의 소금기를 띤다. 폴란드가 1964년부터 지하 211m에 천식 환자들을 위한 온천 건강 센터를 운영하는 이유다. 환자들은 매일 6시간씩 지하에 내려가서 소금 수증기를 마시고 나오는데 치유 효과가 탁월하다고 한다.

미국의 애리조나 사막에 있는 도시 피닉스도 천식 환자들에게는 천국이다. 날씨가 매우 건조하고 미세먼지가 적어 공기가 깨끗하다. 그렇다 보니 세계 각지에서 몰려온 천식 환자들이 많이 산다고 한다. 사막의 맑고 깨끗하고 건조한 기후는 천식의 발병을 막고 자연치료에 큰 도움이 되기 때문이다.

"미세먼지 노출 많은 택시기사, 5명 중 1명꼴로 폐질환 의심된다." 서울아산병원 호흡기내과 이세원 교수팀은 최근 50대 이상 택시기사 159명을 대상으로 연구를 진행했다. 대상자들에게 호흡기내과 전문의 진료, 흉부 X-선 및 폐기능 검사, 설문조사를 시행했다. 검사 결과 전체 159명 중 17.6%(28명)가 폐질환 의심 소견을 보였다. 이 중에서 11명이 만성폐쇄성 폐질환이 의심되는 상태였고, 천식과 폐암이 의심되는 택시기사도 각각 4명으로 정밀검사가 필요한 상태였다고 밝혔다.

천식은 전 세계적으로 환자가 가장 많이 발생하는 만성호흡기질환이다. 통계를 보면 현재 전 세계적으로 약 3억 5,800만 명이 천식을 앓고 있다고 한다. 그렇다면 미세먼지로 인해 매년 응급실을 찾는 천식 환자들은 얼마나 되는 것일까? 아넨베르그(Susan C. Anenberg) 등(2018)은 전 세계적으로 최대 3,300만 명이 대기오염으로 인해 천식이 악화되거나 발생해 응급실을 찾는다는 연구결과를 발표했다.[6] 미국과 영국, 캐나다, 노르웨이, 일본 등의 학자들로 구성된 국제공동연구팀이 전 세계적인 통계를 낸 것이다. 이 중 초미세먼지로 인해 천식이 악화되거나 응급실을 찾은 사람은 최대 1,000만 명이나 되었다. 특히 대기오염이 심한 중국과 인도 등 동아시아와 남아시아 지역에서 천식 환자에 미치는 영향이 크게 나타났다.

천식 환자는 다양한 원인에 의해 가벼운 증상을 나타내지만 악화되면 폐기능이 저하되어 사망까지 이를 수 있다. 발작이 일어나는 중등도의 경우 스테로이드 약재를 사용하거나 입원이 필요하다. 미세먼지 농도가 높을수록 소아와 성인 모두 천식이 악화될 수 있음이 여러 역학 연구를 통해 밝혀졌다. 미세먼지 농도가 높아지면 소아 천식 증상을 유발한다. 잦은 약물 사용과 증상 악화로 입원하는 경우도 많다. 따라서 천식 환자는 미세먼지에 노출되지 않도록 각별히 조심해야 한다.

김상헌 등(2016)이 서울지역의 15세 이하 소아를 대상으로 대기오염과 천식 악화로 인한 입원의 연관성을 분석한 결과 미세먼지와의 연관성이 확인되었다.[7] 천식 소아에서 미세먼지로 인한 천식 악화는 주로 아토피가 있는 경우 영향을 더 받는다. 따라서 어린이 천식 환자는 유치원이나 학교 보건실에 증상완화제를 맡겨 두어 필요한 경우 언제든 사용할 수 있도록 해야 한다. 성인에서도 미세먼지나 초미세먼지 모두에서 단기간의 고농도 미세먼지 노출은 천식 악화를 유발한다는 결과가 많이 발표되고 있다.

뉴욕대 환경의학의 롬 교수는 미세먼지가 호흡기질환이나 천식 환자에게 나쁜 영향을 미치는 것을 실증적으로 연구했다. 2001년 미국의 9·11 테러 당시 먼지에 노출된 약 30만 명 가운데 10만 명을 8년 동안 추적 연구했다고 한다. 테러 발생 2주 동안 미세먼지에 집중적으로 노출된 구조대원의 경우 평균적으로 폐활량의 32%를 잃었다. 그리고 이들 중 많은 이들이 7~8년이 지나도 정상으로 회복하지 못했다. 거주자와 생존 근무자, 청소인력, 소방관까지 대상을 넓혀 역학조사를 벌였는데 미세먼지에 노출 시간이 길수록 호흡량이 줄어들고 천식이 악화되는 것으로 나타났다. 롬 교수는 쥐를 초미세먼지에 6개월간 노출시켰더니 혈관이 파괴되는 결과가 다수 관찰되었다고 밝히기도 했다.

미세먼지 농도가 높을 때 행동 요령

우리나라는 질병관리본부에서 호흡기 질환자들이 미세먼지 농도가 높아질 때 지켜야 할 행동 요령을 안내하고 있다. 호흡기 질환자는 미세먼지에 장시간 노출되지 않도록 주의하는 것이 가장 중요하다. 만성폐쇄성 폐질환자는 미세먼지 농도가 '나쁨' 이상인 날에는 외출하지 않는 것이 가장 좋다. 그러나 부득이하게 외출해야 할 때는 반드시 마스크를 착용하고 치료약물(속효성 기관지 확장제)을 준비하는 것이 좋다.

만성 호흡기 질환자는 마스크를 착용할 경우 공기순환이 잘되지 않아 위험할 수 있으므로 사전에 의사와 상의하는 것이 바람직하다.* 만일 마스크 착용 후 호흡 곤란, 두통 등 불편감이 느껴지면 바로 벗어야 한다. 미세먼지에 노출된 후 호흡 곤란, 가래, 기침, 발열 등 호흡기 이상 증상이 악화되면 전문가를 찾아가 진료를 받는 것이 좋다. 집 안에 있을 때는 호흡기가 건조해지지 않도록 가습기 등을 켜서 습도를 조절해야 한다.

어린아이의 경우 학교에서 많은 시간을 보내는 천식 환자를 위해 학교 생활 권고지침을 제정하여 특별히 관리하고 있다. 미국의 경우 환경보호 국에서는 천식 환자의 학교생활지침을 개발하여, 특히 실내 미세먼지의 관리가 중요함을 강조하고 있다. 'school flag' 프로그램을 통해 천식 환자 뿐 아니라 교사와 보호자를 대상으로 대기 중 미세먼지 농도가 높을 경 우 실외활동을 자제하고, 실내놀이 활동으로 대체할 것을 권고한다. 특히 호흡기 증상 발생 여부를 신중하게 관찰할 것을 강조하고 있다.

아이들을 대상으로는 녹색, 노란색, 주황색, 붉은색, 보라색의 5가지 색 깃발 단계에 따라 주황색부터는 소아 천식 환자의 실외 활동에 주의를 요하며, 빠른 증상완화제를 소지하고, 호흡기 증상이 생기면 즉시 선생님 에게 말할 것을 교육하고 있다.

미세먼지 농도가 높아지고 기간도 길어지는 우리나라에서도 천식 아

---

* 현재 의약외품으로 허가받은 제품으로는 KF80, KF94, KF99 등이 있는데, KF 지수가 높 을수록 입자가 작은 먼지 차단율이 높다. KF80은 평균 0.6μm 크기의 미세입자를 80% 이 상 걸러낼 수 있고, KF94, KF99는 평균 0.4μm 크기의 입자를 각각 94%, 99% 이상 걸러 낼 수 있다. 일반적인 미세먼지보다 입자가 큰 황사의 경우 KF 지수 80 이상이면 걸러낼 수 있다.

동들을 위해 외국의 교육 프로그램을 참고하여 적용하는 노력이 필요하다. 이를 위해서는 교육부와 학교, 병원과 개인이 협업하는 시스템이 만들어져야 한다.

심장마비를 부르는
미세먼지

"공기가 좀 안 좋으면 저는 숨쉬기가 더 힘들거든요. 아무래도 가슴이 벌렁벌렁한다고 느끼게 되니까…." 심장박동기를 착용한 한 50대 여성이 TV 인터뷰에서 한 말이다. 심장이 불규칙하게 뛰어서 가슴이 두근거리는 증상을 보이는 부정맥은 돌연사의 주범이기도 하다.

심장이 약한 사람들은 미세먼지에 한두 시간만 노출돼도 부정맥 위험이 증가한다. 연세의대 연구팀이 인공 심장박동기를 삽입한 160명의 의료기록과 미세먼지의 관련성을 분석했다. 인공 심장박동기는 체내에 삽입돼 24시간 심장의 리듬을 기록하고 감시해서 심장이 불규칙하게 뛰는 순간이 정확하게 포착할 수 있는 원리를 이용한 것이다. 분석 결과 미세먼지에 노출된 지 두 시간째 부정맥이 가장 많이 발생하는 것을 볼 수 있었다. 또 미세먼지 농도가 $10\mu g/m^3$ 올라갈 때마다 부정맥 위험은 2.5배씩 증가했다. 미세먼지가 우리 몸의 자율신경을 깨뜨리기 때문이다.

미세먼지와 심혈관질환의 연관성 연구

미세먼지는 심장병이나 부정맥 등의 심혈관질환*에 매우 나쁜 영향을 주는데 이 중 심근경색을 유발하는 과정을 보자. 2017년 4월 28일 자 〈헬스조선〉에 실린 내용이다.[8]

미세먼지는 호흡기질환과 뇌졸중뿐 아니라, 심장질환을 유발한다고 알려져 있는데, 미세먼지가 어떤 기전으로 심장질환을 일으키는지 그 원인이 규명됐다. 영국 에든버러대학과 네덜란드 국립보건환경연구원 등의 국제연구팀은 금을 이용해 미세먼지가 심장까지 도달하는 과정을 밝혔다.[9] 연구팀은 금을 미세먼지와 같은 나노(10억분의 1m) 분자로 만들어 쥐의 호흡기로 들이마시게 한 뒤, 혈액·소변 검사를 하고 특수 영상장치로 몸 안에서의 이동 상황을 관찰했다. 이어 건강한 자원자 14명과 수술 환자 12명 등 사람 26명에게도 같은 실험을 했다.

그 결과, 호흡기를 통해 몸속으로 들어간 금 나노분자가 기관지와 폐를 거쳐 혈류를 타고 심장으로 들어가고, 다시 나오는 것으로 나타났다. 또 호흡한 지 15분 만에 혈액과 소변에서 금 나노분자가 검출됐다. 금 나노분자는 24시간 동안 최고치가 검출됐고, 3개월까지 몸 안에 남아 있었다. 특히 혈관 염증이 있는 부위에 많이 쌓이는 것으로 나타났다. 연구팀은 이에 대해 "미세먼지 속 나노분자가 폐를 거쳐 혈류를 타고 떠돌다가 심혈관의 약한 부위에 쌓여 심근경색 등을 일으킬 수 있다는 사실이 드러났다"고 전했다.

---

* 심장과 동맥 등에 영향을 주는 질환으로 고혈압, 허혈성 심장 질환, 관상동맥질환, 협심증, 심근경색증, 죽상경화증(동맥경화증), 부정맥, 뇌혈관 질환, 뇌졸중, 부정맥 등이 있다.

미국 심장학회는 미세먼지로 인해 심혈관질환 사망 위험이 커지며 미세먼지에 장기간 노출되면 평균수명까지 줄어들 수 있다고 경고한다. 2017년 4월 미국심장협회(AHA)에 발표된 미국 워싱턴대학교 그리피스벨 박사 연구팀이 중년 이상 주민 6,654명을 대상으로 조사한 결과 탄소 노출도가 높을수록 혈액 속 HDL(고밀도 콜레스테롤) 농도가 낮은 것을 발견했다.[10] 동맥경화증이나 심부전, 뇌졸중 등 심혈관질환은 총콜레스테롤 수치보다는 HDL과 저밀도콜레스테롤(LDL)의 수치가 더 큰 영향을 미치는데, 우리 몸에 좋은 콜레스테롤인 HDL이 낮아진다는 것은 위험을 의미한다. 미세먼지 노출에 따른 HDL 저하 정도는 여성이 남성보다 더 커서 여성이 미세먼지의 더 취약함을 드러냈다.

미세먼지에 장기간 노출되면 심혈관계는 어떤 영향을 받을까? 최근 미세먼지 농도가 높은 지역에서 장기간 거주하는 것이 단기간 거주할 때보다 심혈관질환 상대 위험도를 높인다는 코호트연구*가 보고되었다. 세계보건기구(WHO)에 따르면, 초미세먼지에 의해 매년 80만 명 정도의 수명이 단축되며, 전 세계 사망원인의 13번째를 차지하는 것으로 조사되었다. 오래 살고 싶으면 미세먼지 농도가 낮은 지역에 사는 것이 좋다는 이야기다.

그렇다면 단기간 미세먼지에 노출되는 경우에는 괜찮을까? 자료 분석 결과 4시간 동안 평균 초미세먼지 농도가 $10\mu g/m^3$ 증가하면 일별 심혈관질환 사망률의 상대위험도가 약 0.4~1.0% 증가했다. 이는 관상동맥 질환이나 구조적 심질환이 있는 노인은 심혈관질환이 악화될 가능성이 크다

---

* 코호트 연구(Cohort study)는 특정 요인에 노출된 집단과 노출되지 않은 집단을 추적하고 연구 대상 질병의 발생률을 비교하여 요인과 질병 발생 관계를 조사하는 연구방법이다.

는 의미다.

　미국 204개 도시에서 65세 이상 1,150만 명을 대상으로 한 연구에서도 일별 초미세먼지 농도변화가 심혈관질환 입원율 변화와 관련 있게 나타났다. 초미세먼지 $10\mu g/m^3$ 증가는 뇌혈관질환에 의한 입원율을 0.81% 증가시켰고, 말초혈관질환에 의한 입원율은 0.86%, 허혈성심질환에 의한 입원율은 0.44%, 부정맥에 의한 입원율은 0.57%, 심부전에 의한 입원율은 1.28% 증가세를 보였다. 뇌혈관질환, 부정맥 및 심부전으로 입원한 날에는 초미세먼지 농도가 높았다. 특히 허혈성심질환은 노출 이후 이틀간 증가하는 경향을 보였다. 미세먼지의 단기간 노출로도 심혈관질환자의 전체 사망률을 69% 높였다.

　영국 런던 퀸메리대학, 세인트 바르톨로뮤 병원, 옥퍼드대 의대 공동연구팀은 대기오염물질이 심장 형태를 변형시켜 심부전을 유발한다는 연구결과를 발표했다. 이 연구결과는 미국 심장학회에서 발행하는 국제학술지 〈서큘레이션Circulation〉 2018년 8월 3일 자에 게재되었다. 특히 연구팀은 미세먼지 농도가 낮아도 일상적으로 노출되면 심장 마비 초기 단계에서 나타나는 심장 변화가 발생한다고 말한다. 이 연구에는 우리나라 연세대 세브란스병원 심장영상의학과 김영진 교수도 참여했다.

　연구결과 초미세먼지가 $1\mu g/m^3$ 증가할 때마다 심실 크기가 1%씩 커지는 것으로 확인되었다. 이 연구에 참여한 사람들은 연평균 $8~12\mu g/m^3$에 노출되는 것으로 나타났다. 이 수치는 세계보건기구(WHO)의 권장 제한 수준인 $10\mu g/m^3$와 비슷하다. 우리나라 수준이 국제 기준보다 2배가량 높은 것을 고려한다면 우리나라 사람들이 미세먼지로 받는 영향은 이보다 클 것이다.

국내 연구로는 인제대의 이혜원은 지역별로 미세먼지가 심뇌혈관계 질환으로 의한 사망에 미치는 영향을 분석하였다.[11] 연구결과 미세먼지 발생이 증가할수록 심뇌혈관계에 의한 사망 발생이 증가하는 것으로 나타났다. 미세먼지 농도가 $27.53\mu g/m^3$ 증가할 때마다 심뇌혈관 질환으로 인한 사망자 발생이 1~3% 증가함을 볼 수 있었고, 그중 울산광역시는 3.1% 증가하여 영향을 가장 크게 받는 것으로 분석되었다.

미세먼지와 대기오염이 뇌졸중(심장 질환으로 생긴 혈전이 뇌혈관을 막아 생기는 질환)에도 영향을 미친다고 보고되고 있다. 2017년 뇌졸중 국제학술지 〈스트로크Stroke〉에 발표된 삼성서울병원 방오영 교수와 분당서울대병원 배희준 교수팀의 연구에서는 2011년 1월부터 2013년 12월까지 뇌졸중으로 전국 12개 의료기관에서 치료받은 환자 1만 3,535명(평균 나이 67.8세, 남성 58.5%)의 기록을 분석한 결과 미세먼지와 같은 대기오염물질이 뇌졸중의 위험을 높인다는 것이 밝혀졌다. 특히, 대기오염 농도가 짙은 겨울과 봄철에 더욱 뚜렷하게 나타났으며 대기오염물질 가운데 미세먼지(PM10)와 이산화황이 제일 많은 영향을 주는 것으로 나타났다.[12]

미세먼지와 심장질환의 유병률·사망률과의 해외 연구 중 미국의 경우 미세먼지와 초미세먼지가 $10\mu g/m^3$ 감소되면 허혈성 심장질환자의 입원이 연당 1,500건 줄어드는 것으로 나타났다. 2004년부터 2010년까지 잉글랜드와 웨일스 지방에서 15만 4,204명의 환자를 대상으로 3.7년 동안 추적 관찰하여 사망자 3만 9,863명의 자료를 분석한 결과 초미세먼지 $10\mu g/m^3$ 증가가 사망률을 1.2배 증가시키는 것으로 나타났다. 분진의 구성, 실내에서 노출, 인구구성, 노출평가방법 등 다양한 변수가 있음을 고려한다고 해도 초미세먼지의 $10\mu g/m^3$ 증가는 전체사망률 6%, 심장혈관계 사망률 15%의 증가를 가져왔다. 초미세먼지에 장기간 노출 시 심장의 허혈성 심장질환의 사망률이 비암성 호흡기질환보다 3% 증가했다.[13]

미세먼지는 질병이 있는 사람이나 노약자 혹은 어린이에게만 위험할까? 아니다. 미세먼지에 노출되면 심장질환에 걸릴 위험이 커진다는 연구결과가 있다.

임신부와 어린이에게
위험한 미세먼지

"집 밖은 위험해" 아이들을 가진 엄마들의 외침이다. 워낙 미세먼지 농도가 높다 보니 문을 열고 나서면 바로 미세먼지를 만나기 때문이다. 그러나 아이들은 미세먼지 농도가 높은 것에는 관심이 없다. 아무리 농도가 높아도 밖에 나가자고 조른다. 어떻게 해야 할까? 엄마들의 선택은 '맘카페'나 '키즈카페' 등이다. 카페에 들어가 보면 각종 미세먼지의 실시간 정보는 물론 간이측정기로 미세먼지 농도를 측정해 알려준다. 거주지 인근 마트나 병원 등의 미세먼지 농도를 측정해 알려주는 열성 엄마도 있다.

직장인이나 야외 취미활동을 하는 동호인들도 미세먼지에 관한 다양한 정보를 공유한다. 예를 들어 지하철 역사(기준 150$\mu g/m^3$ 이하)의 미세먼지 실시간 정보는 인기이다. 자전거 동호회는 특정 도로구간의 미세먼지 수치를 틈틈이 측정해 공유하면서 농도가 높은 곳은 피해 돌아갈 수 있게 알려주기도 한다.

이 중 가장 미세먼지 정보에 빠르고 예민한 그룹은 아무래도 아이들의 건강을 염려하는 '맘카페'일 것이다. 왜 이렇게 엄마들이 극성(?)을 부리는 것일까? 지나치게 예민한 것이 아니다. 이미 많은 연구 논문에서 미세먼지가 어린이나 노약자, 임신부에게 좋지 않다는 의학적 근거가 나오고 있다.

미세먼지는 임산부에게 정말 나쁘다

미세먼지는 건강하지 않은 사람들에게 더 큰 피해를 준다. 노인, 아이, 그리고 임신부들이다. 경희대병원, 국립암센터, 강동경희대병원의 공동 연구팀이 174만 2,183건의 출생기록을 분석한 결과 미세먼지가 심한 지역에 사는 임신부는 그렇지 않은 지역보다 미숙아*를 낳을 위험성이 높게 나타났다. 2019년 발표된 이 연구 논문에서는 임신 중 미세먼지 농도가 $70\mu g/m^3$를 기준으로 이보다 낮은 미세먼지 농도 지역에 사는 임신부는 미숙아 출산율 4.7%이었는데 기준 이상인 지역에 사는 임신부의 미숙아 출산율은 7.4%로 높게 나타났다. 특히 임신 기간 32주 미만의 초미숙아를 낳을 위험은 1.97배로 더 큰 차이를 보였다.[15]

임신 중 미세먼지의 노출이 제일 문제가 되는 것은 2.5g 이하의 저체중 출산과 37주 이내의 조기 출산이다. 저체중 출산은 태아사망률을 증가시키고 장기 미숙 등에 따른 여러 가지 부작용을 발생시킬 수 있다.[16]

---

* 미숙아는 임신 기간 37주 미만에 태어난 신생아를 말한다.

기존의 연구에 의하면 미세먼지와 초미세먼지 모두 이와 연관성이 있는 것으로 알려져 있다. 특히 대기 중 초미세먼지 농도가 $5\mu g/m^3$ 감소되면 약 11%의 저체중 출산을 감소시켜줄 수 있는 것으로 보고되었다. 그러나 사산과 태아의 선천적 이상과 미세먼지 노출과의 연관성은 아직은 불확실하다.

모나쉬대학 연구팀이 중국인 100만여 명을 대상으로 진행한 연구에서는 연구 대상자 중 약 1만 5,000여 명이 미숙아를 출산했고 이들은 임신했을 때 평균 초미세먼지 농도 $46\mu g/m^3$에 노출되었던 것으로 조사됐다. 또 2017년 7월에는 뉴욕대 의대 연구팀이 임신 초기에 초미세먼지에 과도하게 노출되면 조산 및 저체중아 출산 위험이 커진다는 연구결과를 발표하기도 했다.

영남대 조경현 교수 연구팀은 초미세먼지(PM2.5)가 수정된 배아에도 치명적인 영향을 줄 수 있다는 연구결과를 발표했다. 수정 후 하루가 지난 제브라피시(Zebrafish)*의 배아를 서울에서 채집된 초미세먼지를 3ppm과 30ppm 농도로 노출시켰다. 120시간이 지나자 3ppm 용액에 노출된 배아는 80%, 30ppm 용액에 노출된 배아는 65%만이 살아남았다. 반면에 초미세먼지에 노출되지 않은 대조군은 95%의 생존율을 보였다. 또한 골격 형성에도 차이를 보여 3ppm 노출 배아는 11%가 척추가 휘었지만 30ppm 노출 배아에서는 21%가 척수가 휘었다. 그리고 성장 속도도 각각 48%, 60% 느려졌다. 초미세먼지는 배아의 생존뿐 아니라 골격 형성과 성장 등에 다 영향을 준 것이다.[17] 물고기를 대상으로 한 실험이지만

---

* 물고기지만, 척추동물로 유전체 구조가 사람과 유사해 뇌·심장·간·콩팥 등 인간이 지닌 기관을 갖고 있어서 실험에 많이 활용된다.

인간과 유전체 구조가 비슷한 점을 고려할 때 임신부는 초미세먼지에 노출되지 않도록 최대한 조심하는 것이 좋다.

조금 더 심각한 결과도 있다. 이화여대 병원이 임신부 1,500명을 4년 추적 조사한 결과 미세먼지 농도가 $10\mu g/m^3$ 상승할 경우, 기형아를 출산할 확률이 최대 16%나 높아지는 것으로 나타났다. 또 저체중아 출산율과 조·사산율도 각각 7%와 8%씩 증가했다. 일부의 연구에서는 임신 시 미세먼지에 대한 노출이 많았을 경우 태어난 아이는 유년기 시절 인지기능 저하와 과잉행동, 주의결핍 등을 보일 수 있음이 보고되었다.

우리나라 국립암센터와 차병원 연구팀이 여성 4,800여 명을 대상으로 미세먼지 등 대기오염이 임신 성공에 미치는 영향을 조사·분석한 결과 대기오염이 평균치보다 50%가량 증가하면 체외 수정 성공률이 약 10% 낮아졌다. 연구팀은 "흡연과 마찬가지로 대기오염으로 인한 독성물질이 생식능력에 영향을 미치기 때문"이라고 설명했다.

미세먼지에 노출된 태아는 인지장애 가능성이 크다

아이들은 가장 안전해야 할 엄마 뱃속에서부터 미세먼지와 전쟁을 치르고 있다. 바르셀로나 지구건강연구소와 네덜란드 에라스뮈스대 의학센터의 모니카 구센즈 등의 공동연구팀은 2018년에 비슷한 연구결과를 발표했다. 네덜란드의 6~10세 아이 783명을 대상으로 태아기 때의 미세먼지 노출과 태아 두뇌 영상을 비교 분석했다. 결과는 놀랍게도 태아기 때 노출된 초미세먼지 농도가 연평균 $5\mu g/m^3$ 높을 때마다 뇌 오른쪽 반구 일부 영역의 대뇌피질이 0.045mm 얇아지는 것을 발견했다. 그리고 이런 어린이들에게서 주의력결핍과잉행동장애(ADHD) 같은 행동이 더 많이 발생할 수 있다고 경고했다.[18]

스페인 국제건강연구소 연구에 따르면 임산부가 마신 미세먼지가 태아의 두뇌 피질*에도 손상을 입힌다는 것이 밝혀졌다. 초미세먼지에 장기간 노출된 임신부의 태아는 노화 속도가 빠르고 수명이 짧아질 수 있다. 벨기에 대학의 드리에스 마르텐스(Dries S. Martens) 교수팀은 미세먼지 농도가 높은 지역에 살았던 산모의 아이는 텔로미어 길이가 더 짧다는 연구를 발표했다.[19] 텔로미어**가 짧아지면 아이들의 수명이 그만큼 줄어들 가능성이 크다고 한다.

국내 연구에서도 임신부의 미세먼지 노출이 태아에 미치는 영향을 찾아볼 수 있다. 이화여대와 인하대, 단국대 등의 공동연구팀은 임신 중기 이후 미세먼지에 많이 노출된 임신부에게서 태어난 신생아들의 머리 둘레가 그렇지 않은 아이들보다 적다고 발표했다. 이는 인지기능 장애의 원인이 되는 두뇌 형태 변화를 가져올 수 있다. 태아기 때의 미세먼지 노출은 어린이 인지기능 장애의 원인이 된다는 것이다.[20]

초미세먼지에 지속적으로 노출된 산모의 태아는 만3~9세 유아동기에 고혈압이 나타날 가능성이 크다는 연구결과도 있다. 2018년 5월 14일 〈하이퍼텐션Hypertension〉에 발표된 존스홉킨스대학의 노엘 밀러 박사 연구팀(2018)의 연구를 보면, 모자 1,293쌍을 조사한 결과 임신 6개월 이

---

* 피질 영역이 손상되면 집중력이 떨어지거나 충동적인 행동을 할 가능성이 커진다.
** 텔로미어의 길이는 세포의 수명을 조절하는 계측기 역할을 하는 것으로 추측되고 있다.

후 초미세먼지 노출량이 상위 30%에 해당하는 아이는 하위 30% 그룹보다 고혈압 위험이 61% 높게 나타났다. 특히 임신 3분기에 초미세먼지에 많이 노출될수록 아동의 혈압 상승 위험이 큰 것으로 나타났다.

아이들은 미세먼지에 취약하다

성균관대 의과대학 사회의학교실 연구팀은 2009~2013년 국내에서 영아돌연사증후군*으로 사망한 454명(남 253명, 여 201명)의 사례를 분석한 결과 미세먼지(PM10) 같은 대기오염물질과 어린 아기의 돌연사 사이에 연관이 있음을 발견했다.[21]

조사 대상 영아가 사망한 날 전후 2주일의 대기오염 농도를 추적한 결과 사망하기 이틀 전의 미세먼지 농도가 $27.8\mu g/m^3$ 증가했을 때 영아돌연사증후군 발생 위험이 1.14배 늘어난 것을 알 수 있었다. 대기오염에 따른 영아돌연사증후군 발생 위험은 남자 아기, 저체중아나 조산아, 3~11개월 영아에서 더 크게 나타났다.

호주와 중국 공보 첸(Gongbo Chen) 등(2018)의 공동 연구에서는 중국 상하이의 3~12세 자폐스펙트럼장애** 어린이 124명과 정신적으로 건강

---

* 영아돌연사증후군은 건강하던 어린 아기(만 1세 미만)가 갑자기 사망하는 경우를 말한다.

** 자폐스펙트럼장애(Autism Spectrum Disorder, ASD)는 상호작용과 의사소통의 문제로 유아기에 옹알이를 하지 않거나 이후에도 다른 사람과 눈을 맞추거나 미소 짓기, 대화 등에 관심을 보이지 않아 정서적 공감이나 교류가 어려운 경우를 말한다. 특히 특정 물건이나 본인이 정해놓은 행동양식이나 순서에 집착하는 경향이 나타난다.

한 어린이 1,240명을 대상으로 0~3세 사이에 미세먼지에 노출된 정도와 자폐스펙트럼장애 발생과의 관계를 연구했다. 0~3세 어린아이가 미세먼지에 장기간 노출될 경우 자폐증이 발생할 가능성이 커졌다.[22] 특히 초미세먼지에 많이 노출될수록 자폐스펙트럼장애에 걸릴 위험도가 높아지는 것으로 나타났다. 예를 들어 PM1.0 농도가 사분 범위인 $4.8\mu g/m^3$ 만큼 높아질 경우 자폐스펙트럼장애에 걸릴 위험도가 86% 높아지고, 출생 후 2~3년 사이에 미세먼지에 많이 노출될수록 자폐스펙트럼장애 발병 위험도가 더욱 높았다.

순천향의대 장안수(2014)는 미세먼지가 건강에 미치는 영향에 대한 연구에서 미세먼지가 어린이에게 미치는 영향에 관한 여러 연구자의 연구 결과를 인용해 설명한다.[23]

어린이의 경우 실내 초미세먼지 노출 시 폐기능 저하와 밀접한 관계가 있어 성인이 된 후에도 호흡기질환에 영향을 준다. 폐의 선천면역에 영향을 주며, 만성폐쇄성 폐질환자에게는 감염을 일으킬 수 있다.

자동차 도로에서 발생하는 디젤 분진은 심각한 미세먼지다. 디젤 분진에 급성 노출되면 두통, 폐기능 감소, 구역 등의 증상이 나타난다. 만성노출 시에는 기침과 가래가 나오고, 폐기능 저하를 가져온다. 디젤 분진에 쉽게 노출되는 도로 주변에 사는 어린이일수록 영향을 더 받는다. 그 외 날씨, 계절, 시간, 나이, 병원 조건 등 다양한 요소를 고려한다고 해도 미세먼지와 응급실 방문과는 유의미한 관계가 있다.

폐와 뇌 기능 외에 피부도 미세먼지의 영향에서 벗어나지 않는다. 강진희 등(2014)의 연구에서는 미세먼지는 피부 장벽을 손상시키고, 집먼지 진드기의 운반체 역할을 하여 아토피 피부염을 악화시킬 수 있는 것으로 보고되었다.[24] 아토피 피부염을 앓던 아이가 전원생활을 하면서 증상이 호전된 사례들만 보더라도 아이들의 여린 피부에 미세먼지가 악영향을 끼치고 있다는 것을 알 수 있다.

이처럼 국내외 여러 연구를 통해 태아부터 어린이, 청소년, 성인에 이르기까지 대기오염물질과 미세먼지가 전 생애에 걸쳐 영향을 준다는 것이 밝혀지고 있다. 많은 국민이 정부와 관계 부처에 미세먼지에 취약한 노인과 임산부, 어린아이들을 위한 대책을 세워달라고 요구하는 것은 바로 이 때문이다. 안심하고 숨 쉴 수 있는, 건강한 삶을 살 수 있는 환경을 만들자는 것이다.

미세먼지는 치매, 정신질환, 범죄를 일으킨다

미세먼지는 치매를 부른다

미세먼지에 많이 노출되면 성인의 인지기능과 기억력이 감퇴한다는 연구 보고가 있다. 특히 알츠하이머 환자나 혈관성치매 환자의 경우 초미세먼지에 연중 장기간 노출되면 인지기능 및 기억력 저하를 일으킨다. 미세먼지 농도가 높은 곳에 사는 사람일수록 뇌 인지 기능의 퇴화 속도도 빠르다.

순천향대학 김기업 교수는 초미세먼지가 혈관을 타고 들어가서 뇌에서는 치매, 심장에서는 동맥경화증을 유발할 수 있다고 경고했다. 초미세먼지는 우리 몸에 들어와 뇌신경계 중 도파민 분비에 영향을 미쳐 우울증이나 불안 장애를 증가시키고 자살률을 상승시킨다는 것이다.

캐나다의 공중보건 연구진이 11년간 장기 추적조사를 한 결과 도로 근처에 오래 살수록 치매에 걸릴 위험이 큰 것으로 나타났다.[25] 이는 도로 가까이 사는 사람일수록 초미세먼지에 많이 노출되기 때문으로 파악되었다. 주요 도로에서 50m 이내에 사는 사람은 200m 거리 밖에 사는 사람보다 치매 위험이 최대 12% 높았다. 도로 옆이 더 위험한 것은 차량에서 배출되는 미세먼지의 90% 이상은 초미세먼지이기 때문이다.

초미세먼지 입자가 뇌 속으로 들어가 염증반응을 일으키고 신경세포를 손상시켜 알츠하이머성 치매를 유발할 수 있다. 미국의 서던캘리포니아대학의 연구에서도 비슷한 결과가 나왔다. 초미세먼지 농도가 높은 지역에 사는 여성이 낮은 지역에 사는 여성에 비해 인지기능 저하 위험이 81%, 치매 발생률이 92% 높았다. 또 초미세먼지는 우울증 위험도 높이는 것으로 밝혀졌다.

노인들만이 아닌 젊은 치매 환자도 있다. 노인에게서 주로 나타나는 치매가 왜 젊은 성인에게서 발병하는 것일까? 하버드대학의 릴리안 교수 연구팀은 2018년에 멕시코시티의 미세먼지와 젊은이들의 치매 사이의 연관성을 조사했다. 연구결과 연평균 초미세먼지 농도가 미국 환경청(EPA)의 환경기준인 $12\mu g/m^3$보다 높은 대도시에 평생 거주할 경우 젊은이라도 치매가 발생할 가능성이 컸다. 놀라운 것은 앞의 기준보다 고농도 초미세먼지에 노출된 경우에는 젊은 성인뿐 아니라 태어난 지 1년이 채안 된 아이에게서도 치매와 관련된 특정 단백질 두 종류가 뇌에 쌓인다는 것이다.[26]

우리나라 초미세먼지 농도 기준의 절반도 안 되는 농도에서 치매가 발생한다면 우리나라 젊은이들은 지금 어떤 영향을 받고 있는 것일까?

높은 농도의 초미세먼지는 여성보다는 남성, 어린 사람보다는 나이 든 사람의 두뇌를 위축시켜 인지능력을 떨어뜨린다. 베이징대 사회과학조사연구소에서는 2010년과 2014년 실시한 인지 테스트 결과를 10세 이상의 중국인 2만 5,485명의 가족패널 조사(CFPS)와 대기질 자료를 가지고 비교 분석했다. 미국 예일대의 시첸 교수와 중국 베이징대의 시아보 잔 교수 등 3명의 공동연구로 이루어진 이 조사에서 초미세먼지나 스모그 등에 노출된 사람들에게서 언어·계산 능력이 크게 떨어지는 것을 발견했다.[27] 특히 같은 정도의 스모그에 노출되더라도 인지능력 감소는 여성보다 남성에게서 더 큰 것을 볼 수 있었고, 이러한 성별 차이는 나이가 많아질수록 더 커졌다. 남자일수록 노인일수록 초미세먼지로 인한 피해가 큰 것이다.

캘리포니아대 의대 로빈 바바드조니 연구팀은 미세먼지에 지속해서 노출되면 뇌 속 염증이 늘어난다고 밝혔다. 2018년 11월 미국 공공과학도서관 학회지에 발표된 내용을 보면 미세먼지를 계속해서 마시면 뇌 속 면역세포가 생성하는 염증 물질의 양이 30% 늘어나고, 비만과 암을 일으키는 독소를 흡수하는 신경 수용체도 2배 이상 늘어나는 것으로 관찰되었다. 또 미세먼지는 신경조직에 침투해 면역체계를 교란시키고 돌연변이를 만들어 정상 세포를 공격한다.[28]

미세먼지는 정신질환이나 우울증을 부른다

2019년 8월 국제학술지 〈플로스 바이올로지*PLoS Biology*〉에 발표된 의학 연구 역사상 가장 많은 인원을 대상으로 한 연구에서 대기오염이 정신질환과 연관이 있다는 결과가 나왔다. 미국 시카고대의 안드레이 알제츠키 교수 연구팀은 11년간 미국인 약 1억 5,100만 명의 의료보험 청구서를 조사했다.[29] 연구 대상에는 1979년부터 2002년 사이에 태어난 덴마크인 140만 명도 포함되었다. 자료를 분석한 결과 공기 오염이 심한 곳에 사는 미국인에게서 조증과 울증이 반복되는 양극성 장애 진단을 받은 비율이 27% 높게 나타났다. 환각과 자살 충동으로 나타나는 주요 우울증도 6% 더 많았다. 덴마크인들도 10세 이하의 어린 시절에 대기오염에 심하게 노출된 경우 성인이 된 후 우울증을 겪을 위험이 50%나 높았다. 조현병에 걸릴 위험도 공기가 좋은 곳에서 자란 사람보다 2배나 높았다.

초미세먼지와 정신질환이 상관관계가 있다는 또 다른 연구로, 스웨덴 우메아대학 연구팀이 50만 명이 넘는 18세 이하 아동과 청소년을 대상으로 진행한 코호트 연구가 있다.[30] 이 연구에서 초미세먼지와 미세먼지가 $10\mu g/m^3$ 증가하는 경우 아동의 정신질환 수가 4% 증가함을 발견했다.

우리나라도 서울대 보건대학원과 건강환경연구소, 분당서울대병원 공동연구팀도 이와 비슷한 연구결과를 발표했다. 2003~2013년 우울증과 조현병 등의 정신질환으로 응급 입원한 8만 634건과 초미세먼지 노출의 연관성을 분석했다.

그 결과 초미세먼지 농도가 이틀 평균 $10\mu g/m^3$ 증가하면 정신질환에 의한 응급입원은 0.8% 증가했고, 초미세먼지 외에 일산화탄소·이산화질소·오존·이산화황 등의 대기오염물질 중 하나라도 수치가 높으면 연관성은 더 크게 나타났다. 연구에 참여한 김호 서울대 보건대학원장은 이러한 결과를 "초미세먼지 농도가 $0~30\mu g/m^3$로 낮아도 정신질환으로 인한 입원은 증가하고 있다. 이는 낮은 농도라 해도 초미세먼지에 아주 짧은 기간 노출되면 정신질환에 미치는 위험이 크다"고 해석했다.

미세먼지와 범죄 발생에는 연관성이 있다

2018년 영국의 로스 박사팀은 런던 선거구 600여 곳에서 발생한 2년 간의 범죄 자료를 분석했다. 그 결과 공통으로 빈부와 상관없이 대기오염 이 심한 날에 경범죄가 더 많이 발생한 것으로 나타났다. 다시 특정 지역 을 중심으로 범죄와 장기간의 대기오염 자료를 비교한 결과 대기오염이 이동해가는 지역의 범죄율도 상승하고 있음을 발견했다. 놀라운 것은 규 제 대상이 되는 기준보다 약한 수준의 대기오염도 범죄에 영향을 미친다 는 점이었다. 다만 대기오염이 살인이나 강간 같은 중범죄에 미치는 영향 은 발견되지 않았다.[31]

조금 다른 연구결과도 있는데, MIT의 잭슨 루 박사 연구팀은 미국 전역 의 9,000여 도시를 대상으로 9년간의 자료를 분석한 결과 대기오염이 살 인, 강간, 강도, 차량 절도, 폭행을 포함한 6개 중범죄와 연관이 있었다.[32] 대기오염이 심한 도시는 그렇지 않은 도시보다 범죄율이 상대적으로 높 았다. 남가주대학교의 다이애나 유난 박사 연구팀은 초미세먼지에 장기 간 노출되었을 때 농도가 더 높은 지역에서 오래 살았던 사람들에게서 비행이 현저하게 늘어나는 경향을 발견했다.[33]

캐나다의 파링턴 박사는 청소년기에 초미세먼지 농도가 높은 곳에 살 면서 비행 소년이 되면 성인기에 어려움을 겪을 가능성이 크다고 말한다. 비행을 저지르는 이들은 학교에서 성적이 낮을 확률이 높고, 성인이 된

후에도 직장을 구하기 어려워 약물 오남용에 빠질 가능성이 크다는 것이다.[34] 영국 랭커스터 대학교의 마헤르 등의 연구에서는 오염물질에 노출되면 두뇌에 염증이 생기고 두뇌 구조와 신경 연결에 손상을 줄 수 있음이 밝혀졌다.[35] 특히 오염물질은 충동 조절, 자기 통제를 관장하는 전두엽에 손상을 입힐 수 있다.

2019년 3월 발표된 킹스칼리지런던대의 뉴버리 등은 오염된 공기에 노출된 십 대들에게서 환청이나 편집증 같은 심리적 이상이 나타날 가능성이 크다고 밝혔다.[36] 그는 대기오염과 정신 건강의 연관을 보여주는 또 하나의 자료라면서 인체에 해롭다면 두뇌에도 해로울 것으로 봐야 한다고 주장했다.

그렇다면 대기오염이 줄어들면 범죄가 줄어들까? 2018년 애슐리 해킷은 사회와 환경 정의 문제에 대한 기사를 쓰는 미국 잡지 《퍼시픽스탠다드 Pacific Standard》에 캘리포니아 사례를 소개했다. 캘리포니아에 규제가 생기자, 오염이 줄었고 흥미롭게도 범죄도 줄어들었다.[37] 그러나 아직은 대기오염과 범죄 발생이 완전하게 일치하는지에 관해서는 더 많은 연구가 필요하다.

미세먼지는
암과 각종 질병을 부른다

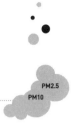

미세먼지는 최고의 발암물질이다

우리가 일상에서 흡입하는 먼지 대부분은 코털이나 기관지 점막에서 걸러진다. 그러나 미세먼지(PM10)와 초미세먼지(PM2.5)는 걸러지지 않고 호흡기를 통해 그대로 몸속까지 스며들어 전신에 영향을 미친다. 미세먼지는 수백 개의 물질이 섞인 혼합 물질이다. 이 안에는 크롬, 납 등의 발암성 중금속이 들어 있고 자동차 배기가스나 공장에서 소각 과정을 통해 배출되는 분진 같은 발암성 물질도 많이 포함되어 있다.

발암물질은 세포 안 유전자에 돌연변이를 일으켜 암을 유발하는 물질로 미세먼지도 대표적인 발암물질이다. 의학전문가들은 미세먼지가 문제가 되는 것은 유전자의 돌연변이를 일으키기 때문만이 아니라, 암 주변에서 암이 아닌 조직들에 염증을 일으키기 때문이라고 말한다. 정상 세포에서는 방어 역할을 하는 염증 반응이 암에서는 암세포를 증가시키는 역할을 하며 다른 기관으로 암이 전이되는 속도를 촉진한다.

2018년 대한폐암학회는 여성 폐암환자 발생이 15년 만에 2배로 늘었다고 발표했다. 폐암학회의 발표처럼 필자도 주변에서 건강하던 여성 분이 갑자기 폐암 진단을 받는 것을 보았다.

담배도 피우지 않는데 왜 폐암에 걸리는 것일까? 비흡연 여성의 폐암 발생률은 전적으로 남편의 흡연량에 비례한다. 그리고 환기가 잘 안 되는 주방에서 요리하는 여성의 폐암 발생 확률은 그렇지 않은 여성에 비해 1.5배나 높고, 눈이 따가울 정도의 환경에서 자주 요리하는 여성은 무려 5.8배나 더 높은 것으로 조사되었다. 이는 집 안에서 요리할 때 발생하는 물질도 미세먼지이기 때문인데, 대한폐암학회에서는 여성들의 폐암 발생 원인을 간접흡연, 미세먼지와 라돈 등 대기오염물질에의 노출로 보고 있다. 미세먼지가 암을 부르는 것이다.

2018년 11월 6일 《헤럴드경제》의 기사 "고농도 초미세먼지, 구강암 위험도 43% 높인다"의 내용을 보자.

대만 아시아대와 중산(中山)대 의대 공동연구팀은 고농도의 초미세먼지 상황에서 구강암에 걸릴 확률이 43% 높아진다는 연구 결과를 발표했다. 연구팀은 대기오염물질의 역할을 규명하기 위해 2009년 대만 66개 대기 관측소의 데이터와 2012~2013년 당시 40세 이상 남성 48만 2,659명의 건강 기록을 분석, 이 같은 결과를 도출했다. 연구팀은 이들 자료에서 모두 1,617건의 구강암 사례를 발견했다. 특히 평균 초미세먼지 농도가 $40.37\mu g/\text{m}^2$에 이르는 대

기오염에 노출된 남성은 26.74µg/㎥에 노출된 사람보다 구강암 진

단율이 43%나 높은 것으로 조사됐다.

이 기사에서 말하고 있는 구강암은 입안의 혀, 혀 밑바닥, 잇몸, 입천장, 입술, 턱뼈 등에 발생하는 악성 종양이다. 지금까지 구강암의 원인은 주로 흡연과 음주로 알려져 왔는데 미세먼지가 구강암의 원인 중 하나라는 것이 밝혀진 것이다.

캐나다의 히스타드 연구팀은 1994년부터 1997년까지 캐나다 8개 주에서 폐암으로 확진된 2,390건의 자료를 분석하여 폐암 발병률이 미세먼지 농도의 증가와 상관관계가 있음을 발견하였다.[38] 이미 중국은 2008년 쉐 등의 연구에서도 중국의 악성 신생물 중 폐암이 차지하는 비율이 가장 큰 것으로 나타났다.[39] 중국에서 발표된 논문들을 분석한 결과 미세먼지와 대기오염이 폐암을 일으키는 가장 강력한 발생 요인으로 나타났다. 또한 에반스(Evans) 팀은 위성사진으로 미세먼지와 사망률을 분석한 결과 폐암 사망의 약 12%는 미세먼지에 의해 발생한다고 보고하였다.

2013년 8월 영국의 의학전문지 〈란셋Lancet〉에 실린 덴마크 암학회 연구센터의 라쇼우-니엘센 박사팀의 연구에서는 미세먼지가 폐암과 영향이 있는 것으로 나타났다.[40] 유럽 9개국 30만 명의 건강자료와 2,095건의 암 환자를 대상으로 분석한 이 연구에서 초미세먼지 농도가 5µg/㎥ 상승할 때마다 폐암 발생 위험이 18% 증가했다. 또 미세먼지가 10µg/㎥ 상승할 때마다 폐암 발생 위험은 22% 증가하는 것으로 나타났다. 폐기능이 약한 사람은 미세먼지 농도가 낮은 지역에서 살아야 한다.

미세먼지는 폐암 사망률만 높이는 것이 아니다. 폐암이 아닌 다른 암의

사망률도 높인다. 한양대 가정의학과 김홍배 교수와 연세의대 가정의학과 이용제 교수팀의 연구(2018)에 따르면 초미세먼지는 간암·대장암·방광암·신장암, 미세먼지는 췌장암·후두암의 사망률을 증가시키는 것으로 나타났다. 대기오염에 노출될 경우 말기 암 사망률을 높일 뿐 아니라, 조기암 사망률 또한 높았다. 초미세먼지와 미세먼지, 그리고 이산화질소가 $10\mu g/m^3$ 증가할 때마다 모든 종류의 암으로 인한 사망 확률이 각각 17%, 9%, 6% 상승했다고 밝혔다.[41]

미세먼지는 수면 건강을 해친다

서울대 의대와 국립암센터 공동연구팀은 대기오염과 간 효소 수치의 연관성을 분석했다. 2007년부터 2015년까지 3만 6,151명의 성인을 대상으로 연평균 대기오염 농도와 간 기능의 대표적인 생화학 지표인 ALT(alanine aminotransferase)와 AST(aspartate aminotransferase) 수치, 음주 습관 사이에 관련성을 분석했다.

그 결과, 미세먼지(PM10) 수치가 $9\mu g/m^3$ 씩 증가할 때마다 간 수치 ALT와 AST 값이 각각 0.0228, 0.0105씩 상승하여 미세먼지가 간 수치를 증가시키는 것을 발견했다. 특히 음주군과 비음주군으로 나누어 미세먼지에 의한 간 수치 증가를 살펴본 결과 음주군에서 더욱 뚜렷하게 나타났다. 특히 알코올 섭취 빈도가 높을수록 미세먼지 노출로 인한 간 수치는 더 증가했다. 서울의대 예방의학교실 민경복 교수는 "지속적인 미세먼지 노출로 인한 영향이 심장이나 폐뿐 아니라 간 등의 다른 장기까지 이어질 수 있다는 것을 확인했다"고 밝혔다.[42] 미세먼지 노출을 최소화하는 생활 습관과 더불어 금주 노력이 필요함을 의미한다.

2014년 OECD 18개 국가의 수면 시간을 조사한 결과 우리나라 사람의 수면의 양과 질이 OECD 국가 중 최하위였다. 우리나라는 수면 시간이 평균 7시간 49분인데 가장 긴 프랑스는 8시간 50분이었다. 그래서일까? 우리나라 사람들은 짧은 수면 시간 동안 깊이 자는 방법에 관심이 높다. 각종 아로마테라피 용품이나 LED 전등, 수면에 도움을 주는 베개나 수면 용품 등 수면 관련 시장이 급격히 커지는 것도 이런 이유가 아닐까 싶다.

숙면하지 못하는 이유 중 가장 큰 것은 정신적 스트레스이다. 수면 시간이 부족하면 면역력이 떨어지면서 암세포나 바이러스 등에 취약해진다. 그런데 미세먼지에 노출이 많아져도 수면의 효율성이 떨어진다고 한다.[43] 미국 워싱턴대의 마샤 빌링스 연구진은 2016년까지 5년 동안 미국 6개 도시에서 1,800여 명을 대상으로 집 근처 미세먼지를 측정하고 일주일 동안 참가자들의 손목에 장비를 채워 잠자는 시간과 깨어 있는 시간을 기록했다.

결과는 놀라웠다. 미세먼지와 이산화질소 등 공기질이 수면 효율성에 영향을 미치고 있었다. 높은 수준의 이산화질소와 미세먼지에 노출된 그룹에서는 수면 효율성이 낮을 확률이 각각 60%와 50% 높았다. 미세먼지가 심할수록 잠들기 시작한 이후에도 숙면하지 못한다는 의미이다. 연구팀의 마샤 빌링스 교수는 "몇 년에 걸쳐 미세먼지 등 대기오염에 노출된다면 수면의 질에 큰 영향을 받을 것입니다"라면서 코, 목구멍 등은 미세먼지 등에 자극을 받을 수 있기 때문이라고 설명했다.

2017년 미국 워싱턴대 의대와 보훈처 산하 임상역학센터 등의 공동연구에서는 미세먼지가 신장 질환 발생위험까지 크게 높인다는 연구결과가 나왔다.[44] 연구팀은 미 보훈병원 데이터를 이용해 참전군인 248만여 명의 사구체 여과율(GFR) 등을 포함한 신장 건강 상태를 평균 8년 반 동안 추적했다. 이 자료에 지역별 대기오염 측정 자료를 대입해 비교 분석했다. 그랬더니 미세먼지 농도가 $10\mu g/m^3$ 높아질 때마다 사구체 여과 기능은 21~28% 줄어들고, 만성 신장질환과 말기 신부전 발생 위험은 각각 27%와 26% 높아지는 결과가 나왔다. 미국에서만 매년 이로 인한 만성 신장질환자가 4만 4,793명 발생한다고 한다.

미세먼지는 눈에도 영향을 주어 도로에서 발생하는 미세먼지와 초미세먼지, 비산먼지는 눈의 미토콘드리아에 영향을 주고, 도로의 입자성 미세먼지 물질(pellet)은 각막 상피세포에 나쁜 영향을 준다. 미세먼지의 수용성 성분도 눈에 좋지 않은 영향을 미쳐 안구건조증이나 알레르기 결막염이 발생할 수 있다.[45]

미세먼지는
죽음을 재촉한다

요즘 암과 아토피 등 각종 질환을 치료하기 위해 '치유의 숲'을 찾는 이들이 많아지고 있다. 산림청도 숲이 피톤치드, 음이온, 아름다운 경관, 토양, 온습도, 광선 등을 활용해 인체의 면역력을 높이고 질환을 치유하는 곳이라 홍보하고 있다.

숲 치료의 가장 큰 장점은 나무들이 정화해주는 깨끗한 공기를 마시는 것이다. 미세먼지를 가장 많이 없애주는 것이 나무이니, 나무는 우리 인간의 수명을 길게 만들어주는 장생의 약이 아닐까 한다. 두 번째 장점은 숲에 가득한 식물이 내뿜는 공기 중의 피톤치드와 음이온이 가진 치유 효과다. 숲의 비타민이라 불리는 음이온은 긴장과 스트레스를 풀어준다. 숲에는 음이온이 도시보다 14~73배 정도 많아서 심신을 안정시켜 건강에 상당히 좋다.

숲 치유를 시작한 나라는 독일이지만, 우리나라도 지자체를 중심으로 숲 속에서 삼림욕을 할 수 있는 자연휴양림을 만들고, 의료업계와 연계한 숲 치료 프로그램 등을 개발하고 있다. 이제는 질병 치료나 예방을 목적으로 공기가 좋은 숲을 찾는 것이 아니라, 미세먼지에서 벗어나기 위해, 좀 더 청량한 공기를 맡고 일상의 스트레스를 벗어내기 위해서도 숲을 찾는 일들이 늘고 있다. 주말이면 도시 외곽으로 나가 가족이 캠핑을 즐기기도 한다. 미세먼지는 실외만이 아니라 실내에도 존재하고, 매일 호흡하는 모든 곳에서 우리도 모르게 몸속으로 들어와 건강을 해친다.

미세먼지는 암살자다

우리나라 미세먼지로 얼마나 많은 사람이 죽는 것일까? OECD는 우리나라가 40년 후에 OECD 국가 중 대기오염으로 인한 조기 사망률 1위 국가가 될 것이라는 비극적인 예측을 내놓았다.[46]

2017년 OECD는 〈대기오염의 경제적 결과〉 보고서에서 2060년 전 세계에서 대기오염으로 인한 사망자가 연간 900만 명 수준이 될 것이며 국가별 사망자 증가는 편차가 매우 클 것으로 예상했다. 우리나라의 경우 인구 100만 명당 조기 사망자는 1,109명에 이를 것으로 예상했다. OECD 국가 중 유일하게 1,000명을 넘어서는 것이다. 참고로 2010년 우리나라 인구 100만 명당 조기 사망자 수는 359명이었다. 거의 3.1배 이상 늘어나는 수치다.

미국의 보건영향연구소(Health Effects Institute, HEI)에서 발표한 내용도 우울하긴 마찬가지다. 1990년에 인구가중치를 반영한 우리나라의 연평균 미세먼지 농도는 $26\mu g/m^3$로 OECD 평균치인 $17\mu g/m^3$보다도 훨씬 높은 수준이었다.

그런데 2019년 4월 4일 HEI가 발표한 〈지구 공기 상태 2019〉 보고서에 따르면, 2017년도 우리나라의 대기오염 사망자는 1만 7,300명이었다. 이 중 초미세먼지에 의한 사망자 수는 1만 6,100명이다. 초미세먼지로 인해 가장 많은 사망자가 나온 나라는 중국으로 85만 1,700명, 인도는 67만 3,100명이나 된다. 북한의 경우 1만 명으로 나타났다.

HEI는 "2017년 전 세계 인구 92%가 세계보건기구(WHO) 초미세먼지 권고기준을 초과한 곳에서 살고 있는데, 가난한 나라에서는 요리와 난방을 위해 실내에서 사용하는 장작, 석탄, 숯 등 연료로 인한 사망자 수가 매우 많아 개선이 필요하다"고 밝혔다. 대기오염은 전 세계 만성폐쇄성 폐질환 사망자의 41%, 당뇨병 사망자의 20%, 폐암 사망자의 19%, 허혈성 심장질환 사망자의 16%, 심장마비 사망자의 11%에 영향을 미친다고 HEI는 밝혔다.[47]

미세먼지 등 대기오염으로 인한 조기 사망자가 연 880만 명에 이른다는 연구결과도 있다. 독일 마인츠 의대와 막스플랑크연구소 연구팀은 2019년 3월 〈유럽심장저널European Heart Journal〉에 발표한 논문에서 2015년 기준 880만 명이 대기오염으로 조기 사망한 것으로 추산했다.

연구팀은 유럽의 대기오염에 따른 조기 사망자는 2015년 1년간 79만 명이었으며, 사망자의 40~80%가 호흡기가 아닌 심장마비나 뇌졸중 등 심혈관계 질환으로 숨진 것으로 추산했다. 이들의 연구에서 중국의 경우 대기오염에 따른 조기 사망자는 연간 280만 명이나 되는 것으로 나타났다. 이 수치는 기존 추산치보다 2.5배나 많은 것이다. 연구팀은 조기 사망의 대부분의 경우 초미세먼지(PM2.5)가 원인이라고 밝히며 "PM2.5의 건강에 대한 위험도가 기존에 생각했던 것보다 훨씬 더 크다"고 지적하고, 유럽의 초미세먼지 기준을 대폭 강화해야 한다고 강조했다.[48]

미국 시카고대 에너지정책정구소(EPIC)는 2018년에 미세먼지 수치가 기대수명에 미치는 정도를 수치화해 대기질수명지수(Air Quality Life Index, AQLI) 보고서를 발표하고 있다. 분석에 따르면 놀랍게도 미세먼지로 인한 수명 단축이 1.8년으로 흡연(1.6년), 알코올 및 마약중독(11개월), 교통사고(4.5개월)를 넘어섰다.[49]

국내에서는 고려대 보건과학대학 이종태 교수 연구팀이 서울과 광역시를 대상으로 미세먼지와 사망률 관계를 분석한 결과 특정 시점을 기준으로 과거 46일 동안 노출된 미세먼지(PM10) 농도가 $10\mu g/m^3$ 증가할 때, 사고사 같은 외인사外因死를 제외한 총 사망률 증가는 도시에 따라 차이를 보였다. 울산의 사망률이 4.9% 높게 가장 낮은 서울은 0.6% 높아지는 추이를 보였다. 이산화황 농도가 높은 도시에서 사망률이 크게 달라지는 것으로 나타났다.[50]

연구기관과 연구방법에 따라 다소 차이가 있지만 초미세먼지로 인해 우리나라는 매년 1만 2,000명이 사망하는 것으로 추정된다. 2018년 11월 5일 자《중앙일보》헬스미디어의 기사를 보자.

초미세먼지(PM2.5)로 인한 사망자가 한 해 1만 명 이상인 것으로 나타났다. H 국회의원은 환경부의 2017년 연구결과 2015년 초미세먼지로 인한 국내 조기 사망자 수는 1만 1,924명인 것으로 확인됐다고 밝혔다. 미세먼지로 인한 질병은 심질환 및 뇌졸중(58%)

이 가장 많았고 급성 하기도 호흡기 감염 및 만성폐쇄성 폐질환(각 18%), 폐암(6%) 등이 뒤를 이었다.[51]

이러한 연구들은 무엇을 의미하는 걸까? 우리나라 공기의 수준, 즉 높은 미세먼지가 농도가 국민의 건강을 위협하고 있다는 것이다. 현재 우리 국민은 세계적으로 최하위권의 나쁜 공기 속에서 살고 있다. 예일대와 컬럼비아 대학교가 발표한 2016년 환경성과지수(Environmental Performance Index, EPI)*에서 우리나라의 공기질 순위는 180개국 중 173위를 기록했다. 이는 국가적 차원에서 적극적인 대책이 필요함을 시사한다.

세계에서 가장 미세먼지가 심하다는 중국의 피해는 어느 정도일까? 2016년 환경단체 그린피스와 베이징대 연구팀이 중국 31개 대도시의 초미세먼지 농도와 조기 사망 사이의 관계를 분석한 보고서를 살펴보면 중국 내에서 매년 25만여 명이 초미세먼지로 조기 사망하고 있다.

다른 나라들의 상황은 어떨까? 2018년 유럽회계감사원(ECA)은 "유럽연합(EU), 초미세먼지로 연간 40만 명 조기 사망"이라고 보고서에 발표했다.[52] 보고서에서는 유럽연합(EU) 회원국에서 약 40만 명이 초미세먼지로 조기 사망했으며, 특히 불가리아·체코·라트비아·헝가리 등 동유럽국가의 초미세먼지 수준은 심각하다고 밝혔다. 보고서가 발표된 지 약 한 달 뒤인 2018년 10월 29일, 유럽환경청은 "EU에서 대기오염으로 연간 50만 명이 조기 사망한다"(2015년에 39만 1,000명이 초미세먼지로 인해 조기

---

* 세계경제포럼이 미국 예일대학 및 컬럼비아대학 환경연구소와 공동으로 환경보건, 대기의 질, 수자원, 농업, 산림, 어업, 생물 다양성, 기후변화 등 8개 분야에서 20개 지수를 기반으로 평가, 발표한다.

사망)고 밝혔다. 세계질병부담연구(Global Burden of Disease Study)는 2018 년 연구보고서에서 2016년 한 해 동안 410만 명이 초미세먼지 때문에 조기 사망했다고 밝혔다.[53]

미세먼지는 더는 중국과 인도, 몇몇 국가에 국한된 문제가 아니다. 이제 전 세계적으로 수많은 사람의 생명을 단축하는 죽음의 먼지가 되었다.

초미세먼지에 안전한 수준이란 없다

초미세먼지에 '안전한 수준'이 있을까? 미국 하버드대 보건대학원의 퀴안 디 연구팀은 "미세먼지에 안전한 기준은 없다"고 밝혔다. 이들은 미국 연방정부 사회보장제도인 메디케어 서비스 수혜자 전원을 대상으로 미세먼지 농도와 사망률의 관계를 밝혀 미국의학협회지에 발표했다. 2000년에서 2012년까지 13년 동안 사망한 2,243만 명의 나이와 성별, 인종, 거주구역 등의 기록을 수집한 후, 미국 전역을 1×1km 격자로 나누고 각 공간의 미세먼지 농도 자료를 모델링 기법과 기상정보를 바탕으로 분석했다. 오직 초미세먼지의 영향만을 추려낸 결과, 낮은 농도에서도 초미세먼지가 조금이라도 증가하면 사망률이 높아졌다. 농도에 상관없이 노약자의 사망률은 크게 높게 나타났다.[54]

한 국가만이 아닌 미국의 NMMAPS(HEI-funded National Morbidity, Mortality, and Air Pollution Study)와 아시아의 PAPA(Public Health and Air Pollution in Asia), 유럽의 APHEA-2(the Air Pollution and Health: a European Approach project) 등이 참가하여 전 세계 대규모 역학연구가 진행되었고,

그 결과 미세먼지로 인한 사망률은 약간의 차이가 있을 뿐 국가와 지역, 인종 등에 구별 없이 영향을 주는 것으로 밝혀졌다.

우리나라의 미세먼지와 사망률

서울대의 김옥진은 2018년 2월에 미세먼지와 사망률에 관한 연구를 발표했다. 외국의 코호트 연구 외에 우리나라 미세먼지 상태와 사망률의 연관성을 연구해서 미세먼지가 사망률에 많은 영향을 주고 있음을 확인했다.[55]

몰톤 리프만(Molton Lippmann) 등의 연구 내용을 보면, 우리나라 초미세 먼지 농도는 2016년 $29\mu g/m^3$로 높아지면서 전체 조기 사망자 수가 2010년 1만 2,760명에서 2016년 1만 6,803명으로 31.7% 증가했다. 인구 10만 명당 무려 24.5명이나 된다. 초미세먼지 청정국가인 스웨덴은 인구 10만 명당 7명, 호주와 뉴질랜드는 8명으로 우리나라의 3분의 1 수준 이하이다. 다만 위로로 삼는다면 우리나라보다 훨씬 더 나쁜 나라도 있다는 것이다.

서울대 의대 예방의학과 홍윤철 교수팀은 2017년 12월 초미세먼지로 인해 1년에 1만 2,000명 정도가 기대수명보다 일찍 사망한다고 발표했다. 지역별 초미세먼지 농도, 기대수명, 질병, 생존기간 등을 조사해보니 2015년 한 해 동안 1만 1,900여 명이 조기 사망했을 것으로 추정된다는 것이다. 초미세먼지의 영향이 누적되면서 나타나는 결과로, "갑작스러운 사망을 초래한다기보다 사망 시기가 수년 정도 앞당겨지는 것"이라고 설명했다.

배현주(2014)는 서울시의 미세먼지와 건강영향을 종합 분석한 연구에서 미세먼지 농도가 $10\mu g/m^3$ 증가할 때 초과 사망 발생 위험은 미국 0.29%, 유럽 0.33%, 캐나다 0.84%인 것으로 보고했다.[56]

초미세먼지와 건강영향 연구를 메타분석한 애트킨손의 연구에서는 초미세먼지로 인한 초과 사망 발생 위험이 미국 0.94~2.08%, 유럽 1.23%, 서태평양지역 0.25~0.90%로 입자상 물질의 건강영향은 지역별로 약간의 차이를 보였다.[57]

그렇다면 우리나라 서울이 다른 나라와 비교해 미세먼지에 의한 사망률이 더 높을까? 얀센 등(2013)은 2008~2009년 네덜란드를 대상으로 분석한 미세먼지와 초미세먼지가 일별 사망에 미치는 영향을 보면, 미세먼지가 $10\mu g/m^3$ 증가 시 초과 사망 발생 위험은 0.6%이었다. 초미세먼지가 $10\mu g/m^3$ 증가 시 초과 사망 발생 위험은 0.8%이었다.[58]

사몰리 등(2013)은 프랑스, 그리스, 이탈리아, 스페인 등의 12개 유럽 도시지역을 대상으로 미세먼지와 사망 영향을 분석한 결과 미세먼지가 $10\mu g/m^3$ 증가 시 초과 사망 발생 위험이 0.32%, 초미세먼지가 $10\mu g/m^3$ 증가 시 초과 사망 발생 위험은 0.55%로 확인되었다.[59]

이들의 연구결과와 비교하면, 서울시의 경우 미세먼지로 인한 초과 사망 발생 위험은 네덜란드와 유사했다. 그러나 초미세먼지로 인한 초과 사망 발생 위험은 네덜란드와 유럽 지역의 연구결과보다 다소 높게 나타났다. 충격적인 것은 북한의 조기 사망자 수가 가장 높다는 것이다. 북한의 조기 사망자 수는 동일한 기간 1만 9,368명에서 2만 3,360명으로 20.6% 늘었다. 10만 명당 무려 103명으로 중국(79.8명)보다 높았고 우리나라보다도 4배 이상 높다. 이는 북한의 초미세먼지 농도가 2010년 연평균 31 $\mu g/m^3$에서 2016년 $36\mu g/m^3$로 증가한 것과도 무관하지 않을 것이다.

북한의 초미세먼지 농도가 높은 것은 값이 싸지만 미세먼지를 많이 배출하는 갈탄과 같은 연료를 많이 쓰기 때문이다. 또 이런 연료를 미세먼지 저감 처리를 제대로 하지 않고 사용하고, 여기에 더해 중국에서 날라오는 미세먼지 영향도 크다. 또 다른 이유로는 의료 자원의 부족으로 조기 사망률이 높아지는 것으로 보인다.

제 3 장

국가기후환경회의는 희망이다

25 Lessons for the
Clean Air

• • •

2019년 2월 20일 미국 남자농구 대학 더비 경기에서 일어난 나이키 밑창 사건은 나이키에 대한 대중의 신뢰도를 추락시켰다. 사건의 주인공은 촉망받던 선수이자 기대주였던 듀크대학 소속의 농구선수 자이언 윌리엄슨이다. 이 선수의 활약은 경기 시작 33초 만에 끝나버리고 말았다. 드리블 도중 윌리엄슨의 왼발 농구화 밑창이 통째로 뜯어져 나가면서 오른쪽 무릎에 부상을 입었기 때문이다. 윌리엄슨은 경기장에서 제대로 한번 뛰어보지도 못하고 들어가야 했다. 윌리엄슨의 불행은 불량한 나이키 운동화 때문이었고, 이를 지켜본 많은 농구팬은 나이키의 품질에 실망했다.

이런 일이 일어난 것을 두고 브랜드 전문가들은 사업 초창기 육상화의 '품질' 등을 앞세워 유명 브랜드들과 경쟁하던 나이키가 더는 품질을 우선하는 제조업체가 아니라 디자인 업체로 정체성이 바뀌었기 때문이라고 지적했다. 소비자들 또한 디자인으로 승부하려다 보니 운동화의 밑창이 경기 중에 떨어져 나갈 만큼 품질이 떨어진 것이라고 생각했다.

필자는 가끔 우리나라 정부의 미세먼지 정책이 나이키처럼 실제적인 저감보다는 미세먼지 저감 성공에 대한 선전이 앞섰던 것은 아닌가 생각한 적이 있었다.

미세먼지에 관해 책을 쓰고 칼럼을 써오던 필자도 우리나라 미세먼지가 상당한 시간 동안 좋아지지 않을 것이라는 비관적(?)인 생각을 했다. 2019년 3월 발생한 최악의 미세먼지를 겪었을 때는 정말 편안하게 숨쉬기 위해 이민 가야 하는 것은 아닌가 하는 생각이 들기도 했다.

그러나 최악의 미세먼지 상황이 오면서 많은 이들에게 미세먼지에 대한 더 많은 관심이 쏠렸고, 국가적 대응이 필요하다는 의견이 모였다. 이러한 시대적 요구에 따라 2019년 4월 29일 미세먼지 저감을 위한 '국가기후환경회의'가 발족하게 되었다. 그리고 필자는 기회가 닿아 이 회의에 전문위원으로 참여하면서 우리나라 미세먼지 저감에 대한 희망을 보았다. '정말 이런 방향으로 간다면 머지않아 우리나라 미세먼지는 반드시 좋아진다'는 믿음 말이다.

이번 장에서는 미세먼지 저감을 위한 정부의 노력부터 국가기후환경회의가 발족하고 지나온 행적, 그리고 첫 번째 작품인 단기정책 제안까지 국가기후환경회의의 노력을 소개하고자 한다.

대통령과 정부의
미세먼지 저감 노력

대통령은 약속을 지켰나?

2017년 5월, 모 TV 방송에서 대통령 후보들의 미세먼지 정책을 소개하고 있었다. 당시에야 당락에 영향을 줄 만한 여러 공약성 정책 중 하나로 소개하는 정도였다. 하지만 방송이 진행되는 동안 실시간으로 시청자들의 의견이 자막으로 빠르게 올라왔다.

나는 미세먼지 정책 내놓는 대통령 있으면 뽑아준다.

먼지 대책 가장 중요하다. 숨을 쉴 수가 없으니….

아이들이 마음껏 뛰어놀 수 있는 환경 만들어주세요!

매일 뿌연 하늘을 보고 시커먼 공기를 마시거나 답답한 마스크로 입과 코를 막고 다녀야 하는 국민의 소리였다. 사회단체에서도 엄마들이 주축이 되어 매우 강력하게 미세먼지 대책을 요구했다. 미세먼지에 대한 유권자들의 관심이 높은 걸 발 빠르게 안 당시 대통령 후보들은 서둘러 미세먼지 공약을 내놓았다.

문재인 후보는 '대통령 직속 미세먼지 대책 특별기구 설립'과 '신규화력발전소 건설 중단, 낡은 발전소 가동 중단'을 내놓았다. 홍준표 후보는 '2022년까지 신차판매를 35% 친환경차로 대체', '동북아 대기질 국제협력기구 설립'을 공약했다. 안철수 후보는 '미세먼지를 국가재난에 포함', '지능형 미세먼지 예보확대 및 측정망 확대' 등이었다. 유승민 후보는 '발전소 가동원칙을 환경 우선으로 전환', '한·중·일 대기환경개선기금 조성'이었다. 심상정 후보는 '미세먼지 기후정의세 신설'이었다.

신선하고 필요한 정책들이다. 우리나라 미세먼지 발생량 중 가장 많은 양은 산업체에서 발생한다. 화력발전소와 공장들이 모여 있는 충남 태안 인근 지역이 세계적으로도 대기오염이 심한 지역인 것은 이 때문이다. 반면 수도권 지역에서는 가장 많은 미세먼지는 차량에서 배출된다. 이러한 미세먼지의 산업과 도시의 분포 차이를 염두에 두고 공약을 살펴보자.

홍준표 후보와 유승민 후보는 기업과 정치적인 면, 그리고 수도권을 주로 고려한 것으로 보인다. 심상정 후보는 프랑스의 피케티를 보는 듯 반기업적, 진보적인 정책을 전면에 내세웠다. 안철수 후보는 과학자다운 발상이 강하다는 생각이 든다. 예보라든가 관측, 재난정책을 주요 이슈로 내세웠으니 말이다.

날씨 전문가인 필자는 당시 문재인 후보의 공약이 가장 실질적이라는 생각을 했다. 미세먼지 문제를 해결하기 위한 실질적인 거버넌스의 설치와 화력발전소 건설 중단이나 낡은 발전소 가동 중단 등이었다. 아이들 학교에 대한 미세먼지 대책 등도 학부모들에게 공감을 얻을 수 있는 공약이었다.

문재인 후보는 대통령이 되자 약속한 대로 2017년 9월 26일 '미세먼지 종합관리대책'을 발표했다. 공약한 모든 내용이 포함된 그야말로 획기적인 정책이었다. "모든 것이 좋아질 것이라는 어설픈 기대는 하지 마라. 상황을 개선할 수 있다는 확신을 가지고 발 빠르게 대처해야 한다"는 빌 게이츠의 말이 떠오르는 순간이었다. 미세먼지 저감 정책의 실행을 더 늦춘다면 매년 사회적인 비용만 수십조 원이 들어갈 것이 뻔하다. 지금도 필자는 "맑은 하늘과 깨끗한 공기는 아이들의 권리입니다"라던 당시 문재인 대통령의 말을 기억한다.

정부는 다음 해 2018년 8월 14일 미세먼지 저감 및 관리에 관한 특별법을 공포한다. 시행 시기는 2019년 2월 15일이다. 국무총리를 위원장으로 하는 미세먼지 특별대책위원회도 설치되었다. 비상저감조치에 대한 법적 근거를 마련했다는 점이 주요했다. 각 시도지사는 비상저감조치 요건에 해당할 경우 관련 조례 등에 따라 자동차의 운행 제한 또는 대기오염물질 배출시간을 변경하고 가동률 조정과 대기오염 방지시설의 효율 개선 등의 비상저감조치를 시행할 수 있게 되었다. 주요한 법령 몇 가지를 정리하면 다음과 같다.

제3조(국가와 지방자치단체의 책무)에서는 세 가지 정도가 중요한 내용이다.[1] 미세먼지의 영향을 파악하고, 배출 저감 및 관리를 위한 대국민 홍보 그리고 미세먼지 배출을 위해 국제적인 노력에 적극적으로 참여하는 것

을 골자로 하고 있다.

제5조(국민의 책무)에서는 국민은 일상생활에서 발생하는 미세먼지 등의 배출을 저감 및 관리하기 위하여 노력하여야 하며, 국가와 지방자치단체가 시행하는 미세먼지 배출 저감 및 관리 시책에 협조해야 한다는 국민의 책임과 의무를 만들었다.

제14조(미세먼지 관련 국제협력)는 정부는 미세먼지 등의 저감 및 관리를 위하여 다음 각 호의 사항을 관련 국가와 협력하여 추진하도록 노력해야 한다고 규정했다.[2]

제18조(고농도 미세먼지 비상저감조치)에는 미세먼지가 나쁠 때 비상저감조치를 어떻게 할 것인가에 대해 나온다. 시·도지사는 환경부장관이 정하는 기간 동안 초미세먼지 예측 농도가 환경부령으로 정하는 기준에 해당하는 경우, 미세먼지를 줄이기 위한 비상저감조치를 시행할 수 있다. 다만, 환경부장관은 2개 이상의 시·도에 광역적으로 비상저감조치가 필요한 경우에는 해당 시·도지사에게 비상저감조치 시행을 요청할 수 있고, 요청받은 시·도지사는 정당한 사유가 없으면 이에 따라야 한다.[3]

제21조(배출시설 등에 대한 가동조정 등)도 관심 있는 조항이다.[4]

제23조(취약계층의 보호)는 피부에 와 닿기도 하고 앞으로의 행보에 관심이 큰 부분이다. ①정부는 어린이·노인 등 미세먼지로부터 취약한 계층(이하 '취약계층'이라 한다)의 건강을 보호하기 위하여 일정 농도 이상 시 야외 단체활동 제한, 취약계층 활동공간 종사자에 대한 교육 등 취약계층 보호 대책을 마련하여야 한다. 다만, 종합계획에 이 법에 따른 취약계층 보호 대책이 반영된 경우에는 이 법에 따른 보호 대책을 수립한 것으로 본다. ②제1항에 따른 취약계층의 범위, 보호 대책 마련 등에 필요한 사

항은 대통령령으로 정한다.

필자는 당시 여러 TV 방송에 출연하면서 이 법안들이 잘 시행되면 좋은 결과가 있을 것이라고 말하고는 했다. 다만 단시간에 해결할 수 없는 사항들이라 인내가 필요하다는 점 또한 강조한 바 있다. 대통령 후보로 나와 대선 공약을 하고, 대통령이 된 후 하나하나 그 공약을 지켜나가고 있다. 국민과의 미세먼지 대응과 저감 노력에 대한 대통령의 약속이 지켜지고 있다.

정부의 노력을 인정하자

많은 국민은 정부의 대책에 미세먼지가 좋아질 것이라고 믿었다. 그러나 미세먼지 상황이 눈에 띄게 실감이 날 정도로 좋아지지는 않았다. 2018년에 정부가 미세먼지를 줄이기 위해 많은 대책을 내놓았음에도 미세먼지 '나쁨' 또는 '매우 나쁨' 일수는 2017년보다도 오히려 늘었다.

2018년 12월 16일 한국환경공단은 11월까지 17개 광역자치단체에서 일평균 미세먼지(PM10) 농도가 $80\mu g/m^3$를 초과해 '나쁨' 또는 '매우 나쁨'으로 기록된 일수는 총 294번이었다고 발표했다. 이것은 2017년의 231번보다 27.2% 증가한 것이다. 미세먼지 나쁨 일수가 늘어난 것은 정부가 본격적으로 미세먼지 대책을 내놓기 시작한 2016년 이후 처음이다.

초미세먼지(PM2.5) 농도가 '나쁨' 또는 '매우 나쁨'이었던 건수도 887번으로 2017년과 비교했을 때 0.79% 늘어났다. 정부 대책에도 불구하고

기후변화로 인한 대기 정체가 나쁨 일수를 늘린 것으로 분석된다. 자료만 보더라도 우리나라 공기가 더 나빠졌다고 생각하는 국민이 늘어난 것은 당연한지도 모른다. 통계청이 2019년 2월에 발표한 〈2018 한국의 사회지표〉를 보면 2018년 기준 대기환경 체감 수준이 '나쁘다'는 답변이 36.0%였다. 국민 3명 중 1명 이상이 공기가 나쁘다고 생각하는 것이다. 2012년 16.8%와 비교하면 2배 이상 많아졌다.

국민의 미세먼지에 대한 불안도 강했다. '불안'하다는 응답이 82.5%였고 '불안하지 않다'라는 응답은 4.5%에 불과했다. 정부에서 발표한 미세먼지 종합관리대책(2017. 9. 26.)과 「미세먼지 저감 및 관리에 관한 특별법」(약칭 미세먼지법, 2018. 8. 14.) 등도 국민의 불안감을 해소시키기에는 역부족이었다. 2018년 11월 들어 전국적으로 미세먼지가 극성을 부리자 국민의 불안감은 더 커졌다. 이에 이낙연 국무총리는 11월 12일 '비상·상시 미세먼지 관리 강화 대책'을 발표했다. 주요 정책으로는 '클린 디젤' 정책을 공식적으로 폐기하고 비상저감조치를 전국·민간으로 확대하는 방안을 추진하는 것이다. 고농도 미세먼지를 재난 수준으로 대응하겠다는 정부의 의지를 보여준 것이다. 큰 틀에서 다섯 가지 부문으로 구성된 주요 대책을 소개하면 다음과 같다.

첫 번째로 비상저감조치를 강화하는 것으로 시도별로 발령(수도권은 합동 발령)하고 2019년 2월 15일부터는 민간 부문도 동참해야 한다.

두 번째로는 공공 부문 예비저감 조치를 선제적으로 시행하는 것이다. 즉, 도로 청소, 차량 2부제 등 예비저감조치를 시행하되 수도권부터 시행한다.

세 번째로는 주요 배출원을 긴급 감축하여 미세먼지를 줄이는 방안이다. 이를 위해 배출가스 5등급 경유차 운행제한(수도권 적용), 석탄화력발전 80% 상한 제약(석탄 35기, 중유 7기), 사업장·공사장 조업 조성, 드론 활용 집중 단속 등을 시행한다.

네 번째로는 미세먼지로부터 아이들을 안전하게 지키는 것이다. 학교와 유치원에 공기정화장치를 지속적으로 설치하고, 작은 규모($430m^2$ 미만)의 어린이집도 실내 공기질을 측정·분석하며, 매년 100개소에 컨설팅 등을 지원한다.

다섯 번째는 미세먼지를 더 강화된 상시 저감대책으로 줄이겠다는 것이다. 이를 위해 클린 디젤 정책을 공식 폐기하고, 2030년까지 공공 경유차 제로화를 실현하며, 2020년까지 공공기관 친환경차 구매 비율을 100%까지 올리는 게 목표다. 저공해 경유차 인정 기준은 삭제하고, 주차료 감면 등의 혜택을 폐지하며 저공해 자동차 표지의 유효기간을 설정하여 오래된 경유차에 대한 혜택을 종료하는 내용이다. 정부는 석탄화력발전소를 줄이겠다고 선언했다. 실제 미세먼지 배출량을 고려해 환경설비를 개선하고, 삼천포 1·2호기(30년 이상 된 노후 발전소)와 삼천포 5·6호기(단위 배출량 약 3배) 가동을 3년 내 중단한다는 등의 내용이다.

그리고 주변 지역 날림먼지를 줄이는 정책도 있다. 지역 맞춤형 미세먼지 대책을 강화하기 위해 해안도시의 경우 중앙정부(해수부·환경부)와 지자체가 협력해 항만 내 미세먼지 저감 협력사업을 추진한다. 선박용 중유의 황 함량 기준을 강화하여 2020년부터는 3.5%의 기준을 0.5%로 낮추고, 2025년까지 친환경 선박(LNG 추진선)을 도입하며, 신규 부두부터 야드 트랙터의 연료를 LNG로 의무전환한다는 것이다. 도심에서는 가정용 친환경 보일러 보급사업을 전국으로 확대하기 위해 가정용 저녹스 보일러로 바꿀 경우 대당 16만 원의 지원금을 지급한다는 내용이다.

또 국외에서 유입되는 미세먼지도 다각적으로 대응하기 위해 한·중 환경협력센터(2018년 8월 기준 25개소)를 활용해 분야별 연구 협력사업을 하고, 신규 저감사업도 발굴 추진하며, 중국의 주요 지방정부와 협력해 대기오염 방지시설에 우리나라의 환경기술을 적용하는 실증협력사업을 강화하는 내용도 포함되었다. 이 외에 미세먼지 예보만으로 비상저감조치를 발동하겠다고 밝혔다.*

반드시 미세먼지를 줄이겠다는 정부의 의지가 엿보이는 정책들이다. 이상적인 정책이기는 하지만 정책이 시행되어 현실적으로 효과를 내려면 많은 시간이 필요하다.

그래도 예전보다는 미세먼지가 훨씬 줄었다?

"우리나라 서울의 대기오염 수준이 전 세계 대도시 중에서 가장 나쁩니다. 작년까지는 멕시코시티가 1위였는데 서울이 최고로 나쁜 도시로 올라선 것이지요."

먼 옛날의 이야기가 아니다. 16년 전인 2004년 필자가 국방대 안보대

---

* 발령 기준을 보면 ①당일 (00~16시) PM2.5 50μg/m^3 초과 + 익일 예보 PM2.5 50μg/m^3 초과 ②당일 16시 기준 PM2.5 주의보(75μg/m^3 이상)나 경보(150μg/m^3 이상) 발령되고 + 익일 예보 PM2.5 50μg/m^3 초과 ③익일 예보 PM2.5 75μg/m^3 초과 등이다.

학원에서 당시 환경부장관의 특강에서 들은 말이다. 사실 그랬다. 출근하고 집에 돌아오면 군복의 깃이 새카맣게 변해 있었다. 더군다나 당시 수색에 있던 국방대는 난지도 쓰레기장 부근이라 날리는 미세먼지까지 더해져 더 심했던 것 같다. 공기질은 그때도 나빴다.

근래에도 미세먼지 특강을 가면 자주 듣는 질문 중 하나가 "요즘 우리나라 미세먼지가 너무 나빠졌지요?"이다. 예전에는 그렇지 않았는데 요즘 미세먼지 때문에 스트레스라는 한숨이다. 대다수 국민이 과거에는 우리나라 공기가 좋았다고 생각한다. 봄에 황사야 조금 있었지만, 최근 들어서 중국 등의 미세먼지가 더해지면서 급격하게 나빠졌다고 생각하는 듯하다.

어떤 분은 평생 살아오면서 지금이 가장 나쁘다고 말하기도 한다. 실제로 2014년 질병관리본부가 시민 설문조사를 했더니 응답자의 87.7%가 '최근 미세먼지 오염이 급격하게 악화됐다'고 답했다. 그렇다면 정말 요즘 공기질이 예전보다 더 나빠진 것일까? 한마디로 대답한다면 "전혀 그렇지 않다"이다.

중국은 올림픽이나 국제행사를 할 때 인위적으로 날씨를 조절하고 미세먼지를 획기적으로 줄이는 정책을 편다. 베이징의 석탄화력발전소 가동을 중지하고 제철소 사업장은 문을 닫는다. 경유 차량은 베이징 시내에 들어올 수 없고 휘발유 차량도 통제를 받는다. 이러한 정책이 효과를 내어 발생하는 미세먼지가 없다 보니 하늘은 파랗고 공기는 깨끗할 수밖에 없다. 과거 중국인들이 베이징에서 파란 하늘을 볼 수 있는 날은 국제행사가 있을 때뿐이라고 말했던 것은 이 때문이다. 지금의 베이징은 특별관리를 하면서 상당히 좋아진 것이다.

우리나라도 중국처럼 미세먼지를 대대적으로 줄인 적이 있다. 1988년 서울올림픽 때이다. 2016년 리우올림픽 때 브라질에 지카바이러스가 대유행했다. 그러자 유명 외국 선수들은 대회참가를 거부했다. 이처럼 서울올림픽 당시에도 외국의 유명 운동선수들이 서울의 대기오염을 문제 삼았다. 당시 대기오염은 지금으로 말하면 미세먼지를 말하는 것이다. 일부 선수들은 일본에 숙소를 잡고 출전하겠다고 했을 정도다.

그러자 정부는 미세먼지를 줄이는 특단의 대책을 실시했다. 대한민국 사상 처음으로 차량 2부제를 실시한 것이다. 이뿐만이 아니다. 당시 우리나라 주요 에너지원이었던 연탄을 대회 기간에는 공급하지 않았다. 목욕탕은 아예 문을 닫았고, 많은 공장이 조업시간을 줄였다. 덕분에 세계의 선수들과 스포츠팬들이 우리나라를 찾았고 서울올림픽을 성공적으로 마쳤다.

그렇다면 서울올림픽 당시 서울의 미세먼지는 어느 정도였을까? 아쉽게도 당시에는 미세먼지나 초미세먼지에 대한 개념이 없었던 시기라 관측치는 없다. 다만 총 부유분진*을 측정한 자료는 있다. 올림픽 당시 평균 총 부유분진은 $212\mu g/m^3$였다. 이 농도를 지금의 초미세먼지로 환산하면 $100\mu g/m^3$ 정도다. 지금 환경부의 기준으로 볼 때 매우 나쁨($76\mu g/m^3$ 이상)보다도 훨씬 나쁜 수준이다. 2018년 서울의 연평균 초미세먼지 농도가 $26\mu g/m^3$ 정도이니 지금보다 공기가 4배 정도 더 나빴다는 거다. 그러니까 1988년 당시 우리나라 사람들은 매우 나쁜 공기 속에 살면서도 몰랐던 거다.

---

* 총 부유분진은 공기 중에 있는 모든 먼지의 무게를 측정한 것이다.

그런데도 왜 사람들은 예전의 공기가 더 맑았다고 생각하는 것일까? 옛날에는 미세먼지라는 개념이 없었고 대기오염이나 스모그 정도였다. 앞에서도 말했듯이 당시에는 먼지를 총칭하는 총 부유분진만 측정했는데, 일반인은 총 부유분진이 무엇인지도 몰랐다. 우리나라는 1990년대 중반까지 총 부유분진 측정으로만 먼지를 측정했다. 그러다가 입자가 큰 먼지는 코에서 걸러지지만, 입자가 아주 작은 미세먼지는 그렇지 않고 몸속에 들어가 인체에 해를 준다는 것이 알려지면서 호흡성 입자(inhalable particles)로 불리는 $10\mu m$ 이하 크기의 먼지 농도를 측정하기 시작했다.

최근에 들어 초미세먼지가 허파를 통해 혈관까지 침투하여 건강에 극히 해로운 물질이라는 연구들이 나오고 대중에게 알려지면서 사람들은 예전보다 미세먼지가 훨씬 더 증가한 것으로 오해하게 된 것이다. 서울시의 초미세먼지(PM2.5) 자료를 보면 매년 감소해 오다가 2013년부터 약간 증가 추세이거나 제자리걸음을 하고 있다.

과거에 비해 미세먼지 농도가 낮아진 것은 국가의 획기적인 노력이 있었기 때문이다. 필자가 중국의 한 TV 방송국과 미세먼지 주제로 특집 인터뷰를 한 적이 있다. 중국 TV 앵커가 집요하게 "어떻게 대기오염의 악명을 떨치던 서울의 미세먼지가 좋아졌느냐?"고 물었다.

2004년 국방대 안보대학원에 강의를 온 당시 환경부장관은 "지금은 서울이 최악이지만 몇 년 지나지 않아서 공기가 정말 좋아질 것"이라고 장담했었다. 지금 생각해보면 획기적인 정책들이 있었기 때문에 그런 장담을 할 수 있던 것 같다. 필자가 중국 앵커에게 한 대답은 "옛날에 집마다 사용하던 연탄(석탄)이 거의 사라졌다. 미세먼지를 만드는 주범인 황의 함량이 높은 석유 등 연료의 품질을 크게 개선했다. 자동차와 산업체 연소시설에는 규제를 강화해 저감장치를 부착했다. 버스 연료는 천연가스로 대체하고 경유 가격 조정을 통해 경유 승합차 수요도 줄였다. 이런 정책들이 미세먼지를 줄인 것이다." 정부 환경관계자들의 노력이 있었기에 가능해진 일이다.

미세먼지 8법 통과와 사회적 재난 규정

2019년 3월 1일부터 7일까지 고농도 미세먼지가 한반도를 덮쳤다. 국민의 불만과 불안의 목소리가 인터넷을 도배했다. 그러자 조명래 환경부 장관이 며칠 뒤인 3월 7일 긴급기자회견을 열고 여러 방안을 내놓았다. 크게 국내 대책과 국외 대책으로, 지금까지의 정책을 더욱 강화하겠다는 내용이었다. 필자가 아쉬웠던 것은 인공강우로 미세먼지를 해결하는 것과 대도시 옥상에 공기청정기를 설치하겠다는 부분이었다. 이 대책은 필자가 방송에서 실효성이 거의 없다고 반대한 내용이다.

다시 며칠 뒤인 3월 11일 국회에서는 미세먼지 8법을 통과시켰다. 통과한 법의 가장 큰 의미는 미세먼지를 '사회재난'으로 규정했다는 점이다. 미세먼지 문제를 사회재난으로 다룬다는 것은 대단한 인식의 전환이라고 생각한다. 사회재난으로 규정함으로써 이젠 미세먼지 문제 해소를 위해 국가 예산 투입이 가능하게 되었다.

3월 13일 국회를 통과한 미세먼지 법안은 총 8개이다. 「재난 및 안전관리 기본법」, 「대기관리권역의 대기환경개선에 관한 특별법」, 「액화석유가스의 안전관리 및 사업법」, 「실내 공기질 관리법」, 「대기환경보전법」, 「항만지역 등 대기질 개선에 관한 특별법」, 「미세먼지 저감 및 관리에 관한 특별법」, 「학교보건법」 등이다.

미세먼지법이 통과되면서 가장 변화는 앞서 말했듯이 미세먼지가 사회재난이라는 점이다. 각종 재난으로부터 국민 안전을 확보하기 위해 마련된 「재난 및 안전관리 기본법」은 어떤 것이 재난인지에 대한 기본적인 정의부터 재난 피해를 막고 사후 보상조치 등을 위해 국가와 지자체가 어떤 역할을 해야 하는지를 규정하고 있다. 미세먼지를 예방하고 피해가 발생했을 시 이에 대응할 수 있도록 국가가 적극적으로 예비비 등 예산 투입을 할 수 있게 된 것이다.

두 번째 「대기관리권역의 대기환경개선에 관한 특별법」은 수도권 「대기환경개선에 관한 특별법 일부개정법률안」을 대체해 신설된 법안이다. 환경부는 기존에 수도권 지역만을 대기관리권역으로 지정해 관리해왔다. 수도권은 인구가 많고 차량이 많아 대기오염물질의 영향이 크다. 따라서 수도권을 특별법을 통해 관리해왔지만, 최근 전국적으로 미세먼지 문제가 확산되면서 이젠 수도권만 특별 관리하는 시대가 지났다고 판단한 것이다. 이제는 관리 지역을 전국 단위로 확대하며, 이 법에 따라 대기오염물질을 배출하는 사업장을 관리할 수 있고 특정 경유 자동차에 대한 배출가스 저감장치 부착 등의 조치를 할 수 있게 되었다.

2018년 7월 국회를 통과하고 2019년 2월부터 시행된 「미세먼지 저감 및 관리에 관한 특별법」은 미세먼지라는 단어가 법안 제목으로 들어간 최초의 '미세먼지법'이다. 해당 법에 따라 국가미세먼지정보센터를 설치·운영할 수 있다. 그런데 이 개정안에서 그동안 정보센터 설치를 '할 수 있다'는 임의규정을 '해야 한다'라는 강행 규정으로 변경했다. 이로 인해 앞으로는 정확한 미세먼지 연구와 정보를 얻을 것으로 예상된다. 또 법안 통과에서 눈에 띄는 것이 지하철·버스 실내 공기질 관리가 엄격해진다는 점이다. 국회는 「실내 공기질 관리법」 개정안에 지하역사의 실내 공기질 측정기기 부착을 의무화하고 버스 등 대중교통 차량은 운송사업자가 차량의 실내 공기질을 측정하도록 하는 내용이 담겼다. 추가로 어린이 건강 보호를 위해 어린이집과 키즈카페 등 실내 어린이 놀이시설에서도 엄격한 실내 공기질 유지기준을 적용하도록 했다.

이번 법안에서 학생들의 건강보호를 위해 「학교보건법」을 개정, 학교 환경위생 점검 시 학부모의 참관을 허용하도록 했다. 환경위생 점검 결과를 학교 홈페이지에 공개하고 공기질 위생점검을 상·하반기별 1회 이상 실시하도록 규정했다. 공기질 위생점검은 각 교실에 설치될 공기정화 설비 및 미세먼지 측정기기를 통해 이루어질 예정이다. 그 외 미세먼지 측정기기를 교실에 의무적으로 설치하도록 하는 내용도 신설했다.

앞으로는 자가운전자들도 LPG 차량을 가질 수 있게 되었다. LPG 연료 사용 금지 풀리기 때문이다. 그동안 LPG 연료를 사용할 수 있는 차량은 한정되어 있었다. LPG를 차량 연료로 사용하기에는 수급이 안정적이지 않았기 때문이다. 그러나 이제는 LPG 수급이 원활해진 만큼 미세먼지 저감을 위해서라도 경유보다는 LPG 연료 사용을 활성화할 필요가 있다는 의견을 반영한 것으로 보인다. 국회에서는 이를 위해 「액화 석유가스의 안전관리 및 사업법」을 개정했다. 미세먼지와 질소산화물 배출량이 상대적으로 적은 LPG 연료를 모든 자동차에 사용할 수 있도록 법을 개정한 것이다.

항구도 관리 대상이 되었다. 일반인들에게는 잘 알려지지 않았지만 우리나라의 인천, 부산, 울산 등 항구도시의 미세먼지 농도는 예상외로 높다. 미세먼지를 엄청나게 배출하는 선박 때문이다. 국제해사기구(International Maritime Organization, IMO) 등에서도 선박에서 배출하는 초미세먼지를 규제하기 위해 선박 연료의 황 함유량을 줄이는 등 다양한 대책을 내놓고 있다.

그러나 실질적으로 항구지역의 미세먼지 농도를 낮추기 위해 이번 법안에서는 「항만지역 등 대기질 개선에 관한 특별법안」을 신설했다. 이제는 부산·인천 등 주요 항구도시의 미세먼지를 특별관리하게 된 것이다. 법안에 의하면 항만 지역에 대기질측정망이 설치되고 선박에서 발생하는 대기오염물질 저감을 위해 선박 배출 규제 해역을 따로 지정할 수 있도록 했다. 또 규제 해역에서 선박은 일정 속도 미만으로 운항해야 하고 새로 선박을 조달하는 경우 반드시 환경친화적 선박으로 구매하도록 하는 내용을 담았다.

정부의 추가 대책

법안 제정 외에도 정부는 미세먼지를 줄이기 위한 여러 방안을 지원하기 위해 애를 쓰고 있다. 2019년 4월 23일 정부는 경기부양과 미세먼지 저감에 중점을 둔 추경안을 발표했다. 미세먼지에 관련된 추경예산 1조 5,000억 원 중 환경부 추경예산은 무려 1조 645억 원이나 되었다. 이것은 2019년 환경부 전체 예산인 1조 950억 원과 맞먹는 어마어마한 예산이다. 이렇게 많은 돈이 투입된 것은 2019년 3월 초 발생한 최장·최악의 미세먼지 때문이었다. 고농도의 미세먼지가 기후변화로 자주 발생하는 현실에서 국가적으로 대응 역량을 높여야 한다는 현실 때문이었다.

환경부가 예산을 투입하려는 내용을 자세히 들여다보았다. 그랬더니 경유차 부분에 가장 많이 투입한다. 미세먼지 추경의 핵심은 자동차와 산업 부문의 미세먼지 배출량 감축 속도를 빠르게 하겠다는 것이다. 특히, 노후 경유차의 조기 퇴출과 저공해조치 예산을 대폭 확대했다. 경유차 배기가스에는 초미세먼지 양이 많은 데다가 사람들의 활동 공간에서 많이 배출되기 때문이다.

경유차 정책을 보면 2019년에 조기 폐차 물량을 40만 대로 책정했다. 이것은 당초 목표였던 15만 대보다 2.7배나 늘어난 것이다. 이를 위해 2,412억 원의 예산을 편성했는데 조기 폐차란 정상운행이 가능한 노후차를 조기에 폐차할 경우 보조금을 지원하는 제도다. 여기에 노후 경유차의 배기가스저감장치(DPF) 부착 사업도 늘렸다. 당초 1만 5,000대에서 8만 대로 확대한 것이다.

경유를 사용하는 것은 SUV 차량이나 화물차량만은 아니다. 엄청난 양의 초미세먼지가 비도로 이동 오염원에서 발생한다. 예컨대 경유를 사용하는 지게차, 굴착기 등 건설기계 등에서 발생한다. 이 분야의 저공해사업 예산은 본예산보다 최대 7배까지 늘었다.

건설기계의 경우 조기 폐차 대신 엔진을 교체해주는 데 당초 1,500대였던 물량을 1만 500대로 늘렸다. 배기가스 저감장치 부착 역시 1,895대에서 3,105대로 확대하기로 했다. 차주들의 부담을 덜어주기 위해 자부담을 한시적으로 면제하기로 했다.

경유차를 조기 폐차하거나 줄여나가는 대안으로 친환경차의 보급이 무엇보다 필요하다. 이를 위해 환경부는 전기차·수소차 보급에도 1,910억 원의 예산을 투입하기로 했다. 친환경차를 구매할 경우 차량보조금 지원도 계획하고 있고 충전시설도 대폭 늘리겠다는 것이다.

다음으로 사업장에서 발생하는 대기오염물질 배출량을 줄이기 위해 사업장에 방지시설을 설치하는 예산도 추경에 반영했다. 1,018억 원을 투입해 10년 이상 노후 방지시설이 설치된 중소규모 사업장을 우선 지원하고, 사업장들이 측정업체와 짜고 배출량을 조작하는 것을 막기 위해 미세먼지 관리도 철저히 하기로 했다. 환경부는 드론과 이동 차량을 통해 배출원을 추적하고, 중소기업에 굴뚝 자동측정기기(TMS)* 설치를 지원하는 등 590억 원을 들여 전방위 감시체계를 구축할 계획이다.

이외에도 15년 이상 된 가정용 노후보일러를 저녹스 보일러로 교체하면 일반 보일러와 평균 차액에 해당하는 20만 원을 보조한다. 환경부는 추경이 투입되면 6,000톤의 미세먼지를 추가로 줄일 수 있다. 이 정도면 경유 승용차 370만 대가 연간 배출하는 양을 줄이는 것이다.

지하철 지하역사의 미세먼지 문제를 해결하는 데도 411억 원의 추경을 편성했다. 전국 모든 도시철도 지하역사(553개소)에 미세먼지 자동측정기를 설치해 실시간으로 정보를 공개하기로 했다. 지하철 차량과 278개 역사에 공기정화설비를 설치하는 사업도 신규로 추진하기로 했다.

이 외에 국외에서 유입되는 미세먼지의 양을 측정하기 위한 감시망 확장도 들어 있다. 측정소를 주요 항만 15개소와 비무장지대(DMZ) 인근 5개소에 설치하고, 서해 주요 8개 도서와 해경 함정을 활용해 감시망을 가동

---

* 공장 굴뚝에서 미세먼지 등이 얼마나 배출되는지를 실시간으로 측정하는 장비이다.

하겠다는 것이다. 여기에 서해안에 미세먼지를 관측하는 선박 운영비와 한·중 공동 예보시스템을 구축하고 대기질 공동연구단을 운영하는 예산도 포함시켰다.

미세먼지 특별대책위원회

2019년 6월 9일 국가기후환경회의는 KBS 한국방송과 공동으로 '신 만민공동회, 미세먼지 해법을 말하다' 생방송 토론회를 열었다. 방송 중에 국민인식조사 결과가 공개되었다.

전국 17개 시도의 만 19살 이상 남녀 성인 2,602명을 대상으로 조사한 결과, 놀랍게도 응답자들은 정부 미세먼지 대책에 대해 75.3%가 '못한다'고 평가했다. 국민의 이런 반응에 대해 정부는 무척 억울할 수도 있을 듯하다. 필자가 보기에 정부의 노력은 인정받을 만한 정책들이었지만 고농도 미세먼지가 잇따라 발생하다 보니 국민은 정부의 대책에 만족할 수 없어 나쁘게 평가한 것이 아닌가 한다.

정부는 국민과 더 많은 소통을 통해 국민이 수긍할 수 있는 체감 높은 대책을 세울 필요가 있어 보였다. 그래서일까. 6월 28일에 정부는 제2차 미세먼지 특별대책위원회를 열어 다양한 내용의 의견을 개진하고 대책을 의결했다.

미세먼지 특별대책위원회는 미세먼지에 관련된 주요 정책과 계획, 이행 등 관련 사항을 심의하는 기구로서 국가기후환경회의와는 성격이 다르다.

국가기후환경회의는 미세먼지 문제 해결을 위해 정부에 정책을 제안하는 기능만 있다. 이에 반해 미세먼지 특별대책위원회는 정책 계획·집행·감독 기능까지 가지고 있다. 이날 이낙연 국무총리는 미세먼지 문제의 심각성과 중요한 정책시행을 강조했다.

사업장은 국내 초미세먼지의 53%를 배출합니다. 점검과 관리를 강화해 위법 기업은 엄단하고, 모범사업장에는 인센티브를 줄수 있을 것입니다. 항만과 농촌의 미세먼지 배출기준은 상대적으로 느슨했습니다. 그러나 앞으로는 정교하게 관리해야겠습니다. 실내 공기질에 관해서는 이번 주부터 어린이집과 의료기관 등 민감계층 다중이용시설의 관리기준이 강화됩니다. 철저히 시행되어야 할 것입니다. 정부는 1조 5,000억 원 규모의 미세먼지 저감사업을 포함한 추가경정예산안을 4월 25일 국회에 제출했습니다. 이미 지자체는 예산이 소진된 상태입니다. 빠른 추경안 통과가 바람직합니다.

2차 미세먼지 특별대책위원회에서는 문제가 되는 사업장의 미세먼지 관리체계를 개선하고, 농업·농촌 분야 미세먼지 저감 강화방안, 항만·농촌 등 관리 사각지대를 해소하는 한편, 미세먼지로 인한 국민 건강보호를 강화하기 위해 4개의 안건을 심의·의결했다. 심의·의결된 내용 중 환경부가 담당하는 '대기오염물질 배출 사업장 관리 종합대책'의 주요 내용과 지원 대책을 소개하면 다음과 같다.

회의에서는 그간의 대기오염물질 배출 사업장 관리의 문제점을 짚었다. 상당한 문제가 있다는 인식하에 사업장에 대해 꼼꼼한 허가체계로 전환하기로 했다. 또한 밀집 배출원을 엄격하게 관리하되 경제적으로 미세먼지 배출 저감을 위한 시설 설비를 하기 어려운 소규모 사업장에 지원하는 대책을 확정한 것이다.

첫째, 대규모 사업장은 통합허가제로 조기 전환하기로 했다. 지금까지는 물이나 대기 등 매체별로 관리해 왔는데 통합해 관리하기로 한 것이다. 그 외의 사업장은 허가서와 실제 배출 활동을 검증하기로 했다. 한편, 오염물질 방지시설 설치 면제 사업장에 대해 면제기준 충족 여부를 주기적으로 확인하고, 면제제도가 타당한지 재검토하기로 했다.

둘째, 산업단지 등 밀집 배출원 관리를 위해 2020년 4월부터 대기관리권역을 수도권에서 중부·동남·남부권까지 확대하기로 했다. 또한 대기관리 권역 내 오염물질 다량 배출 사업장에 대해서는 배출허용총량제를 시행하기로 했다.

셋째, 환경관리 여건이 취약한 소규모 사업장에 대해서는 노후 오염물질 방지시설의 교체 및 신규 설치를 적극적으로 지원하기로 했다.

측정업무 신뢰도 향상이 무엇보다 중요하다고 인식하고, 불법행위에 대한 처벌 강화 및 감시 인프라 구축 등 사후관리 강화방안도 마련하기로 했다. 이를 위해 제3의 측정대행 계약 중개기관을 신설해서 사업자와 측정 대행업체 간 유착을 방지하기로 했다. 여수산단에 입주한 대기업의 측정치 조작사건이 계기가 되었다. 측정 대행 계약 중개기관은 측정값 검증, 재위탁 관리 등 관리·감독 역할도 수행하도록 할 예정이다. 그리고 고의적 범법 행위 시 징벌적 과징금을 신설·부과하고, 측정값 조작 시 사업장에는 조업정지를 내리고 대행업체는 등록취소 처분('원스트라이크 아웃제' 도입) 등 처벌을 강화하기로 했다. 마지막으로 측정 드론 및 첨단 단속 장비 보급과 굴뚝 자동측정기기(TMS) 및 오염방지시설 원격감지 센서 부착 확대 그리고 TMS 측정값 실시간 공개 등 촘촘한 단속체계를 구축하기로 했다.

의결된 내용 중에는 해양수산부의 '항만·선박 분야 미세먼지 저감 강화방안'도 있다. 위원회는 항만에서 발생하는 초미세먼지를 2022년까지 절반 이상 감축하는 것을 목표로 하는 방안을 확정했다. 이를 위해 선박의 배출가스 기준을 강화하고 친환경 선박의 보급을 확대하기로 했다.

선박에서 내뿜는 초미세먼지로 인해 항구의 초미세먼지 농도는 높다. 크루즈 선박 한 척이 내뿜는 초미세먼지는 승용차 50만 대가 배출하는 양과 맞먹을 정도다. 상당히 심각하다. 이를 해결하기 위해 정부는 다양한 정책을 시행하기로 했다.[5]

농림축산식품부가 담당하는 '농업·농촌 분야 미세먼지 저감 강화방안'도 의결되었다. 농업·농촌 분야에서 발생하는 초미세먼지와 암모니아 배출량을 2022년까지 30% 감축하는 것이 목표다.

필자는 그동안 강의와 기고를 통해 농촌에서 발생하는 초미세먼지의 심각성을 수도 없이 경고해왔다. 농촌의 불법소각뿐 아니라 분뇨 등에서 발생하는 암모니아는 2차 초미세먼지 생성의 주범이다. 하지만 이전까지 정부는 이 분야에 대한 파악과 관리에 소홀했다. 다행히도 2차 미세먼지 특별위원회에서 시행을 의결했다.

첫째, 농촌 폐기물 등 불법 소각을 방지하기 위해 영농 폐기물 수거 인프라를 구축하기로 했다. 이를 위해 환경부와 농업잔재물 수거처리 시범사업을 공동 추진하고 불법소각 단속과 농업인의 교육·홍보를 강화하기로 했다. 축사에서 배출되는 암모니아 저감을 위해 미생물제제 공급을 확대하고, 축사 환경 규제 기준을 강화하는 한편, 깨끗한 축산농장 지정 등 농가가 자율적으로 암모니아 배출을 저감하도록 유도할 계획이다.

국가기후환경회의의
출범 배경과 활동

국가기후환경회의의 시작

2019년에 가장 많이 보도된 뉴스는 역시 미세먼지였다. 《중앙일보》에 의하면 미세먼지가 언론에 보도된 건수는 1990년대 초반에는 연평균 6.4 건, 1990년대 후반에도 79건에 그쳤다. 그러다가 2000년대 초반 연평균 360건으로 늘더니, 2010~2016년에는 5,000건으로 치솟았다. 2016년과 1990년(2건)을 단순 비교해도 기사 건수가 6,600배나 늘었다.

2019년 3월 1일부터 7일까지 최악의 미세먼지가 한반도를 강타했다. 초미세먼지가 관측되기 시작한 2015년 이해 서울의 일평균 초미세먼지 농도가 $100\mu g/m^3$를 넘은 것은 처음이었다. 비상저감조치를 일주일 동안 실시했지만 정부의 정책을 믿을 수 없다는 국민의 불신감이 팽배했다.

그러자 미세먼지 문제를 범국가적으로 해결하기 위한 기구를 만들자는 제안이 나왔고 문재인 대통령이 이를 받아들여 2019년 4월 29일 대통령직속기구로 국가기후환경회의가 발족한 것이다. 위원장은 반기문 전 유엔 사무총장이 맡았다.

문재인 대통령은 반기문 전 유엔 사무총장에게 "미세먼지 문제가 사회적인 재난 상황까지 이렇게 갔는데, 이 문제를 좀 책임지고 맡아줬으면 좋겠습니다"고 요청했고, 반기문 전 유엔 총장은 "대통령께서 말씀하시는 건 국민의 명령이라 생각을 하고 국가에 대한 저의 마지막 봉사, 소명이라고 생각하고 위원장직을 받았습니다"라고 회답하며 위원장직을 수락했다.

우리나라에서 환경문제로 국가기구가 만들어진 것은 처음으로, 문재인 대통령이 선거공약 중 하나인 대통령 직속 미세먼지 거버넌스 기구를 만들겠다는 약속을 지킨 것이다.

당시 "우리나라에 너무 많은 미세먼지 기구가 있는 것이 아니냐", "옥상옥 기구가 또 만들어진 것이 아니냐"는 말들이 있었다. 굳이 국가기후환경회의를 만들 필요가 있느냐는 것이었다. 이미 정부에서는 특별법을 정해 2019년 2월에 국무총리 산하에 미세먼지 특별대책위원회를 만들었다. 그러나 미세먼지 상황이 심각해지다 보니 다시 국가기후환경회의가 만들어진 것이다.

이 두 기구는 미세먼지를 다룬다는 면에서는 목적이 같다. 그러나 국무총리 산하의 미세먼지 특별위원회는 정부 대표와 장관들, 민간인 전문가를 모아서 만든 일종의 하향식 의사결정시스템이다. 그러나 국가기후환경회의는 반기문 위원장의 소신처럼 철저히 국민 의견을 반영한 상향식 의사결정 시스템이다. 반기문 위원장은 "국가기후환경회의는 참여 주체는 전 국민입니다. 우선은 경제부총리-기획재정부총리를 포함해서 여러 부처의 장관들도 참석하고, 또 여기에 사회적으로 존경받는 사회지도자, 종교지도자, 정당 대표 또 과학자, 의사 모든 사람이 참여합니다. 일반 시민 대표도 참석하고요. 그러니까 참여주체가 전 국민을 어우르는 아주 광범위한 것이며 결정하는 방법도 톱다운 방식이 아니라 일종의 상향식입니다. 바텀업이죠"라고 강조했다.

국기기후환경회의의 본회의는 반 위원장과 현직 장관·의원, 지방자치단체장, 산업계·시민사회·학계·종교계 인사 등 43명의 위원으로 구성되어 있다. 국가 미세먼지 문제 해결을 위한 전체적인 방향을 잡는 조직으로 보면 된다. 그 아래 6개의 전문위원회가 설치되었는데, 각 전문위원회는 우리나라 미세먼지의 최고 전문가로 각 위원회는 25~30명 정도로 운영된다.

첫 번째는 저감 위원회로 산업, 수송, 발전 등 주요 부문 저감방안을 논의한다. 두 번째, 피해예방 위원회로 건강·보건 영향과 사회·경제적 손실 완화·지원에 관해 논의한다. 세 번째, 과학기술 위원회로 국내외 배출원과 생성과정 규명과 장거리 이동 영향을 분석하고, 네 번째는 국제협력 위원회로 동북아 미세먼지 저감을 위한 국제협력 방안과 동북아 공동연구에 대해 논의한다. 다섯 번째로는 홍보소통 위원회로 미세먼지 정보제공 등 국민 이해 증진에 대해 논의를 한다. 필자는 홍보소통 전문위원으로 위촉되어 활동하고 있다. 마지막으로 국민이 직접 참여하는 국민정책 참여단이 있다.

국민대토론회와 국민정책참여단

"미세먼지를 유발하는 여러 요인을 해결하기 위해서는 다양한 분야에서 체질을 개선해야 합니다. 그렇게 하려면 국민 개인적으로 크고 작은 불편함을 감수하게 될 수도 있고 적지 않은 사회경제적 비용이 수반될 수도 있습니다. 이런 갈등이 이익집단 간의 비타협적 대결이나 정치권의 정쟁으로 비화하지 않도록 많은 대화를 하고 상대의 이야기를 들어가며 문제를 풀어가야 합니다." 반기문 국가기후환경회의 위원장의 말이다.

지금까지 미세먼지 해결정책은 정부의 일방적 주도로 이루어져 왔다. 그 때문에 정부와 소통이 없는 국민은 정부 정책을 이해하지 못했고 결국 신뢰를 하지 않았다. 국가기후환경기후회의는 이 문제를 해결하기 위해 국민의 신뢰가 필요하다고 생각했다. 국민이 직접 미세먼지 저감대책을 논의하고 정부에 정책 의견을 제시할 국민정책참여단을 공식출범시킨 것이다.

국민정책참여단은 무엇이며 어떤 일을 하게 되는가? 국민정책참여단은 미세먼지와 관련해 국민이 실생활에서 느끼는 문제점과 이를 해결할 정책 아이디어, 저감 실천 방안 등을 국가기후환경회의에 전달하는 역할을 한다. 참여단은 2019년 6월 9일 열린 제1차 국민대토론회와 9월 초 열린 제2차 국민대토론회에 참여했다. 또한, 워크숍, 온·오프라인 학습, 권역별 공개토론회 등에도 참여하며 다양한 의견을 제시했다. 그리고 정책참여단 토론회 등에서 제시된 의견은 국가기후환경회의 심의를 거쳐 10월 초에 정부에 제안되었다.

2019년 6월 9일 국민대토론회가 KBS 공개홀에서 열렸다. 정책참여단,

시민제안당 등 국민 약 300명과 전문가 패널 6명, 반기문 위원장, 조명래 환경부장관 등이 참석했다. 이날 국민대토론회에 참석했던 필자는 정책 참여단이나 시민제안 단의 미세먼지 관련 고충을 들으면서 심각성을 다시 한 번 느꼈다.

"환기하고 싶어서 창문을 열면 1~2시간 만에 마룻바닥에 검은 먼지가 깔려요. 집값 내려가는 게 문제가 아니라, 수명 단축되는 것을 피부로 느낄 수 있을 정도입니다." 인천시 서구에 살며 택시 기사로 일하는 김영환 씨의 말이다. 이 분이 사시는 곳은 인근에 쓰레기 매립지와 함께 화력 발전소가 있어서 대기오염이 심각하다고 한다. 중국에서나 있을법한 이야기 아닌가? 고등학교 2학년생인 서수현 학생은 "체육 시간 운동장에서 (수업을 하면) 입안이 거칠고 눈이 따가운 느낌이 든다"며 "미세먼지가 심한 날에는 부모님이 (거리에서) 떡볶이도 못 먹게 한다"고 말했다.

서울시 도봉구에 사는 시인 박승연 씨는 "장독대 위에 뿌연 먼지가 쌓인다"며 "건강을 위해 채소를 키워서 먹는데, 중금속 먼지 때문에 몸에 오히려 해롭지 않을지 걱정된다"고 불안해했다. 제과점을 운영하는 유성원 씨는 "미세먼지 농도가 높은 날에는 유동인구가 줄어 점포를 방문하는 고객까지 줄어든다"며 "주변 노점상의 경우 심할 때는 매출의 50%까지 하락한다고 한다"고 어려움을 전했다. 단순히 불편이 아니라 생계가 걸린 문제로 다가온 것이다.

국민대토론회에서 참석자들은 미세먼지 농도를 낮추기 위한 다양한 정책안도 제시했다. 주부 김연진 씨는 "경유차 생산을 최소화하고 전기차·수소차 등 친환경 자동차를 적극적으로 만들고 대중교통 활성화 대책도 세워 달라"고 주문했다. 대학생 장연준 씨는 고농도 미세먼지가 나타났을 때 노후 경유차 운행이 금지되는 것과 관련해 "노후 경유차를 운전하는 분들은 대부분 영세 자영업자로, 운행을 금지하면 생업에 지장이 있을 것"이라며 "지원 대책이 필요하다"고 의견을 냈다. 중소기업중앙회 관계자는 "최근 경기가 장기간 침체하고 경쟁국인 중국 부상으로 시장에 어려움이 많은데, 국내 노동·환경 정책이 동시다발적으로 규제로 다가오니 힘들다"고 토로했다.

이날 전문가 패널들은 국민 의견을 경청한 뒤 각자 의견을 보탰다. 직접 국민대토론회에 참여해 국민의 고충을 직접 듣고 조언을 나누는 뜻깊은 자리였다는 생각이 든다. 반기문 위원장은 "국민의 참여에 대해 감사하면서 아주 담대하고 과감한 정책을 내놓겠다. 열심히 노력하면 미세먼지 문제를 이른 시일 내에 해결할 수 있다고 생각한다"고 밝혔다.

국민대토론회에서는 5월 29일부터 6월 3일까지 전국 17개 시·도의 만 19세 이상 국민 2,602명을 대상으로 KBS가 실시한 인터넷 설문조사 결과도 공개됐다.[6]

국가기후환경회의는 현장의 소리를 듣기 위해 권역별 국민정책참여단의 토론회를 계속 열었다. 반기문 국가기후환경회의 위원장의 "미세먼지 대책은 국민 개인적으로 크고 작은 불편함을 감수하게 될 수도 있습니다. 또 이익집단 간의 비타협적 대결이나 정치권의 정쟁으로 비화할 수도 있습니다. 우리는 많이 대화하고 상대방의 이야기를 들어가며 문제를 풀어가야 합니다"라는 말에 필자도 동의한다. 그렇다. 아무리 좋은 정책이나 대책이 나와도 국민이 동의하지 않거나 정쟁의 불씨가 되어서는 안 된다. 가장 중요한 것이 사회적 합의 형성이다. 국가기후환경회의에서 국민정책참여단을 발족시키고 참여단의 많은 의견을 수용하는 것도 이의 일환이다. 가장 국민의 편에 서 있는 국민정책참여단이 토로하는 현장의 목소리, 삶에서 체험한 다양한 의견 등이 좋은 대책을 마련하기도 한다. 정책이 신뢰를 얻고 효과를 내기 위해서는 정책을 세울 때부터 사회적 합의가 필요하다고 보기 때문이다.

2019년 8월 18일, 필자는 대전에서 개최된 국가기후환경회의 권역별 토론회(호남·충청권)에 참석했다. 오전부터 시작된 회의는 오후 늦게야 끝이 났다. 토론회에 참석해 많은 의견을 개진한 분들은 국민정책참여단들이다. 참여단은 저감전문위원회에서 만든 다양한 저감 정책에 관해 그룹별로 토론을 펼쳤다. 저감전문위원회에서는 미세먼지를 줄이기 위해서 산업과 수송, 에너지 부문에서 저감대책의 뼈대를 만들었다.[7]

모두가 쉬는 일요일에 먼 곳까지 와서 긴 시간 더 나은 방안을 만들어내기 위해 치열한 토론을 펼치는 열정과 진지함을 보여준 국민정책참여단의 모습은 필자에게는 감동적이었다. 총 8개 그룹으로 나뉘어 토의를 마친 후 마지막에는 그룹별로 발표했다. 국민정책참여단의 의견은 무엇이었을까?

먼저 산업 부문 미세먼지 저감은 전문위원들의 의견에 대체로 동의했다. 국내 배출량의 41%를 차지하는 최대 배출원인 만큼 적극적인 저감대책이 필요하다는 점에 동의한 것이다. 다만 엄격한 법 집행은 필요하지만 이와 함께 지원책을 병행할 필요가 있다는 의견이 제시되었다. 국가산업단지나 사업장 밀집지역을 집중적으로 감시하되 자금이 부족한 영세 사업장에는 방지시설 설치 및 기술지원이 필요하다는 의견이었다. 자동측정기기 자료의 실시간 공개와 사업장 미세먼지 배출량 자료를 투명하게 공개해야 한다는 의견이 덧붙여졌다.

둘째로는 발전 부문에서는 석탄발전소 폐지 및 신설을 금지하고 고농도 미세먼지 발생 시기에 석탄발전을 줄이자는 의견이 있었다. LNG 발전소의 가동률을 높이는 방안, 장기적으로는 재생에너지의 확대 등도 필요하다는 의견이었다.

마지막으로 수송 부문에서는 경유차가 도시 미세먼지 기여도 1위인 만큼 노후 경유차 폐차, 고농도 미세먼지 발생 시기에는 5등급 차량의 운행을 중지할 필요하다고 인정되지만 5등급 차량의 50%가 화물차로 생계형이라고 보이기에 이에 대한 지원이 필요하다는 의견이 있었다. 이 외에 선박과 건설기계에 대한 저감방안, 숲을 조성하여 미세먼지를 줄이자는 의견 등 다양한 의견들이 개진되었다.

국민정책참여단의 발표를 들으면서 미세먼지 저감에 적극적인 정책이 필요하지만, 영세 사업자나 어려운 기업에 대한 점진적인 적용과 국가적 지원이 필요하다는 의견이 가장 가슴에 와 닿았다. 권역별 토론회에 참석하면서 필자가 떠올린 것은 콜린 톰슨의 『태양을 향한 탑』(논장, 2010)에 나오는 할아버지와 손자의 대화였다.

"내가 네 나이였을 때는 하늘은 파랗고 태양은 밝게 빛났었단다."

"네, 사진으로 파란 하늘을 본 적이 있었어요."

할아버지는 미세먼지와 오염으로 덮인 회색 하늘만 보고 살아온 손자에게 한 번만이라도 파란 하늘과 맑은 공기와 빛나는 태양을 보여주고 싶었다. 연료 부족으로 비행기는 날지 않고, 커다란 기구도 두꺼운 구름을 벗어나지 못했다. 할아버지는 두꺼운 구름을 넘어설 거대한 탑을 세우기로 한다. 20년이 걸려 탑 위에 오른 할아버지와 손자는 빛나는 파란 하늘과 맑은 공기와 아름답게 빛나는 태양을 본다. 이 책을 읽으면서 미래 우리 후손들이 파란 하늘과 밝게 빛나는 태양, 맑은 공기와 더불어 살 수 있게 만들어야 할 책임이 우리에게 있다는 생각이 들었다.

국가기후환경회의 본회의

"우리는 모두 한 하늘 아래서 공기를 마시며 살아갑니다. 미세먼지 바람이 불어오면 어른이나 아이나, 부자나 빈자나, 한국인이나 외국인이나 피할 수 없습니다. 국민의 건강을 위협하는 미세먼지 문제에 이념이나 정파가 있을 수 없으며, 국경이 경계가 될 수 없습니다. 미세먼지 해결을 위해 사회 분열적 요소를 넘어서, 외교적 협력은 물론 정부, 지자체, 기업, 시민 모두가 힘을 합해야 합니다."

반기문 국가기후환경회의 위원장의 말이다. 그렇다. 너의 이익이나 나의 이익이 아닌 우리 모두의 이익이 있어야만 한다.

2019년 6월 10일 국가기후환경회의 제2차 본회의가 열렸다. 반기문 위원장, 김숙 전략위원장, 안병욱 운영위원장 외에 현직 장관 6명 정당 추천 국회의원 6명, 종교계와 사회계, 기업 등에서 모인 명망 있는 인사 총 44명으로 구성된 회의이다. 이날 국가기후환경회의는 위원들에게 그동안 추진해온 일을 보고했다. 보고를 마치고 위원들의 다양한 의견이 개진되었다.

가장 먼저 나온 의견이 미세먼지 문제 해결에 과학적 접근이 필요하다는 것이었다. 미세먼지는 인문의 영역이 아니라 과학기술의 영역이다. 따라서 전문성과 경험을 근간으로 한 정책 제안이 필요하다는 것이었다.

우리나라 미세먼지 문제가 꼬인 이유 중의 하나는 정확한 과학적 근거 기반 위에서 세워진 정책이 아니었다는 것이다. 미세먼지의 발생, 저감, 예보 및 예방 등 모든 면에서 과학적 정의가 먼저 세워져야 대책이 만들어질 수 있다. 예를 들어 국민의 80%가 넘는 사람들이 미세먼지가 중국 등 국외 영향이라고 보지만 과학계는 20~50% 정도로만 본다. 일부 언론과 정확한 과학적 증거가 없는 이런 논의가 국민에게 막연한 불안감을 조성하고 있고 대책 수립에도 혼선을 부른다.

따라서 위원들은 우선 전문가 의견(과학기술 영역)을 고려할 필요가 있음을 강조한 것이다. 다양한 배출원에 대한 과학적 증거와 함께 국민의 자발적 합의가 필요하며, 과학과 정치의 영역에서 촘촘하고 정교한 정책 설계가 필요하다는 것이다. 그 외에 미세먼지 저감을 할 수 있는 신기술의 경우 신성장 동력으로도 활용할 필요가 있다는 것, 그리고 국내에서는 석탄발전량을 축소 중이면서 동남아에서는 우리 공적 금융기관들이 석탄발전에 투자하는 것은 지양해야 하지 않느냐는 의견도 나왔다.

두 번째로 미세먼지 저감대책에 대한 의견이었다. 여기에서는 먼저 기업의 역할을 강조했다. 즉, 지속가능 성장을 위한 기업의 사회적 책임 및 저감 동참이 중요하다는 것이다. 지금까지의 규제나 처벌보다 기업의 자발적 참여를 통한 사회적 책임 준수가 더 중요하다는 의견이었다. 여수산단에 입주한 대기업의 미세먼지 측정 조작 사건 등을 볼 때 기업의 자가 측정이나 느슨한 측정기준 등을 개선할 필요가 있다는 의견도 있었다. 특히 미세먼지만이 아니라 발암물질 저감법 등 제조업에서 유해물질 자발적 공개 및 지자체와 시민 거버넌스 구성 등도 하나의 방법임을 제시했다. 이의 효과를 위해서는 현장 모니터링을 통해 자료를 공개하는 것 등도 필요하다는 의견이었다.

농업 부문도 미세먼지 배출의 상당한 부분(15%)을 차지하므로 적극적인 저감 노력이 이루어져야 한다는 의견이 있었다. 농촌에서 많이 발생하는 암모니아는 2차 초미세먼지 생성물질이면 농작물 소각 등의 비산먼지도 줄이는 노력이 필요하다는 것이다. 아울러 저감대책으로 공원용지 활용 방안도 나왔다. 2020년 7월 공원일몰제 기한 도래에 대응하여 국가, 지자체 소유 토지에 대해서는 일몰 유예방안도 고려해볼 필요가 있겠느냐는 것이다.

정부의 주도로 이루어진 톱다운 방식의 정책은 손쉽게 정책을 수행한다는 장점은 있지만, 국민과의 소통이 없었기에 실패할 확률도 높다. 실제로 국민대토론회에서 발표된 KBS 여론조사에서 75%가 넘는 수가 정부가 미세먼지 정책을 잘못하고 있다고 대답했다. 그러다 보니 국가기후환경회의 위원들은 사회적 합의 형성이 무엇보다 필요하다는 의견이 나오기 시작했다. 조금 돌아가는 것처럼 보이지만 실질적인 성과가 가능한 우회 전략 말이다.

사회적 합의가 되기 위해서는 무엇보다 먼저 국민의 사회적 책임의식이 필요하다. 국민 개개인이 미세먼지 문제의 피해자이자 동시에 가해자라는 생각을 해야 한다는 것이다. "나는 책임이 없고 오직 정부가 해야 한다"라고 생각하는 것은 옳지 않다. 국가기후환경회의가 2019년 10월에 단기대책을 발표했지만, 현실적인 제약으로 실행이 어려울 가능성도 있었다. 그 때문에 국민인식을 바꾸는 노력과 함께 사회적 합의에 역량을 중점적으로 투입할 필요가 있었다. 거듭 강조하지만 사회적 합의 없이는 정책집행이 불가능하기 때문이다. 어떤 대책이든 국민의 합의와 동의가 먼저 필요하다는 말이다.

예를 들어보자. 유럽의 경우 경유차 퇴출과 축소나 경유세 인상, 차량 2부제 시행 등을 강력하게 실천할 수 있었던 것은 사회적 합의가 있었기 때문이다. 개인적으로는 불편하더라도 미세먼지 문제를 해결하기 위해서는 실행이 필요하다는 인식이 있어야 가능해지는 것이다.

반기문 위원장은 국가기후환경회의에서 계속적으로 강조한 말이 바로 바텀업이다. 일방적인 지시가 아닌 국민 의견을 반영한 미세먼지 해결책이어야 한다는 것이다. 필자도 미세먼지 문제가 해결되기 위해서 가장 중요한 것은 국민 스스로가 문제 해결을 위한 정책 추진의 주체라는 인식 개선이라고 본다. 그래야 가정용 보일러를 친환경 보일러로 바꾼다거나 친환경 차량 사용이나 대중교통 이용이 늘어날 수 있다. 국민 각자가 미세먼지를 많이 배출하는 소규모 사업장을 감시하고 비산먼지를 많이 발생시키는 공사장을 신고하는 것, 생활에서 미세먼지 배출량을 줄이는 행동에 동참해야 한다. 그러면 반기문 위원장 말처럼 지금 당장은 아니더라도 맑은 하늘과 깨끗한 공기를 마실 날이 머지않을 것이라고 굳게 믿고 있다.

이날 국민의 공감대 형성에 필요한 부분 중 하나가 교육이라는 제안도 있었다. 장단기적 관점에서 매우 중요한 것으로 학교 교육에서 미세먼지 문제를 해결하기 위한 공감대를 형성할 교육이 이루어져야 한다는 것이다. 아울러 환경문제, 일회용품 사용 문제 등도 교육 과정에 반영할 필요가 있다는 의견도 있었다. 학교만 아니라 가정도 마찬가지다. 미세먼지에 관심이 많은 주부가 가정에서 전기절약 등 생활 속에서 미세먼지 저감 참여 노력을 자녀들에게 보여줄 필요가 있다.

국내의 정책이나 대안 외에도 많은 국민이 중국과의 협력에 관심이 많은 거 같다. 2차 회의에서 위원들은 우리가 먼저 중국의 미세먼지 저감 노력을 벤치마킹할 필요가 있다고 보았으며, 동북아 등 국제 협력(동북아 대기질 관리시스템 등)을 지속 강화하자고 제안했다. 아울러 중국뿐 아니라 동북아, 아시아태평양 협력도 중요하다면서 유엔환경기구(UNEP), 세계기상기구(WMO) 사무총장 면담 등을 통해 유엔 차원의 적극 지원을 끌어내야 한다는 의견도 나왔다. 위원들은 국가기후환경회의가 '외교적 해결의 장'을 펼쳐야 한다고 말했다.

미세먼지 전문가 콘퍼런스

한 국회의원이 "도대체 국가기후환경회의는 무엇을 하고 있느냐?"고 말한 보도를 보면서 답답한 마음이 들었다. 출범 이후 우리나라 최고의 과학자들과 전문가들, 그리고 500명의 국민정책참여단의 노력을 무시하는 것 같아서였다. 오리들이 수면 위에서는 유유자적하여 아무 일도 안 하는 것처럼 보이지만 보이지 않는 물밑에서는 엄청난 발질을 하고 있다. 국가기후환경회의 참여자들 모두 최선을 다해서 어떻게 하면 미세먼지를 줄일 수 있느냐에 힘을 모으고 있다. 보수를 받는 것도 아니고, 오로지 우리나라의 공기를 맑고 깨끗하게 하겠다는 일념으로 일을 하지만 일반인들에게는 잘 알려지지 않은 듯하여 안타깝다.

국가기후환경회에서 연 여러 행사와 회의 중 필자가 가장 많은 관심을 둔 행사는 2019년 7월 5~6일 이틀간의 '미세먼지 전문가 콘퍼런스'였다.

콘퍼런스에는 반기문 위원장과 미세먼지 전문가가 100여 명이 참석했다. 우리나라 최고 미세먼지 전문가들이 현재 쟁점이 되는 사항에 관해 어느 정도 찬성하는가를 확인하는 자리였다. 여기에 더해 콘퍼런스 결과를 정책 수립에도 활용하기 위해서다. 이틀 동안 집중적으로 토론하고 검토한 내용을 보자.

먼저 전문가들 사이에서 국내 배출량 통계는 신뢰성을 높이기 위해 많은 개선이 필요하다는 주장이 나왔다. 필자도 미세먼지에 대한 글을 쓰거나 방송할 때마다 당혹스러운 부분이 배출량 통계였다. 전문가들은 특히 대기배출 사업장과 불법소각 등 생물성 연소에서 누락되거나 과소평가된 배출량이 많다고 평가했는데, 대형 사업장의 배출량도 문제이긴 하지만 군소사업장의 배출량은 거의 통계에 잡히지 않고 있기 때문이다. 농어촌이나 사업장에서 불법소각하는 생물성 연소도 정부의 배출량 통계를 믿을 수 없으니, 전국 약 6만 사업장에 대한 배출량을 전수조사하고 1, 2, 3종 대형 배출 사업장의 실시간 대기오염 배출정보를 국민 앞에 투명하게 공개할 것을 제안했다.

무슨 진실게임 같은데, 미세먼지 농도는 장기적으로 감소하고 있는 것이 확실하다. 그러나 최근 2년간 연평균 농도가 감소하고 있다고 정부는 주장하지만 측정 자료가 불충분해 명확한 결론을 내리기 어렵다고 전문가들은 입을 모았다. 즉, 감소하고 있다는 건 정부의 주장으로 보일 뿐 신뢰하기는 어렵다는 뜻이다. 지금의 방식으로 측정되는 미세먼지 예보 수준은 국민이 요구하는 정확도에 미치지 못한다. 그러니 예보에 인공지능(AI)을 적극적으로 활용하는 한편, 중국 예보자료 및 측정망 자료의 공유 방안을 강구해야 한다는 제안도 있었다.

미세먼지가 비상저감조치가 발령될 정도의 고농도일 때 비상대응을 하는 것에 대한 전문가들의 인식은 어땠을까? 전문가들은 공공 의무화와 민간 권고만으로는 실효성을 거두기 어려우므로, 공공영역을 넘어 민간 영역으로, 수도권을 넘어 전국으로 확대해야 효과가 극대화될 수 있다고 의견을 모았다.

고농도 미세먼지 발생 시기에 대한 상시적인 관리가 필요하며, 계절관리제(12~3월)는 이러한 관점에서 설계되어야 한다는 데 공감대를 형성했다. 그리고 중국 등의 미세먼지 영향이 어느 정도 되느냐에 관해서는 현재로는 불확실성이 존재하므로 모델링 외에 측정치와 위성자료 등을 모두 고려한 종합적인 분석이 필요하다는 인식이었다.

필자가 관심 많았던 인공강우를 이용해 미세먼지를 저감하고 대형 야외 공기청정기를 설치하는 정부의 계획에 대해서도 전문가들의 의견이 나왔다. 인공강우는 현재의 기술 수준에서는 미세먼지 저감 효과가 미미하며, 대형 야외 공기청정기 또한 비용과 효과 면에서 실익이 없다고 평가했다.

또 다른 미세먼지 저감방안 중 녹지 벽과 도시 숲은 미세먼지 저감에 매우 제한적 효과가 있다는 의견이 주를 이루었다. 하지만 대기, 기후, 생태, 경관 등 종합적인 관점에서 긍정적이라는 의견도 만만치 않았다. 비산먼지의 사후관리를 위해 도로 청소는 효과가 있으며, 발생원 관리를 위해 화단과 중앙분리대 등을 비산먼지 배출을 적게 하는 구조로 설계하고 토사 운반차량 등의 관리가 강화되어야 한다는 의견이 제시되었다.

반기문 국가기후환경회의 위원장은 "이번 전문가 콘퍼런스가 미세먼지 문제 해결을 위하여 국내 전문가들의 총의를 모으는 출발점이 될 것"

이라고 평가했다.

국가기후환경회의의 여러 노력 중 전문가 콘퍼런스를 소개한 것은 미세먼지 문제 해결이 과학적이어야 하고 전문적일 때 사회적 합의가 수월하게 이루어지지 않겠는가 보기 때문이다. 필자가 좋아하는 고사성어 중에 '현자허회여죽동賢者虛懷與竹同'이라는 말이 있다. 풀이하면 "현명한 사람은 허허로운 마음가짐이 마치 대나무의 성품과 같다"는 뜻으로 현명한 사람은 튼튼한 뿌리를 먼저 내리고 그 뿌리의 힘을 바탕으로 삼아 위로 성장할 줄 아는 대나무의 성품과 같다는 말이다. 국가기후환경회의의 많은 모임과 전문가 토론, 콘퍼런스와 권역별 토론회, 국민대토론 등은 미세먼지 문제를 해결하기 위한 튼튼한 뿌리가 될 것으로 생각한다.

전문위원회의 저감위원회 활동

국가기후환경회의는 전문위원회는 저감위원회, 피해예방위원회, 과학기술위원회, 국제협력위원회, 홍보소통위원회를 운영하고 있다. 각각의 전문위원회는 최고의 미세먼지 전문가들로 구성되어 있다.

그중 저감위원회는 다시 산업·생활, 수송, 에너지발전 분야 등의 4개 작업반으로 나누어 운영되고 있다. 이 중 저감위원회 산업 부문 작업반 2차회의 결과를 소개해 보고자 한다.

1차 토론회에서는 4개의 아젠다를 가지고 토론했다. 먼저 배출량 제도 도입의 기본 취지가 달성되도록 시장 상황 및 현장 작동 여부를 고려한 제도설계 및 개선이 필요하다는 점에 의견 일치를 보았다. 아울러 취약 분야 인벤토리 추가·보완 등 배출량 통계를 개선하여 자료 신뢰도를 향상하고, 이를 통해 정책 수용성을 높일 필요가 있다고 보았다. 생물성 연소 분야는 생물성 연소의 경우 오염 기여도에 비해 배출량이 과소평가된 측면을 반영하고, 국민 정서를 고려하여 점진적인 홍보를 통해 공감대 형성이 필요하다는 합의가 있었다. 1차 회의에서는 다양한 내용의 정책을 제안이 나왔다. 화목난로(보일러 등) 인증·규제제도 도입, 경유청소차 저공해화, 건설현장 비산먼지 모니터링 강화, 환경성·효과성 검토를 통한 먼지억제제 사용 활성화, 대기관리권역 확대에 따른 총량관리 확대 전 기존 수도권 총량제 문제(과할당, 환경용량, 배출권 거래 미미 등) 해소방안 마련 등이다.

2차 회의에서는 1차 회의에서 나온 아젠다를 심층적으로 토의했다.

첫째, '총량제 및 배출권거래제 개선'이다. 현행 총량 거래 제도의 특징 및 국내외 배출권거래제 운영 현황 분석을 통한 제도 개선 방안 도출이 주요 의제였다. 토론 내용은 현 시장 상황을 고려하여 제도가 도입취지를 충족하면서 동시에 시장에서 작동 가능할 수 있도록 설계·운영될 필요가 있다는 것이다. 다만 제도 도입의 기본 취지를 충족하는 것과 제도 수용성을 제고하기 위한 방안 사이에서 정부가 균형감 있는 정책을 수립할 필요가 있다고 보았다.

둘째, '배출허용기준 강화 및 배출시설 관리 개선'이다. 사업장 미세먼지 저감 관련 배출허용기준 및 배출시설 검토이다. 배출허용기준 강화의 실효성, 배출시설 관리 보완 방향 등에 관한 토론이었다. 기준 강화 실효성을 위해 제도 전환 및 개선 논의(일평균 관리, 자가측정 개선 등)가 필요함에 공감했다. 또한 미규제 등 중소 배출시설 관리 및 배출량 개선(도장·저장시설, 보일러, 고형연료, 축산분뇨 등)에 대한 토의도 있었다.

셋째, '생물성 연소 오염저감방안'이다. 생물성 연소 배출원 및 배출관리, 해외 관리체계 등에 대한 토론이 있었다. 해결을 위해 배출관리 개선을 위한 제도·홍보 및 저감 방안이 필요하며, 배출목록 보완, 화목난로·보일러 등 인증제 도입 등 관리체계 개편이 필요함에 공감했다. 아울러 이미 연구된 관리기술이 적용되고 있는지 검토하는 방안과 현장 파쇄 등 수거체계 구축도 필요하다고 보았다.

넷째, '비산먼지 배출시설 관리 강화 방안'이다. 비산먼지 배출현황 및 특성, 관리법규, 관리 현황 및 저감기술, 비산먼지 관리제도 개선 방안 등이었다. 주요 토론내용을 보면 비산먼지 인벤토리 개선 및 관리제도 개선 방안 등에 대한 논의가 있었다. 이를 위해 토목공사·나대지·저탄장 등 누락 배출원을 추가로 비산먼지 인벤토리를 개선하고, 국외 배출 농도, 불투명도 등 정량화 기준을 신규로 도입하고, 누락 배출원을 신규로 관리대상에 편입하자는 토의가 있었다.

이러한 토의가 밑받침되어 국가기후환경회의 정책 제안이 만들어진 것이다. 전문가들의 논의는 우리나라 미세먼지 전문가들이 어떤 방향으로 가야 하는지에 대한 토론일 뿐 확정된 정책이나 대안은 아니다.

수송과 에너지 부문의 저감방안 토의를 살펴보자. 먼저 1차 회의에서 나왔던 수송 부문의 4개 주제는 친환경차 보급 문제점 및 개선 방안, 운행차 저감대책 문제점 및 개선 방안, 교통수요 관리 문제점 및 개선 방안, 공항·항만에서의 오염 저감대책의 문제점 및 개선 방안 등이었다.

수송 부문에서 세부적인 내용으로는 첫째, '친환경차 보급 확대'로 중요한 것이 수소·전기버스 보급 확대이다. 지금의 친환경차 보급은 소형 중심이다. 그러나 주행거리·배출량을 고려할 때 버스에 대한 대책이 필요하다. 대도시에서는 이미 구축된 CNG 충전소와 공영차고지를 활용하여 CNG 버스를 수소·전기버스로 점진적으로 전환하는 방향이 필요하다. 전문가들은 경유 버스 중심으로 운영 중인 중소도시는 운수회사별 소규모 인프라 구축이 가능한 전기버스로 전환하는 것이 필요하다는 점에 공감했다. 이와 더불어 LNG 차량(버스, 화물) 보급 확대가 필요하고, 아울러 전기 이륜차의 보급 확대를 통해 오토바이에서 배출하는 미세먼지 저감대책이 있어야 한다는 논의가 있었다.

둘째, '운행차 배출가스 검사소 부실검사 관리 강화'이다. 현행 사례를 보면 배출가스 검사장비 교체사례가 거의 없다. 소모품 교환도 10% 이하일 것으로 예상되므로 소모품 교체주기를 설정해야 한다. 배출가스 장비 관리 및 인증체계를 강화하고, 검사원이 임의로 조작하여 불합격차량을 통과시키는 경우 자격박탈 등 원스트라이크 아웃제를 시행, 2회 이상 적발되는 검사소는 영업정지 등을 병행해야 한다고 보았다.

셋째, '교통수요 관리 강화'이다. 먼저 도심지 혼잡통행료 인상 및 부과 지역 확대 방안이다. 혼잡통행료 부과지역을 전국으로 확대하는 방안이다. 이 외에 도심지 공해차량 운행제한 지역(LEZ)을 전국으로 확대해야 한다는 데 공감했다. 공항·항만 지역 관리강화로 배출가스 5등급 차량의 항만구역 내 상시 운행을 제한해야 한다고 보았다.

저감위원회 '에너지·발전 부문'에서의 토의된 핵심 아젠다는 다섯 가지이다.[8] 먼저 '에너지 수요 관리 추진 현황'에서는 에너지 소비효율 등급 표시제도 개편 등에 대한 논의가 있었다. 해외사례를 검토하여 효율 등급 상향 조정이 필요한데, 예를 들어 현행 1~5등급을 1~3등급으로 개편하는 것이다. 문제는 중소기업의 수용 가능성 여부 검토를 위해 충분한 의견수렴이 필요하다는 점이다.

'건물 부문 에너지 수요 관리 현황과 개선 방안'에서는 건물 에너지 효율화 방안과 제로에너지 실현 가능성 등에 대한 논의가 있었다. 2030년 신규주택 제로에너지 건축 로드맵을 2025년에 조기 실현하는 방안의 검토가 있었으면 좋겠다는 것이다. 스마트시티는 ICT 활용보다 온실가스 감축과 에너지 효율화가 핵심이라는 의견이 있었다. 중소형 건물(근린생활시설) 대상으로 에너지 효율 향상 대책이 필요하다는 데 공감했다.

'친환경 발전방안'으로 고농도 미세먼지 발생 기간에는 석탄발전 가동을 중단하는 방안에 대해 검토하고, LNG 발전 효율성에 대한 논의가 있었다. 그러나 석탄발전을 LNG 발전으로 대체하게 될 때 비용 상승 부분에 대한 고려가 필요하다는 의견이 있었다. '전기요금 체계 문제점과 개선방향'에서는 전기요금에 외부비용 반영 및 과세 검토 등에 대한 논의가 있었다. 환경오염·안전 등 외부비용 반영을 통해 친환경 발전을 유도하고, 원가를 반영한 요금체계로 전환하여 요금 현실화와 소비 구조를 개선할 필요가 있다는 것이다.

마지막으로 '기후·환경을 고려한 세제개편 방향'에서는 자동차 친환경 등급제에 따른 세제개편 방안 등을 논의했다. 자동차세의 현행 배기량 기준에서 가격이나 친환경등급 기준으로 개편하자는 것이다. 아울러 경유세 인상 및 탄소세 도입, 전기 개소세 신설 등을 통해 상대가격을 조정하자는 것이다.

저감전문위원회의 2차 토론과정이 매우 치열했다고 한다. 이런 치열함이 우리나라 미세먼지 문제를 해결하는 지름길이 될 것이라고 믿는다. 우연히 얻어지는 것은 없다. 사람들은 전자레인지의 발명이 우연이라고 말한다. 퍼시 스펜서가 마그네트론 앞을 지나다가 주머니 속의 초콜릿이 녹은 것을 발견하면서 지금 우리가 쓰고 있는 전자레인지가 상품화되었다. 하지만 거기에 우연이란 없다.

스펜서는 레이더기술자였다. 어느 날 활성화된 레이더 앞에 서 있던 그는 주머니 속 초콜릿이 녹은 것을 관찰하고 마이크로웨이브파와 관련이 있다고 생각한다. 이후로 다양한 실험을 통해 마이크로파를 이용하면 음식물을 가열할 수 있다는 것을 발견하고 그는 전자레인지를 발명했다. 가만히 있다가 우연히 얻은 발명품이 아니다. 치열한 연구와 관찰에서 만들어낸 것이다. 미세먼지 문제 해결도 그렇다. 그저 공짜로 쉽게 미세먼지 문제가 해결되지 않는다. 많은 이들이 끊임없이 고민하고 연구하고 토론하면서 해결책이 하나둘 나오는 것이다.

미세먼지 계절관리제

YTN과 YTN사이언스는 '맑은 공기, 숨 편한 대한민국'이라는 특집 방송을 연중 내보내고 있다. 이 방송과 YTN사이언스에 매주 출연 중인 필자는 앵커들에게 국가기후환경회의의 진행사항에 관한 질문을 자주 받는다.

국가기후환경회의는 출범 이후 다양한 전문가회의를 열어 대책을 숙의했고 여기에 국민정책참여단이 참여하는 국민대토론을 열었다. 저감전문위원회가 만든 시안을 가지고 권역별 토론을 거쳤고 국민대토론회를 열어 정부에 제안할 정책을 거의 마무리했다. 앞서 자주 듣는 질문에 대한 답으로 단기대책 중 핵심이 되는 '미세먼지 계절관리제'를 이야기하고 싶다.

"미세먼지는 날씨와 기후변화입니다." 필자가 미세먼지 특강을 할 때마다 주장하는 말이다. 중국의 미세먼지 농도가 엄청 높아도 우리나라로 날아올 수 있는 기압 배치가 만들어지지 않으면 중국 영향은 없다. 또 우리나라에서 매일 거의 비슷한 양의 미세먼지가 배출되는 데도 매우 나쁜 날이 있는가 하면 어떤 날은 매우 좋다. 날씨 조건에 따라 미세먼지 농도가 달라지기 때문이다.

우리나라 여름철은 비가 자주 내리고 대기가 불안정해 미세먼지가 대기 중으로 확산되어 농도가 낮아진다. 그러나 겨울부터 봄 사이에는 대기가 안정되고 비도 거의 내리지 않고, 이동성 고기압이 자리 잡으면 중국으로부터 날아오는 미세먼지와 우리나라에서 만들어지는 미세먼지가 합쳐진다. 여기에 대기가 안정되고 바람이 약해서 확산이 안 되고 정체되면서 축적되어 고농도 미세먼지가 발생한다. 계절적으로 농도 차이가 심하다 보니 국가기후환경회의의 대책에서도 이 중에 가장 눈에 띄는 정책이 '미세먼지 계절관리제'라고 할 수 있다.

'미세먼지 계절관리제'는 고농도 미세먼지가 주로 발생하는 12~3월까지 약 4개월간 평소보다 강한 감축 정책을 펴는 것이다. 이 시기는 중국으로부터 미세먼지가 많이 날아오고 우리나라 날씨도 고농도 미세먼지가 발생하는 조건이 되는 때이다. 따라서 이 시기에 집중해서 고농도 미세먼지 발생을 줄이고 기존 비상저감조치의 한계를 극복하고자 강력하게 미세먼지 집중관리를 하는 것이다.

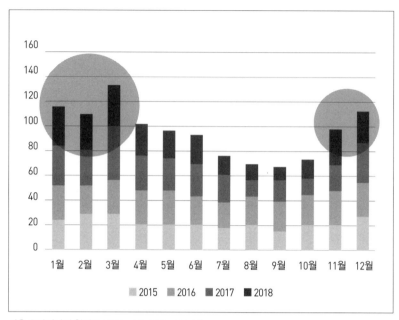

서울 초미세먼지 월평균 농도(μg/㎥, 2015~2018년)

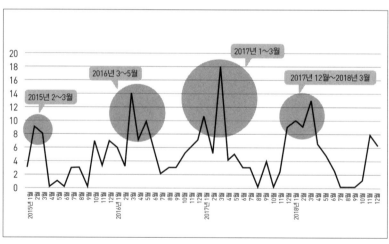

서울 미세먼지 월별 나쁨 일수(35μg/㎥, 2015~2018년)

미세먼지 제로 프로젝트

이를 위해서는 미세먼지 발생이 가장 많은 산업, 발전, 수송 등 3개 부문의 과감한 감축 대안이 있어야만 한다. 실제 미세먼지가 감축되어야 하고 국민이 체감하는 '나쁨' 일수가 줄어들고 '일 최고 오염도'도 눈에 띄게 개선되어야 한다. 미세먼지 다량 배출 부문에서 과감한 감축(소극적인 대응)부터 모든 국민이 참여해 미세먼지를 줄이는 '국민 행동(적극 대응)'이 연계되어야 한다.

많은 국민은 미세먼지가 중국의 영향이라고 믿고 있기에 우리만 '미세먼지 계절관리제'를 실시해 효과가 있느냐는 시선도 있다. 미세먼지의 영향이 큰 중국에 항의하고 조치하라고 말한다. 그러나 현실적으로 미세먼지를 해결하기 위한 중국과의 협력은 많은 시간이 필요하다. 좀 더 긴 호흡으로 인내하면서 풀어나가야 하는 문제다.

그러나 당장 겨울과 봄에 발생할 것으로 보이는 고농도 미세먼지에 대처하려면, 국내에서 만들어지는 미세먼지를 줄이는 것이 최선책이 될 수밖에 없다. 국가기후환경회의와 국민정책참여단은 "획기적인 조치가 없으면 고농도 미세먼지는 앞으로도 계속 발생할 것이다. 지난 2019년 3월 일주일간의 비상저감초지를 계기로 정부는 미세먼지 문제를 사회재난으로 정하고 국민에게 총력 대응을 약속했다. 국내외 배출량이 단기간에 획기적으로 줄지 않는 한 고농도 미세먼지는 언제든지 발생할 것이다. 그래서 계절관리제는 지금껏 우리가 가지 않은 길로, 적지 않은 논쟁과 갈등이 놓여 있지만 담대하게 가야 할 길"이라고 결정하게 된 것이다.

국내 미세먼지를 줄일 수 있는 부문이 발전, 사업장, 수송 부문이다.

먼저 발전 부문의 경우 12~2월까지 3개월간은 석탄화력발전소 60기 중 14기를 중단하고, 3월에는 22기로 확대해 가동을 중단하는 방안이 제안되었다. 전례가 없는 이 안에 국민정책참여단의 93%가 찬성표를 던졌다. 이렇게 할 경우 난방 전력이 필요한 추운 겨울 발전량에 문제가 있지 않겠느냐는 의문도 있는데, 국가기후환경회의의 전문가들은 전력 수급의 안정이 가능하다고 판단했다. 이로 인해 발전 부문 저감을 통해 전체 미세먼지 발생량의 12%를 차지하는 석탄발전 부문 배출량의 36.5%가 감축될 것으로 예측했다. 다만 석탄발전소 가동 중단에 따라 전기요금 인상이 불가피하다. 그런데 최대 2,000원까지 올리는 데 수용할 수 있다는 의견이 4명 중 3명(74.8%)꼴로 긍정적이었다.

두 번째로 산업 부문에서는 전국 사업장 밀집지역에 1,000여 명의 민관 합동점검단을 투입해 불법 행위를 감시하고 대형 사업장 굴뚝에서 배출되는 미세먼지 배출량을 실시간 공개하는 안을 제안했다. 현재 저감시설도 없고 배출량 통계도 없는 중소 사업장에는 2,000억 원 규모의 저감시설 설치 자금을 지원하는 방안도 제안했는데, 이러한 산업 부문 감축방안에 대해서 국민정책참여단의 90%가 지지했다.

계절관리제는 미세먼지 농도가 심해지는 4개월(12~3월)간 전방위적 감축 정책을 펴 미세먼지 배출량을 20% 줄이겠다는 목표이다. 이를 위해 계절관리제 기간에 전국의 5등급 노후 차량 중 생계형을 제외하고 차량 운행을 전면 제한하자는 제안이 나왔다.

그동안 관리 사각지대에 있었던 건설 기계장비에 대한 내용도 있었는데, 지게차 등 노후 건설기계도 정부와 공공기관이 발주하는 100억 원 이상 공사장에서 사용을 금지하는 안을 제안했다. 또 초미세먼지의 주범인 선박 문제에서 내항 선박에 대해서는 당장 올겨울부터 저황유를 조기에 사용하도록 하되 비용 상승분을 지원하도록 했다. 사실 수송 부문은 당장 많은 국민이 생활에 불편을 느낌에도 국민정책참여단의 86%가 지지를 표명했다. 그만큼 미세먼지 문제 해결이 시급하다는 공감이 있다는 것이다.

국가기후환경회의 정책 제안의 기본 원칙

국가기후환경회의는 미세먼지 대책을 마련하면서 5개의 기본 원칙을 세웠다.

첫째, 과감성으로 기존의 통념을 뛰어넘는 과감한 대책이어야 문제를 해결할 수 있다.

둘째, 국민 체감성으로, 국민이 체감하고 납득할 수 있는 정책이어야 한다. 아무리 좋은 정책이나 대책이라도 국민이 납득하고 이해하지 못하면 실패한다.

셋째, 차별성으로 과거 정부에서 내놓았던 대책과는 차별화된 새로운 대책이어야 한다.

넷째, 합리성으로 모든 대책의 밑바닥에는 과학적이고 합리적인 자료에 근거한 대책 제안이다.

다섯째, 실천성으로 아무리 좋은 대책이라도 현장에서 적용하지 않으면 소용없으니 반드시 실천되고 집행되어야 한다.

위의 5개 기본 원칙으로 국가기후환경회의의 미세먼지 대책이 만들어졌다. 일단 2019년의 대책은 단기대책으로 겨울부터 2020년 봄까지 미세 먼지를 저감하는 대책이다.

2020년부터는 중·장기적인 대책을 만들게 된다. 국가기후환경회의는 일단 2019년 겨울부터 2020년 봄까지는 국내에서 배출되는 미세먼지를 20% 줄이겠다는 과감한 목표를 세웠다.

반기문 위원장이 "이번에 국가기후환경회의가 내놓은 정책제안은 그동안 한 번도 시도해보지 않은 가장 과감하고 혁신적인 조치가 될 것으로 믿습니다. 전력 수요가 최고조에 달하는 겨울, 봄철에 최초로 석탄발전소를 최대 3분의 1 이상 가동 중단하도록 하고, 국민 생활에 커다란 불편이 따를 것으로 예상됩니다만, 생계용을 제외하고는 미세먼지를 많이 배출시키는 노후 차량을 전면적으로 운행을 제한하도록 하는 것이 그 대표적인 사례입니다"라고 말한 것처럼 2019년 겨울과 2020년 봄에 실시하는 대책은 과감한 정책이라고 보면 좋겠다.

이번에 내놓은 고농도 계절 미세먼지 대응을 위한 단기 정책제안은 이제 시작이다. 2020년부터는 미세먼지와 기후변화 문제를 근본적으로 해결하기 위해 수송용 에너지 가격체계 개편, 국가 전원믹스* 개선, 내연기관차에서 친환경차로의 전환 로드맵을 포함한 중장기 정책제안 관련 일을 시작할 것이다. 아울러 인근 국가들과의 국제적 협력을 통한 공동의 해결방안 모색에도 힘써 나갈 것이다.

국가기후환경회의에서는 깨끗한 공기를 만들기 위해 국민이 대책을 이해하고 도와주길 바란다. 아무리 좋은 대책이라도 국민과 기업의 협조

---

* 전원믹스는 전력 생산을 위해 소비된 에너지원별 비중으로, 우리나라의 경우 2017년 기준 석탄, 원자력, LNG 순의 비중을 보이고 있다.

와 미세먼지를 줄이는 실천 없이는 성공할 수 없기 때문이다. 필자는 우리의 이런 노력이 합쳐질 때 머지않아 우리나라의 하늘이 푸르러질 것이라는 희망을 품는다. 그래서 필자는 국가기후환경회의는 희망이라고 생각한다. "푸른 하늘, 맑은 공기, 우리의 실천이 숨 편한 대한민국을 만듭니다."

제 4 장

어떻게 미세먼지를 줄일까?

25 Lessons for the
Clean Air

• • •

　"방콕형 인간이 늘어난다."

　한반도에 몰아닥친 최악의 미세먼지로 인해 방에 콕 틀어박혀 지내는 사람이 늘어나면서 나온 말이다. 어른, 아이 가릴 것 없이 미세먼지로 인해 '실내형 인간'이 되고 있다.

　"어린아이는 더 안 좋다면서요? 불안해서 못 보내요." 심각한 초미세먼지 때문에 두 살 된 여아의 어린이집 등록을 포기했다는 엄마의 방송 인터뷰다. 오히려 공기가 좋은 집 안에서 공부할 수 있게 학습지를 통한 '홈스쿨링'을 준비하고, 아이의 신체활동을 위해서는 창고에 소형 미끄럼틀을 놓아 놀이공간으로 꾸미는 중이라고 한다. 너무 공기가 나빠 학교에 가는 첫째 아이도 불안하다면서 더 나빠진다면 초등학교 저학년생인 아이까지 홈스쿨링을 할 계획이란다.

　모두가 그런 것은 아닐 테지만 미세먼지가 우리의 일상을 많이 바꾸고 있는 것은 사실일 게다. 안에만 있겠다니, 이래서는 안 된다. 많은 사람이 밖에 나와서 마음 놓고 활동해야 나라가 힘차게 움직인다. 그러기 위해서는 미세먼지를 줄여야 한다.

어떻게 미세먼지를 줄여야 할까? 이번 장에서는 미세먼지를 가장 많이 배출하는 산업 부문과 국민이 가장 불안해하는 발전과 수송 부문, 그리고 생활 부문에서 어떻게 미세먼지를 저감할지 국가기후환경회의에서 제안한 내용을 소개하겠다.

산업 부문 저감이
시급하다

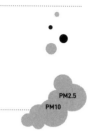

2018년 전국 미세먼지 주의보 평균 발령일수는 25.4일이었다. 2019년 3월 현대경제연구원이 전국 성인 남녀 1,008명을 대상으로 설문조사한 보고서 〈미세먼지에 대한 국민인식 조사〉에 따르면 미세먼지로 인한 산업별 체감 생산활동의 제약 정도 등을 계량화했을 때 미세먼지 주의보가 발령된 하루 당 경제적 손실비용은 1,586억 원으로 2018년에만 미세먼지로 인해 4조 230억 원의 경제적 손실을 입은 것으로 나타났다.

여기에 건강비용까지 합산한다면 미세먼지로 인한 경제적 손실은 천문학적인 액수가 될 것이다. 이렇게 심각한 문제로 등장한 미세먼지, 그렇다면 우리나라에서 미세먼지를 가장 많이 배출하는 부문은 어디일까? 바로 산업 부문이다.

산업 부문에서의 미세먼지 문제

산업 부문은 석탄발전 등 발전 부문을 제외하면 우리나라에서 가장 많은 에너지를 사용한다. 당연히 미세먼지도 가장 많이 배출하는데 2016년 기준으로 우리나라에서 만들어지는 미세먼지 중 41%를(발전은 제외) 차지한다. 산업 부문 중 미세먼지를 가장 많이 배출하는 산업 분야는 발전, 석유화학, 제철, 시멘트 등이다.

산업 부문은 전체 사업장의 2.4%밖에 되지 않는 소수의 대형 사업장(1종)*이 전체 산업체 오염배출량의 62.7%를 차지한다. 대형 사업장 중에서 발전과 철강, 석유, 시멘트 4개 업종의 배출량이 1~3종 대기배출업체 배출량의 87.7%를 차지한다.** 이런 특성 때문에 우선 대형 사업장에 대한 특별관리가 필요하다. 다만 산업 부문에서 발전 부문을 분리한 것은 석탄발전에 대한 국민적 관심이 많기 때문이다.

국가기후환경회의에서는 현재 우리나라 대형 사업장들의 대기오염물질 배출에 대한 사회적 책임의식이 낮아 불법 배출은 물론이고, 법과 제도도 무시한다고 보았다. 사업 따라서 현장에서 법이 제대로 집행되지 않는 사례가 자주 발생하고, 이 때문에 오염물질 배출의 사각지대가 상당히 있을 것으로 추정된다. 이런 예를 가장 적나라하게 보여준 것이 2019년 오염물질 배출량 조작이 적발된 여수 산단 사건이나 2016년 석포제련소

---

* 대기배출업체는 연간 대기오염물질 발생량에 따라 1~5종으로 구분한다. 1종 사업장은 연간 연료사용량이 80톤 이상이며, 2종 사업장은 20~80톤, 3종 사업장은 10~20톤, 4종 사업장은 2~10톤, 2톤 미만의 사업장은 5종 사업장으로 분류하여 관리하고 있다.

** 발전 35%, 석유화학 24%, 제철제강 21%, 시멘트 8%

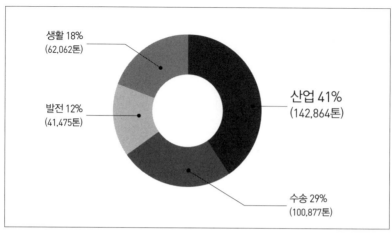

국내 미세먼지 배출 기여율

사태이다.[1]

2019년 10월 2일 국정감사장에서 "총 대기시설 개선비용은 550억 원 정도 듭니다." 여수 금호화학 공장장의 대답에 한 국회의원의 "화학업계의 가장 대기업이 이 정도 투자를 안 해서 온 국민이 걱정하게 하느냐!"라는 질책이 이어졌다. 이날 국회 자료에 따르면 여수산단 업체 중 최근 5년간 대기오염 초과배출로 행정처분을 받은 곳은 21곳에 이른다.

이 중 LG화학, 롯데케미칼 등 6개 업체는 2019년에 적발돼 개선 명령을 받았다. 특히 롯데케미칼 여수 1공장의 경우 허용기준인 30ppm보다 12배 많은 355.56ppm의 암모니아를 배출한 사실이 적발돼 개선 명령을 받았으나, 불복해 이의신청한 상태이다(2019). LG화학의 경우 2015년 브롬화합물(브로민화합물)을 기준치인 3ppm의 5배가 넘는 17.469ppm으로 배출하다 적발되었다. 오염수 배출조작으로 두 명이 구속기소가 되고 세 명이 불구속 기소된 영풍석포제련소도 심각하다. 국회 자료에 따르면 지난 5년간 석포제련소는 대구지방 환경청에 불법 오염물질 배출로 14번이나 적발됐고, 조업 정지도 이행하지 않았다고 한다. 책임을 느껴야 할 대기업까지도 버젓이 불법 배출을 자행하는 것이다.

기사에 난 대기업들이 오염물질 배출실태를 보면 정말 한심하다 못해 분노가 치민다. 다음은 2019년 4월 19일 《나이스경제》에 실린 내용이다.[2]

> LG화학과 한화케미칼 사업장 등 전남 여수 산업단지에서 운영 중인 공장들이 먼지와 미세먼지 원인물질을 마구 배출하면서 그 수치를 조작해온 사실이 드러났다. 이들 사업장은 자발적으로 하도록 규정된 점검 제도의 허점을 악용해 감독 당국과 국민의 눈을 속여 온 것으로 밝혀졌다. 현행 제도는 업체 스스로 대기오염물질의 배출 실태를 점검하거나 자격을 갖춘 전문업체에 위탁해 관련 서류를 작성한 뒤 당국에 보고하게 돼 있다. LG화학 등은 측정대행업체와 짜고 먼지나 황산화물, 염화비닐 등 대기오염 원인물질의 배출량을 실제보다 낮게 조작하는 수법을 썼다. 측정대행업체는 오염물질 배출 업체 관계자에게 희망하는 수치를 미리 물어본 뒤 주문한 내용대로 성적서를 발급하는 짓까지 서슴지 않았던 것으로 확인됐다.
>
> 한마디로 정리하면, 오염물질 배출업체와 측정대행업체가 유착 관계를 유지하면서 부당한 이득을 취해왔다고 할 수 있다. 그들의 부당이득 취득 과정에서 희생된 건 국민의 건강이었다. 이 외에도 유착의 사슬에 얽힌 여수 산단 내 사업장만 235곳에 달했다. 이들 사업장과 유착해 불법을 저질러오다 적발된 측정대행업체는

네 곳이었다. 이들은 이 같은 수법으로 2015년부터 4년 동안 1만 3,096건의 대기오염도 측정기록부를 발급 또는 조작해오다 이번에 꼬리를 밟혔다. 환경부가 공개한 이들의 불법 행위는 혀를 내두르게 할 정도로 대담하고 노골적이었다. 성적서를 주문생산해 제시하는 것은 그나마 점잖은 축에 들었다. 어떤 대행업체에서는 한 사람이 같은 시간대에 여러 곳에서 측정했다는 자료를 성적서에 버젓이 기재하기도 했다. 한 사람이 도저히 하루 동안 해낼 수 없는 횟수를 측정했다고 거짓 기재한 경우도 모두 8,843건에 이르는 것으로 확인됐다. 보란 듯이 내놓고 위법을 자행한 것이다.

이번 사태는 많은 것을 시사한다. 우선 환경 당국의 감시·감독이 그동안 얼마나 엉터리였는지를 적나라하게 보여준다고 평할 수 있다. 그토록 긴 기간 동안 그처럼 노골적인 방법으로 서류를 조작해왔다는 것은 해당 업체들이 사실상 감시·감독이 없는 무법지대에 방치돼 있었음을 의미한다. 둔갑술을 쓰는 홍길동도 아닌데 한 사람이 동일 시간대에 이곳저곳에서 오염물질을 점검한 것으로 기록한 사실 하나만 보아도 감독 당국의 업무 태만을 짐작할 수 있다고 기자는 보았다. 그 같은 범행은 책상머리에 앉아 서류만 꼼꼼히 살폈어도 얼마든지 쉽게 찾아낼 수 있었기 때문이다.

오염물질 배출에 대한 관대한 처벌도 문제점으로 떠올랐다. 환경오염 행위에 대한 관대함은 과거 산업화 시대를 거치면서 필요악처럼 굳어진 측면이 있었다. 하지만 그건 환경 보존의 가치에 대한 인식이 부족하던 당시의 그릇된 인식의 산물이었다. 현행 관

미세먼지 제로 프로젝트

련 규정들은 시대 흐름을 따라가지 못하고 있는 게 현실이다.* 마 땅히 처벌을 강화해야 한다. 관리·감독 시스템을 바꾸는 것도 검 토해볼 필요가 있다. 지금처럼 배출점검 업무를 지방자치단체가 맡는 것이 합리적인지 따져봐야 한다는 뜻이다. 사업장 유치에 우 선순위를 두기 쉬운 지자체가 그들 사업장에 엄격한 잣대를 들이 대기는 쉽지 않은 일일 수 있다. 시대가 변한 만큼 환경 보존에 대 한 인식도, 제도도 새로 점검해야 할 필요성이 커졌다. 이번 사태 를 그 계기로 삼기 바란다.

기사 전문을 소개한 이유는 우리 국민이 이 사실을 정확하게 알아야 하기 때문이다. 기업들이 배출하는 오염물질은 우리 국민의 생명을 위협 한다. 그렇다면 이런 문제를 어떻게 해결할 수 있을까?

산업 부문 사업장의 오염물질 관리 현황과 현재 여건

국가기후환경회의는 미세먼지를 줄이기 위해 산업 부문 사업장에 대 한 오염물질 관리 현황과 현재 여건을 살펴보았다. 미세먼지 등 대기오 염물질을 관리하는 제도로는 해당 시설 설치에 대한 허가와 신고 그리

---

* 측정 대행업체들은 거짓으로 성적서를 발급하다 적발되어도 형사적으론 1년 이하의 징 역 또는 1,000만 원 이하의 벌금형에 처할 뿐이다. 행정처분도 가벼워 1, 2차 적발 시 각 각 영업정지 3개월 및 6개월을 거친 뒤 세 번째 적발돼야 영업정지 처분을 받는다. 오염 물질 배출업체는 측정 결과를 속이다 적발되어도 과태료 500만 원을 물면 그만이다. 행 정처분은 3차까지 경고가 주어지고 난 뒤, 4차에 가서야 조업정지 20일이 고작이다.

고 오염물질 배출량을 규제하는 배출허용기준과 총량관리제 등이 있다.

배출허용기준은 사업장의 오염물질 배출량과 업종별로 배출 가능한 오염물질 농도에 대해 배출허용기준을 설정하고 관리하는 제도이다. 이 제도 이행을 위해 기본 및 초과부과금 부과와 징수를 병행하고 있다. 배출허용기준이 설정된 오염물질은 미세먼지를 비롯하여 2차 미세먼지를 생성하는 질소산화물과 황산화물, 휘발성 유기화합물질(VOCs), 중금속 등 각종 유해물질이다.

이 중에서 휘발성 유기화합물질은 최근 정부가 규제를 강화하기 시작한 분야이다. 2019년 1월 제도를 개정하여 기존 도장塗裝시설이나 인쇄시설에만 적용하던 VOCs 배출허용기준을 석유·화학물질 저장·세정·건조시설에 단계적으로 확대하여 적용하고 있다. 또한 대형 사업장보다 상대적으로 관리가 미흡했던 4~5종의 소규모 사업장 배출기준을 25% 강화하고 이에 필요한 개선비용을 지원하고 있다.

그런데 배출허용기준만으로 대기오염물질 증가를 막는 데는 한계가 있다. 이에 정부는 대기오염이 심각하다고 인정되는 구역의 사업장에서 배출되는 오염물질의 총량을 규제하는 총량관리제를 병행하여 적용하고 있다. 현재 총량관리제는 수도권 지역에만 적용되고 있으나 앞으로는 지방을 포함하는 '대기관리권역'으로 확대된다.

대기관리권역은 2018년 기준 수도권 대기관리권역만 지정되어 있으며 2020년 4월까지 충청·동남·광양만권으로 확대할 예정이다. 그리고 먼지 총량제도 단계적으로 시행하는 방안을 마련 중이다. 여기에 최적最適의

환경관리기법*을 적용할 때 배출되는 오염물질량을 기준으로 배출허가를 관리하는 통합허가제도**가 도입되었다. 이 제도는 오염물질 다량 배출 사업장인 발전사, 석유화학업, 소각시설 등에 우선적으로 시행하는 중이다.

정부는 지속적으로 미세먼지 및 질소산화물 등 배출허용기준을 수차례 강화했다. 그래서 상시 배출허용기준을 더욱 강화하기 어려운 상황이다. 그러나 현재 상황에서도 추가 비용을 들여서 오염물질 처리시설에 약품 투입을 강화하거나 가동 조건을 조절한다면 더 줄일 여지가 있다.

제도가 아닌 운영이 잘못된 경우가 많았는데, 한마디로 말하면 정부의 관리 소홀이다. 굴뚝 자동측정기기(TMS) 배출조작과 자가 측정 결과 조작, 불법 배출로 인한 적발, 무허가시설 운영 등 많은 불법 사례들이 밝혀졌다. 대형 사업장은 TMS가 부착되어 있고 배출 정보를 연 단위로 공개하게 되어 있지만 TMS가 부착된 시설은 전국 1~3종 사업장의 15.5% 수준에 불과하다. 그러다 보니 산업체에서 배출되는 미세먼지를 적절하게 감시하는 데에는 한계가 있었다.

---

* 현재 적용 가능한 대기오염물질 배출관리기술 중 환경 영향을 최소화하는 최고의 기술을 일컫는다.

** 3개의 환경 관련 법령에서 각각 인허가 제도를 다루어 번잡했던 제도를 하나의 통합허가제도로 간편화한 제도이다.

국가기후환경회의 제안 - 사업장

미세먼지 문제 해결에 가장 좋은 방법은 평소 미세먼지 농도를 낮추는 것이다. 평상시 농도가 $30\mu g/m^3$이라면 5배가 높아질 때 $150\mu g/m^3$가 된다. 그러나 평소에 미세먼지 발생량을 줄여서 평시 농도를 $20\mu g/m^3$로 줄이면, 5배가 높아질 때 $100\mu g/m^3$가 된다. 무려 $50\mu g/m^3$가 감소하는 것으로 건강영향으로 볼 때 엄청난 양이 줄어드는 것이다.

미세먼지를 저감하기 위해서는 제일 먼저 미세먼지를 많이 배출하는 산업 부문의 문제를 해결해야 한다. 그렇다면 어떤 방법이 있을까? 연료 사용량을 줄이거나, 미세먼지 발생량이 적은 연료로 교체하거나, 낡은 시설이나 장비들을 교체 또는 폐쇄하는 것이다. 재활용을 늘려 소각을 줄이고, 집진장치 등을 통해서 대기 중으로 오염물질이 배출되는 것을 억제하는 방법 등이 여기에 해당한다.

국가기후환경회의는 먼저 불법배출 감시를 강화하여 배출량 정보에 대한 투명성을 높이고, 중·소 규모의 사업장을 위한 맞춤형 지원을 강화할 것을 제안했다. 채찍과 당근을 사용하는 정책으로, 사업장의 미세먼지 감축을 위한 강력한 규제를 시행하는 동시에 이에 상응하는 지원(인센티브)도 함께 고려하는 것이다. 과도한 규제로 인한 사업장의 부담을 줄여주는 방안도 함께 제안했다. 업종별 또는 공정별 특성 등을 반영하여 획일적인 규제를 지양하고 자발적인 저감 방안을 도출하도록 유도하는 것이다.

세부적으로는 첫째, 집중 감시이다. 대기업들의 불법배출 및 배출조작과 같은 도덕적 해이를 바로잡아야 한다. 이를 위해 전국 국가산업단지

(44개)와 사업장 밀집지역(예를 들면 15개 시도에서 30곳 선정)을 집중적으로 감시하는 엄격한 법 집행이 선행되어야 할 것으로 보았다. 먼저, 전국적으로 민간과 정부가 함께 참여하는 1,000여 명 이상으로 구성된 고농도 계절관리 점검단을 운영하여 집중적으로 감시한다. 여기에 더해서 산업단지 등 주변의 미세먼지 오염도를 주기적으로 측정하여 공개할 필요가 있다.

오염도가 개선되지 않는 지역은 중앙기동단속반이 상주 단속하여 불법행위 단속을 실질적으로 강화하는 일이다. 실질적인 효과를 보기 위해 과학적인 단속도 제안했다. 과거처럼 육안 단속에만 머무르지 말고 드론이나 분광계와 같은 첨단과학 측정장비를 활용하여 단속의 효율성을 높여야 한다는 것이다. 또 굴뚝 자동측정기기 측정값에 의한 배출부과금 부과 제도와 불법행위 신고포상금 제도를 도입하거나 이행을 강화해야 한다고 보았다. 아울러 불법 배출에 대해서는 한 번의 적발에도 엄정하게 법 적용을 하는 원스트라이크 아웃 등 일벌백계로 대응할 것을 제안했다.

둘째로 영세 사업장 지원이다. 환경설비에 투자할 자본이 부족하고, 운영할 기술력이 떨어지는 4~5종의 중소 사업장(연간 배출량 10톤 미만)에 대해서는 방지시설 설치를 적극적으로 지원할 필요가 있다고 보았다. 이들 중소 사업장은 영세한 기업이 많아 시설 개선이나 신규 방지시설 설치 등 배출 저감시설에 대한 투자가 어렵다. 따라서 이들 기업이 강화된 규제를 충실히 이행하고 미세먼지를 획기적으로 줄일 수 있도록 과감한 지원이 필요하다. 이를 위해 맞춤형 기술지원단을* 4개 권역에 20개 이상

---

* 유역(지방)환경청을 중심으로 지자체, 국립환경과학원, 한국환경공단, 전문연구기관 및 지역전문가 등이 참여하는 지원단이다.

구성·운영할 필요가 있다고 보았다. 그리고 영세 사업장에는 배출시설의 적정 운영 방법과 탈황/탈질/집진 장치 등 최적 방지시설 설치에 대한 기술 지원이 필요하며, 아울러 설치비용 지원을 과감하게 확대(2020년 2,000억 원)해야 실질적인 성과를 거둘 수 있다고 보았다.

셋째, 대형 사업장의 미세먼지 감축이다. 1종 대형 대기배출 사업장 수는 약 2%로 극히 일부에 불과하지만, 전체 사업장 미세먼지의 62.7%를 배출한다. 따라서 대형(1종) 사업장을 중심으로 저감장치 효율화, 가동률 조정, 연료전환 등의 감축 계획을 수립·시행해야 한다. 아울러 이행 담보를 위해 주기적 모니터링과 감축 실적 등 결과 보고 및 이행 실적 평가를 추진할 필요가 있다. 다만, 굴뚝 자동측정기기 부착 여부 등 감축 실적 평가를 위한 인프라 구축 현황을 고려하여 대형(1종) 사업장 중에서도 배출량이 큰 사업장을 중심으로 우선 협의·시행하고 단계적으로 확대해가는 방안도 검토 가능하다고 제안했다.

현재 환경부와 지자체 등에서는 자발적 협약 체결* 등을 통해 제도적인 규제 외에도 사업장의 협조를 끌어내는 노력을 기울이고 있다. 여기에 기존에 체결된 자발적 협약 등을 검토하여 미세먼지 고농도 계절에 오염물질을 한계 수준까지 줄이는 방향으로 보완하고 발전시켜 나가고 있다. 여기에 월 단위의 평가를 통해 적극적으로 인센티브를 제공한다면 단기간에 좀 더 효과적으로 감축할 수 있을 것으로 기대하고 있다.

---

* 환경부는 2019년 1월 25일까지 석탄발전, 정유, 석유화학, 제철, 시멘트 등 오염물질 다량배출업종 29개 업체, 51개 사업장을 대상으로 오염물질 감축을 위한 자발적 협약을 체결한 바 있다.

제안의 기대효과

국가기후환경회의는 고농도 미세먼지가 주로 나타나는 겨울철에는 현재 정부가 규정하고 있는 수준보다 더 엄격한 '특별배출허용기준'을 설정하여 관리할 필요가 있다고 보았다. 특별배출 허용기준을 마련하면 산업계에서 규제 강화로 반발할 것으로 예상되지만, 이 제안의 취지는 위반할 때 처벌하자는 것이 아니다. 만일 기업이 특별배출허용기준을 준수하면 기본 부과금 감면을 포함한 인센티브를 제공하자는 것이다. 이러한 방식으로 추가 감축을 한다면, 업체의 부담을 줄이면서 효과적으로 미세먼지를 줄일 수 있을 것이다.

이런 제안이 시행된다면 기대되는 효과에는 어떤 것이 있을까? 제안된 정책 효과를 정확히 정량화하기는 어렵다. 그러나 국가기후환경회의는 사업장 감시·단속과 지원책 강화로 기대할 수 있는 미세먼지 감축량이 최대 1만 1,993톤에 이를 것으로 추정했다. 우선, 사업장 집중 감시를 통해 최대 4,589톤을 감축할 수 있을 것으로 예상된다.* 또한 대형 사업장을 중심으로 한 미세먼지 추가 감축량은 4개월간 최대 7,404톤에 이를 것으로 추정했다.

이 제안을 실행하려면 일부 업종과 공정에서는 추가 감축에 어려움이 있을 수 있다. 그러나 강력한 인센티브를 준다면 산업체도 적극적으로 자발적인 감축 계획을 수립 시행할 수 있을 것으로 기대된다. 이를 위해 정

---

* 드론 등을 동원한 집중 단속으로 단시간에 약 50%의 오염도를 개선한 경기도 포천시 사례가 있다. 즉, 집중 단속을 통해 미세먼지를 약 20% 줄이는 효과를 거둘 수 있을 것으로 예상된다.

부가 기본부과금 감면을 포함한 인센티브 제공 방안을 강구하여 원활한 시행 유도를 할 필요가 있다고 제안했다. 그리고 실제로 많은 사업장에서는 약품 투입량, 순도 조정 등 방지시설의 운영을 극대화함으로써 상당한 양의 미세먼지를 줄이는 것이 가능할 것으로 보고 있다. 이 외에도 공정개선, 조업 조정, 연료 전환 등의 감축 계획을 수립할 경우 추가 감축도 가능할 것으로 판단했다.

배출량 정보 공개*에서도 일시적으로 배출기준을 초과하는 때가 있을 수 있다. 이 경우 주변 지역에서는 이를 위법 사실로 인식하여 과민한 민원이 제기될 우려가 있다. 그러나 해당 배출 사업장이 비정상적인 배출시설 가동을 줄여서 미세먼지 배출을 최소화하도록 유도하는 효과는 분명히 있다고 보았다. 투명하고 신속하게 주변 지역주민에게 발생 원인과 조치 사항 등을 공표하는 등 적극적으로 대처해간다면, 오히려 사업장과 주민 간에 상호 신뢰를 높일 수 있는 계기가 될 것이다.

국가기후환경회의는 국민정책참여단에 산업 부문 미세먼지 저감 정책에 대해 설문조사를 했다. 그랬더니 민관합동 점검단을 구성하여 국가산단 등을 중점 감시해야 한다는 제안에 89.3%가 동의했다. 영세 사업장 대상은 방지시설 설치를 적극적으로 지원해야 한다는 제안에는 81.6%, 대형 사업장 감축계획 수립·평가 및 별도의 강화된 배출기준을 적용해야 한다는 제안에는 92.7%, 전국 대형 사업장 굴뚝에 설치한 TMS 결과를 실시간 공개하자는 제안에는 91.6%가 동의했다.

---

* 현재 연 단위로 공개하고 있는 전국 굴뚝 자동측정기기(TMS) 배출정보를 30분 간격으로 실시간 공개하여 주변 지역주민의 알 권리를 충족시키는 동시에, 배출 사업장과 주민 간의 상생·협력 여건을 조성한다.

국가기후환경회의의 제안에 환경부가 발 벗고 나섰다. 2019년 12월 3일과 10일 두 차례에 걸쳐 석유정제·화학, 제철·제강, 발전, 시멘트 등 총 11개 업종 111개 사업장과 계절관리 기간 동안 사업장 관리를 강화하는 내용의 협약을 체결했다. 이에 따라 12월 1일부터 사업장별로 현행법상 배출허용기준보다 강화된 배출허용기준을 자체적으로 설정·운영하고, 질소산화물 제거를 위한 촉매 추가 및 환원제 투입량 증가 등의 조치를 이행 중이다.

가시적 성과도 있다. 자발적 협약에 참여 중인 98개 사업장의 2019년 12월 1일부터 21일까지 대기오염물질 배출량을 조사한 결과, 2018년 같은 기간에 비해 초미세먼지(PM2.5) 배출량이 403톤 감축(초미세먼지 감축률은 약 25%)되었다고 환경부가 밝혔다.

환경부는 2020년 4월 의무 공개에 앞서 협약 사업장의 굴뚝 자동측정기기 실시간 측정결과를 누리집(open.stacknsky.or.kr)에 시범적으로 공개하고 있다. 앞으로 환경부는 미세먼지 감축 성과가 우수한 사업장에 대해서는 기본부과금 경감, 자가측정 주기 완화 등의 지원이 가능하도록 법적 근거를 마련할 예정이다.

정부와 지자체에서는 국가기후환경회의가 제안한 미세먼지 민간감시단을 운영하기 시작했다. 한 예로 충청남도는 2019년 11월 28일 '미세먼지 민간감시단 발대식'을 개최하고, 도내 민간환경감시단의 정식 출범을 알렸다. 이날 발대식에서는 미세먼지 불법 배출 예방을 위한 감시, 미세먼지 저감을 위한 홍보, 민·관 공동 환경오염 감시 등 적극적이고 성실한 민간감시단 활동을 다짐했다.

또 환경보전협회와 함께 점검 사례 및 요령, 미세먼지 발생원인, 피해 및 행동 요령, 복무 관련 소양 및 안전 관리, 민원 응대 역량 강화를 위한 소통과 설득 등 주요 실무 내용을 교육했다. 충청남도는 도민이 미세먼지 저감 효과를 체감할 수 있도록 미세먼지 민간감시단의 활동과 함께 미세먼지 불법 배출 사업장에 대한 적극적인 지도·점검을 펼칠 계획이다.

발전 부문의
미세먼지를 줄여라

2019년 3월 5일 《중앙일보》에 '한국의 민낯'이라는 보도가 있었다. 내용을 읽어보니 얼굴이 화끈거렸다. 우리나라의 2018년 유연탄 수입량은 2년 연속 역대 최고치였다. 미세먼지 때문에 봄철 석탄발전소 가동을 중단했는데도 2012년 이후 가장 많았다. 눈가림으로만 석탄발전소 가동을 중단하고 평년보다 더 땠던 것은 아닌지 모르겠다. 그러다 보니 스위스 다보스포럼은 한국을 중국·인도·러시아와 함께 세계 석탄 수요 증가세를 견인하는 국가인 기후변화 악당국가로 지목했다.

이젠 우리나라를 규탄하는 집회도 열린다. 글로벌환경단체들이 2019년 1월 24일 영국 런던 한국대사관 앞에서 시위를 했다. 한국이 베트남과 인도네시아의 석탄화력발전소 건설에 대거 투자한다고 말이다. 우리나라는 지난 10년간 동남아시아 석탄발전소 건설에 170억 달러(약 19조 2,900억 원)를 댔다고 한다. 산업은행과 수출입은행 등 공공자금으로 미세먼지의 주범인 석탄발전소를 확산하는 자랑스러운(?) 세계 3대 국가에 든 것이다. 2015년 하버드대 연구는 한국이 돈을 댄 인도네시아 석탄발전소로 인해 한 해 2만 1,000명이 숨질 것으로 예측했다. 고의는 아닐지라도 우리나라는 돈을 벌기 위해 다른 나라 사람을 죽이고 있는 것이다. 이런 패러다임은 바뀌어야 한다. 내가 숨쉬기 위해 석탄발전소 가동을 중단한다면 다른 나라 사람들이 마시는 공기를 오염시키는 행위 또한 하지 않아야 한다.

필자는 세계 최대 석탄업체인 글렌코어(Glencore)가 기후변화 우려에 석탄생산을 제한하기로 한 결정에 박수를 보낸다. 2019년 2월 스위스의 세계 최대 광산업체 글렌코어가 석탄 생산량을 매년 1억 5,000만 톤으로 제한하겠다고 결정했다. 글렌코어는 기후변화를 우려하는 투자자들의 압박에 스스로 석탄사업 규모를 줄이기로 했다. 누가 뭐래도 석탄투자를 늘리는 우리나라는 정말로 반성해야만 한다. 그리고 석탄발전은 발전 부문에서 가장 많은 미세먼지를 배출한다. 석탄발전 문제가 해결되어야 미세먼지가 줄어든다.

과거 우리나라의 석탄발전 정책

"석탄발전소는 초미세먼지의 약 18%를 발생시킬 만큼 미세먼지의 가장 큰 적입니다." 석탄발전이 미세먼지를 대량으로 배출하는 것을 알면서도 우리나라는 굳세게 석탄발전 정책을 밀어붙이고 있다. 비용이 싸다는 이유로 석탄이 우리나라 전력공급에 가장 큰 비중을 차지해왔다.

2017년 1월 기준으로 국내 전력공급량의 42.7%가 석탄발전에서 나온 것이다.

우리나라는 왜 화력발전을 줄이지 못하는 것일까? 2012년 박근혜 정부가 시작되면서 새 전력계획이 만들어졌다. 그런데 문제는 민간 기업들을 대거 참여시키면서부터다. 전력 생산을 하게 된 삼성물산, GS에너지, SK가스, 포스코에너지 등 주요 에너지 기업들은 석탄화력발전을 택했다. 연료 원가가 싸고 설비가 단순해 돈이 적게 들기에 돈을 많이 벌 수 있기 때문이다.

2015년 파리협정 당시 우리나라는 2030년 온실가스 배출 전망치 대비 약 37%를 줄이겠다고 약속했다. 전력산업연구회는 이 약속을 지키기 위해서는 12기의 석탄발전소를 폐쇄해야 한다고 주장했다. 그러나 정책은 파리협정과 반대로 20기를 더 짓겠다는 쪽으로 진행되었다. 정부는 앞으로도 전력 소비량이 상당한 비율로 늘어날 것이기에 전력 수요를 충당하려면 저렴한 석탄화력발전소를 늘려나가야 한다는 논리를 폈다.

행자부와 한국정보화진흥원이 협업하여 만든 오픈데이터포럼(ODF)의 주최로 2019년 11월 15일 '데이터로 만드는 숨쉬기 편한 대한민국'이란 주제의 세미나가 열렸다. 당시 필자는 '데이터를 통한 국가기후환경회의 정책'이란 내용을 발표했다. 발표가 끝난 후 한 분이 심각한 질문을 했다. "제 고향이 삼척인데요. 오랜만에 갔더니 온 동네가 다 파헤쳐졌는데 엄청나게 큰 석탄발전소가 들어선다고 해요. 석탄발전은 미세먼지를 많이 배출한다고 하는데 어떻게 생각하십니까?" 삼척화력 1·2호기는 초대형 석탄발전소로 문재인 정부에 들어와 인가가 난 석탄발전소다. 그러니까 아직도 우리나라는 석탄발전소에 목을 매고(?) 있는 것은 아닌가 싶다.

이런 정책은 국제적으로도 많은 비난을 받는다.

"석탄 사용 축소에 역행하는 한국, 환경·경제적으로 위험한 선택을 하고 있다." 제니퍼 모건 그린피스 국제사무총장의 말이다.[3] 선진국을 비롯한 전 세계 많은 나라가 석탄 사용량을 줄이고 있고, 신재생에너지 확대에 박차를 가하고 있다. 그런데 유독 한국 정부만 그 변화에 역행하는 선택을 하고 있다. 모건은 석탄발전소를 운용해서는 안 된다고 강조한다. "그럴 수밖에 없고, 그래야 하며, 그래야 더 좋다"고 말한다. 그의 주장을 보면 일리가 있다. 이미 경제적인 관점에서도 재생 가능한 에너지의 경제성이 화석연료를 뛰어넘었다. 현재 전 세계적으로 재생에너지에 투자가 늘어나는 것도 바로 이 때문이다.

우리나라에서 배출되는 초미세먼지의 상당량은 석탄이 차지한다. 우리나라 국민 1인당 석탄 소비량은 OECD 회원국 중 2위다.* 1인당 소비로 따지면 여전히 엄청난 양의 석탄을 소비하고 있다.

그렇다면 왜 우리나라의 석탄 소비량은 계속 늘어나고 있는 것일까? 우선 석탄은 비용이 저렴하다. 또 전력 사용량 증가도 하나의 원인이다. 2016년 한 해 발전용으로 소비된 유연탄은 총 7,761만 톤이다. 국내 전체 소비량 약 65%로 우리나라 석탄 소비량의 절대량이 석탄발전소에서 쓰이는 것이다. 전기발전을 할 때 발전단가가 석탄이 상대적으로 저렴하기

---

* 통계청에 따르면 2016년 한국의 1인당 에너지 소비량은 5.6 TOE(Ton of oil equivalent, 에너지원의 단위를 비교하기 위해 고안한 가상의 단위로 모든 에너지원의 발열량을 석유의 발열량으로 환산한 것)로, OECD 회원국 가운데 다섯 번째로 많이 소비했다. 일본(3.5), 독일(3.9), 프랑스(3.6) 등에 비해 크게 높은 수치이다. 그런데 여기에서 석탄의 2016년 1인당 소비량은 1.6 TOE에 달해 세계 최대 석탄 생산국인 호주(1.8)에 이어 OECD 국가 중 2위를 차지했다. 이 수치는 10년 전과 비교하면 무려 45.5%나 증가한 것이다. 같은 기간 OECD 주요국들의 1인당 석탄 소비량은 계속해서 줄어들고 있다.

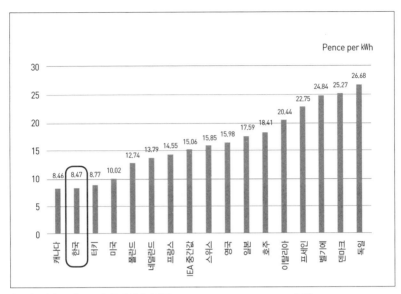

가정용 전기요금(2017년, 국제에너지기구International Energy Agency, IEA)

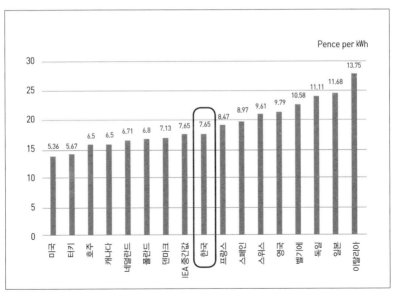

산업용 전기요금(2017년, IEA)

에 경제급전방식*을 할 때 석탄 우선순위가 높아진다. 석탄 사용으로 전기료가 낮아지다 보니 과소비를 하게 되고 이로 인해 석탄소비가 급증하는 악순환이 발생한다. 앞의 그림에서 보듯 한국의 가정용 전기요금은 OECD 국가 중 두 번째로 싸서 MWh**당 8.47펜스(약 125원)로 OECD 평균 15.06펜스와 비교하면 무척 싼 편이다. 산업용 전기료는 OECD 평균값 정도가 된다.

석탄발전은 미세먼지 공장이다

국가기후환경회의는 우리나라 미세먼지 농도를 낮추기 위해 단기대책을 발표했다. 그중 두 번째 부문이 발전 부문이다. 사업장으로는 전체 사업장의 0.4%에 불과하나, 미세먼지 배출로는 18.7%를 차지한다. 단위 사업장 중에서 미세먼지를 가장 많이 배출하는 오염원이라 할 수 있다.

국가기후환경회의는 발전 부문에서 미세먼지를 저감하기 위해 석탄발전소 가동 중단·가동률 조정 및 수요 관리를 강화하는 대책을 세웠다. 미세먼지와 석탄은 무슨 관계일까? 미세먼지는 연료를 태우면 발생하는데, 화석연료 중에 제일 나쁜 게 석탄이다. 석탄발전소 측은 집진장치로 미세먼지 배출을 최소화한다고 하지만 한계가 있다. 미세먼지 발생은 가장 높

* 발전단가가 싼 순서대로 발전하는 급전방식을 말한다.
** 대기업 및 기관 등, 전력 소비량이 매우 높은 곳은 주로 mwh 단위를 사용한다. 1mwh는 1,000 kwh이고 1mwh의 1,000배는 1gwh이다. gwh는 주로 대형 발전소의 출력 및 국가의 에너지 소비량 등을 측정할 때 사용한다.

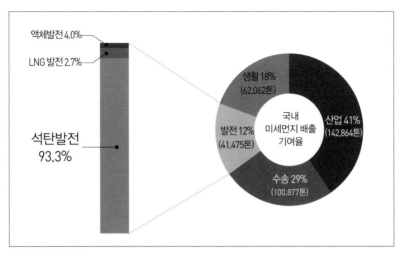

연료별 배출 기여율

은 연료인데 가격이 저렴하다 보니 경제적인 이유만으로 석탄화력발전소를 많이 쓰는 것이다. 2016년 예일대학의 환경성과지수 연구에서 우리나라는 전력생산 kW당 이산화탄소 배출이 48.47점으로 170위였다. 전력생산에서 많은 이산화탄소를 배출하고 있다는 것인데 문제는 석탄발전은 이산화탄소뿐 아니라 미세먼지도 대량으로 배출한다는 점이다.

석탄발전에 대한 엄격한 관리가 필요하다. 그 이유는 첫 번째, 발전 부문은 전체 미세먼지 배출량의 약 12%(41,475톤)를 차지한다. 여기에서 더 중요한 것은 석탄발전소는 개수로는 전체의 33%(전체 180기 중 60기)밖에 되지 않는다. 그러나 미세먼지는 전체 발전 부문의 93%를 배출하고 있다. 그러니까 우리나라 발전 부문의 미세먼지 최대 적은 석탄발전소인 것이다.

두 번째, 석탄발전은 다른 발전에 비해 더 많고 해로운 오염물질을 배출한다. 석탄발전소의 경우 LNG 발전소보다 미세먼지를 평균 약 10배 이상 많이 배출한다. 미세먼지 제거 기능을 갖춘 최신 석탄발전소와 비교해도 6.6배를 더 배출한다. 더 심각한 문제는 수은, 크롬 등 인체에 해로운 대기오염물질을 수배에서 수십 배 더 배출한다는 점이다. 여기에 기후변화를 유발하는 온실가스 배출량이 LNG 발전소보다 약 1.7배 많다.

세 번째, 석탄발전소는 미세먼지 배출량이 많은 배출원이니 방안 실천과 관리만 잘 된다면 높은 감축 효과를 기대할 수 있다. 석탄발전소는 대규모 공공시설로서 관리가 용이하다. 예를 들면 발전 가동 중단이나 시간 조정, 시설투자가 가능하다.

정부의 노력

그동안 정부가 미세먼지를 줄이기 위해 손을 놓고 있었던 것은 아니다. 발전 부문에서 미세먼지 저감을 위해 다양한 정책을 시행해왔다.

첫째, 미세먼지 저감을 위해 시설 노후화로 미세먼지 배출량이 많은 30년 이상 된 노후 석탄발전소 폐지를 추진하고 있다. 또한 신규 석탄발전소 건설 금지, 석탄발전소 6기를 LNG 발전소로 전환을 추진(태안 1·2호기, 삼천포 3·4호기, 당진 에코 1·2호기)하고 있다.

둘째, 정부는 그동안 미세먼지 고농도 시기에는 석탄발전 가동률을 축소하여 운영했다. 30년 이상 된 노후 석탄발전(4기)은 폐지 전까지 봄철 미세먼지 고농도 시즌(3~6월)에는 상시로 가동을 중단했다. 기타 석탄발전소도 고농도 비상저감조치 발령 시 가동률을 100%에서 80%로 제한해 운영하고 있다.

셋째, 친환경 연료 사용을 확대하고 있다. 발전 연료 세제를 개편하여 유연탄과 LNG의 세금 비중을 1:2.5에서 2:1로 조정(유연탄 36→46원/kg, LNG 91.4→23원/kg)하여 LNG 발전소에 유리한 구조를 만들고 있다. 또한 발전소 가동 순위를 고려해 환경비용을 반영하는 환경급전 추진도 계획하고 있다.

넷째, 2018년 6월 운영 중인 석탄발전소의 배출허용기준 중 먼지 및 미세먼지 생성물질(SOx, NOx) 배출기준을 약 2배 강화했다. 이와 함께 노후화된 기존 환경설비를 최적 방지시설로 전면 교체했다. 방지시설이 부분적으로 설치된 시설에 대해서는 방지시설을 추가 설치하는 등의 노력을 기울이고 있다. 미세먼지 방지시설은 매우 효과가 있다. 국회에서 산업통상자원부와 환경부로부터 제출받은 발전량 대비 미세먼지(PM2.5) 배출량 자료를 보자. 삼천포 5호기의 미세먼지 단위배출량(kg/MWh)은 0.498로, 가장 낮은 삼척그린파워 2호기가 전기 1MWh를 생산할 때 0.028kg의 미세먼지를 배출했다면 삼천포 5호기는 0.498kg을 배출했다는 의미다. 같은 석탄발전소인데도 미세먼지 배출량이 크게 차이 나는 것은 미세먼지 방지시설의 설치 여부 때문이다. 최근에 지어진 삼척그린 2호기는 촉매반응시설과 전기집진시설, 탈황시설 등을 갖춰 미세먼지 배출량이 적다. 반면 미세먼지 배출량이 많은 삼천포 5·6호기의 경우 전기집진시설만 갖추고 있다. 국가기후환경회의에서 예시한 자료를 보면 영흥화력 2호기에 499억 원을 투자한 반면 6호기에는 약 2배인 1,036억 원의 비용을 시설에 투자했다. 결과는 놀라웠다. 미세먼지 배출량을 약 57% 이상 줄인 것이다.

석탄발전소 일부 가동 중단 제안

우리나라는 석탄발전소 비중을 줄여온 국제적인 추세와 달리, 최근까지도 석탄발전소가 계속 증가 추세에 있다. 다만, 긍정적인 것은 석탄발전소의 전기생산용량(발전설비용량)이 증가했음에도 미세먼지 배출량은 감소 추세를 나타낸다는 점이다. 이것은 그동안 정부의 지속적인 효율 개선과 방지시설 설치, 보강 등이 있었기 때문이다. 하지만 여전히 석탄화력발전에서 배출되는 미세먼지의 양이 너무 많다. 따라서 석탄발전소 가동을 줄이고 LNG 발전소 가동을 늘리는 방안이 제시되고 있다.

우리나라의 현재 발전원별 발전비중(전원믹스)을 고려할 때, 석탄발전소에 비해 LNG 발전소 연평균 가동률이 낮고, 새로운 설비 투자 없이도 석탄발전소 가동을 줄일 수 있다. 다만 동절기 한파가 내습할 경우 전력 수요 증가에 따른 공급문제와 수요 관리, 계통 안정성 문제 등을 먼저 검토해야 한다. 여기에다가 석탄발전 비중을 줄이고 LNG 발전 비중을 높일 경우 발전원가 상승도 고려해야 한다.

국가기후환경회의에서는 미세먼지를 줄이기 위해서 발전 부문의 석탄발전을 줄이는 방안을 구체적으로 검토했다. 전력 수급에 지장을 주지 않으면서 최대한 석탄발전소를 가동 중단하거나 가동률을 조정한다는 정책을 제안했다. 여기에 전력 수요 관리를 강화하여 겨울철 최대 전력 수요를 억제하는 방안도 더했다.

먼저 안정적인 전력 수급을 위해서 필요한 전력 수급은 정부, 한전, 발전사의 의견을 받아보았다. 그랬더니 수급비상 준비 단계에 대비한 5GW, 수요예측 오차를 계산한 3GW, 발전소 고장에 대비한 2GW 등 총

10GW의 공급 예비력이 꼭 필요했다. 공급 예비력을 참고하면서 겨울 전력 수요가 어느 정도 될지를 분석했다. 국가기후환경회의는 2019년 겨울에는 전력 수요가 크게 증가하지 않을 것으로 예측했다. 한국은행 전망처럼 경제성장이 소폭 둔화(0.3%p 감소한 2.2%, 2019년 7월 한국은행)되고, 기상청 기후전망처럼 2019년 겨울이 평년과 비슷하거나 따뜻한 겨울이 될 전망이 있기 때문이다. 따라서 2019년 겨울철(12~2월)에는 최소 41기, 2020년 봄철(3월)에는 최소 33기의 석탄발전소가 가동되면 되는 것이다. 이에 더해 LNG 발전 등 대체 발전에 따른 발전 비용 상승에 대한 적절한 방안을 강구해야 한다.

한편 전력 수요를 줄이는 방안도 연구했다. 최대 전력 수요를 줄이는 방법 중 가장 비용-효과적인 방안은 산업계와 국민이 적극 절전에 참여하는 수요자원 거래제도(Demand Response, DR)이다. 이를 통해 현재 보유 중인 4.4GW를 추가 확보하기 위해 노력하는 동시에 고농도 계절관리 기간에도 이를 적극적으로 활용할 필요가 있다고 보았다.

이와 같은 검토 내용을 바탕으로 국가기후환경회의는 석탄발전소 가동 중단을 제안했다. 이 부문은 발전 부문에서 추진할 수 있는 가장 강력한 방안이기 때문이다.

방안을 보면 겨울철인 12월~2월까지는 전력 수급 안정성을 고려하여 9~14기를 중단하고, 봄철인 3월에는 가동 중단을 22~27기로 확대하는 것을 제안했다. 중요한 것은 가동 중단하는 발전기는 미세 먼지 배출이 높은 시설부터 적용하되, 전력계통 안정성 등을 고려하여 선정할 필요가 있다고 보았다. 3월부터 가동 중단 기수를 늘린 이유는 난방 수요가 높은 12~2월에 비해 봄철인 3월부터는 전력 수요가 낮아지기 때문이다. 한편,

2022년 5월 폐지 예정인 보령 1·2호기는 지자체의 조기 폐지 요구가 거센 점을 받아들여 조기 폐지 여부 및 시기를 검토할 필요가 있다고 제안했다.

가동 중단 외에 가동률을 낮추는 방안도 제안되었다. 가동 중단 대상을 제외한 나머지 석탄발전소와 일부 중유발전소(7기)에 대해서는 전력 수급 상황을 고려하여 가동률을 100%에서 20%가량 낮추어(가동률 80% 출력) 발전하는 것이다.* 이럴 경우 전력 수급에 영향이 없도록 미세먼지 배출이 적은 LNG 발전부터 가동률을 높여나가는 방안이 있다. 그러나 올(2019년) 겨울철에 원전·신재생 발전기를 갑자기 늘릴 수 없으므로 원전이나 신재생은 애초 계획대로 최적 수준의 가동률을 유지하는 것이 필요하며, LNG 발전소가 정상적으로 가동할 수 있도록 충분한 양의 LNG 연료를 사전에 확보하고 비축하도록 권고했다. 아울러 가격은 비싸지만, 황함유량이 적은 석탄(저황탄)의 사용률을 높인다면 미세먼지를 추가로 감축할 수 있을 것으로 보았다.

국가기후환경회의는 건전한 전력소비를 유도하기 위해 그간 실효성이 다소 낮았던 수요 관리 정책을 적극적으로 개선할 필요가 있다고 보았다. 이를 위해 계절과 시간대를 각 3개 구간으로 나누어 전기요금인 계시별 요금제를 주택용까지 확대 적용하고, 전력 수요가 높은 때 기업이나 건물 등이 전기사용을 줄여 대응하는 수요자원 거래제도 등 다양한 수요 관리 대책을 병행할 것을 제안했다. 석탄발전량을 줄이고 LNG 발전을 늘릴 경

---

* 왜 가동률을 80%로 설정했을까? 80% 이하로 발전할 경우 효율이 떨어지므로 발전소별로 정상적인 출력을 내면서 환경설비가 최대한 효율적으로 작동할 수 있는 수준이 80% 정도이기 때문이다.

우 전력요금 인상 요인이 발생하게 되므로 적절한 대응방안을 강구하도록 정부에 제안했다.

석탄발전을 줄이면 미세먼지가 얼마나 줄까?

현대경제연구원은 2018년 7월 발표한 보고서에서 "미세먼지를 잡기를 원하는가? 그렇다면 석탄화력발전 비중을 대폭 줄여야 한다"고 석탄발화력 발전의 중지를 강조했다. 미세먼지를 줄이기 위해서는 석탄발전소를 대폭 줄이는 것 외에는 더 좋은 방법이 없다는 것이다.

국가기후환경회의는 석탄발전소를 과감하게 줄이는 정책을 시행하는 경우 어려움도 따를 것으로 보았다. 석탄발전소 가동 중단 및 가동률을 제한하는 경우 전력 수급에 차질이 생길 가능성이 있기 때문이다. 가동 중단된 석탄발전소는 한파 등 매우 급한 사정으로 재가동할 경우 수일에서 일주일 정도가 소요되므로 가동 중단 상태에서는 위기 시 대응능력이 떨어진다. 따라서 이 문제를 해결하기 위해 올 겨울철 수요 자원 거래제도(DR)나 계시별 전력요금제 등 전력 수요 관리 강화방안을 실시하도록 제안했다. 또한 특정 지역이나 산업단지에 전기공급을 위해 운영 중인 발전소는 전력계통을 고려하여 가동 중단에서 제외해 전력 수급 문제를 해결하는 방안도 제안했다.

그렇다면 국가기후환경회의의 발전 부문 정책들이 시행된다면 어느 정도 효과가 있을까? 12월부터 내년 3월까지 시행되는 계절관리 기간 중에만 미세먼지를 약 3,491톤 감축할 수 있을 것으로 보았다. 이 양은

2018년 동기간 배출량인 8,663톤의 40.3%에 해당하는 어마어마한 양으로 미세먼지를 줄여서 얻는 환경편익이 약 1만 6,305억 원이 될 것으로 보았다. 그러나 석탄발전을 줄이고 대신 비싼 연료인 LNG 발전을 확대하면 비용이 8,472억 원 증가한다. 그렇다면 약 7,833억 원의 순 편익을 기대할 수 있다고 국가기후환경회의는 보았다.

정부는 국가기후환경회의가 제안한 석탄발전소 가동 중단 내용을 수용하기로 했다. 정부는 2019년 11월 28일 오전 정부세종청사에서 이낙연 국무총리 주재로 국정현안점검조정회의를 열고 '겨울철 전력 수급 및 석탄발전 감축대책'을 심의·확정했다. 내용은 미세먼지 감축을 위해 60기의 석탄발전기 중 겨울철 최초로 8~15기를 가동 정지하고 나머지 발전기는 상한제약(80% 출력)을 시행한다는 것이다. 또 전력 피크가 예상되는 2020년 1월 넷째 주에는 전국 광역지자체의 주요 상권을 대상으로 개문開門 난방영업과 불필요한 조명 사용에 대한 단속도 벌이고, 에너지 수요 관리 차원에서 적정 난방 온도가 준수될 수 있도록 2만여 곳의 공공기관과 민간 에너지 다소비 건물에 대한 점검을 시행한다. 병원과 아파트 등은 제외된다.

국가기후환경회의의 제안에 산업통상자원부는 고농도기간 동안 석탄발전소 가동을 줄였다. 2019년 11월 28일 산업통상자원부가 내놓은 '겨울철 전력 수급 및 석탄발전 감축대책'에 의거한 것이다. 내용은 겨울철(12월~2월) 미세먼지 배출량이 많은 석탄발전 가동을 멈추고, 출력을 80%로 낮추는 상한 제약을 하는 방안이다. 이에 따라 실제로 2019년 12월 중순까지 석탄발전 9~12기를 세우고 20~47기에 대해 상한제약을 시행했다. 가동을 줄였더니 12월 셋째 주까지 미세먼지 배출량이 456톤, 전년 대비 36% 줄어들었다. 이에 산업부는 2020년 봄철 석탄발전에서 나오는 미세먼지를 줄이기 위해 2020년 2월 중 '봄철 전력 수급관리 및 석탄발전 감축대책'을 추가로 내놓기로 했다.

장기적으로 석탄화력발전소는 사라져야 한다

필자는 장기적으로 석탄발전소는 반드시 사라져야 한다고 생각한다. 이 부분은 국가기후환경회의 단기대책과는 상관없다. 거듭 강조하지만, 석탄발전소에서 배출되는 미세먼지나 초미세먼지는 건강에 정말 해롭다. 그린피스는 우리나라가 석탄발전소를 계속 증설해 이들 발전소가 운영을 시작하는 2021년에는 조기 사망자 수가 최대 1,200명 더 늘어날 것으로 전망했다. 일반적으로 석탄발전소의 수명을 40년으로 본다면 추가로 지어지는 발전소들로 인해 발생하는 조기 사망자는 무려 3만 2,000여 명에 이른다.

2015년 3월에 그린피스는 '신규 석탄발전소의 건강피해' 조사 결과를 발표했다. 2030년까지 충남에 계획 중인 석탄발전소 9기가 완공되면 수도권 지역 초미세먼지 농도는 더 나빠진다는 것이다. 최대 $19\mu g/m^3$까지 증가할 것으로 전망했다. 우리나라의 2015년 연평균 초미세먼지 농도는 $26.5\mu g/m^3$이었는데, 이 수치는 세계보건기구(WHO)의 연평균 관리기준인 $25\mu g/m^3$를 이미 넘어선 상태다. 그런데 이 수치에 $19\mu g/m^3$가 더해지면 $45.5\mu g/m^3$나 된다. 캐나다가 환경기준이 $15\mu g/m^3$, 일본과 미국의 기준이 $35\mu g/m^3$이니 우리나라 공기가 너무 나빠지는 것이다.

현재 충남 당진을 포함해 전국적으로 신규 석탄발전소 건설 공사가 진행 중이다. 시뮬레이션에 따르면 당진에서는 매년 300명, 태안에서는 매년 250명이 폐암과 허혈성 심장질환, 뇌졸중 등으로 일찍 사망한다. 연구에 의하면 발전소 가동 기간인 40년 동안 당진 인구(16만 명)의 12%가 수명보다 일찍 목숨을 잃을 것이라는 거다. 태안에서는 이 비율이 26%까지 올라간다.

문제는 죽어가는 사람들이 왜 병에 걸렸는지 모르고 죽어간다는 것이다. 질병에 걸려도 증명하기가 어려워 보상을 받기도 어렵다. 초미세먼지는 공기 중 떠다니는 유해물질로 눈에 보이지 않는 데다 개개인의 건강 상태에 따라 발병 정도와 시기가 다르기 때문이다. 세계보건기구(WHO)의 '세계건강관측' 자료를 보면 연간 820만 명이 대기오염에 의한 질환으로 숨지고 이 가운데 320만 명은 초미세먼지로 인해 사망한다. 국내 석탄발전소의 피해규모 추산도 이에 근거한 것이다.

외국 사례를 보면 석탄화력발전으로 인한 사람들의 건강 위해가 정말 심각하다. 2016년 명형남 충남연구원의 석탄화력발전과 미세먼지와 건강에 관한 보고서를 보면 석탄발전이 얼마나 건강에 해로운지를 알 수 있다. 보고서에서는 "중국은 석탄의 생산량과 소비량 그리고 수입량이 세계 최고 수준이다. 그래서 석탄화력발전소로 인한 대기오염의 피해가 계속 증가하고 있다. 세계보건기구(WHO)의 세계 질병에 의한 부담 피해에 관한 프로젝트(Global Burden of Disease project)에 따르면, 2010년에만 중국의 조기 사망자 가운데 120만 명이 석탄화력발전에서 배출되는 미세먼지(PM2.5)의 영향을 받은 것으로 밝혀졌다.[4]

그린피스 보고서에 따르면, 2012년에 베이징·상하이·광저우·시안에서 초미세먼지(PM2.5)의 노출로 8,572명의 조기 사망자가 발생했다. 2013년에 유럽 건강환경연대는 석탄화력발전소에서 배출되는 대기오염물질에 의해 27개 유럽연합 회원국에서 해마다 약 1만 8,200명이 조기 사망한다고 발표했다. 이러한 건강영향을 경제적인 가치로 환산하면, 최대 428억 유로(61조 2,000억 원)에 이른다.

석탄발전소에서 배출되는 미세먼지는 너무나 해롭다. "미세먼지가 여성 임신에 악영향, 화력발전소 멈추니 출산율 올라", 2018년 11월 16일 《중앙일보》 기사제목이다. 미국의 UC 버클리대학이 캘리포니아주의 출산율과 화력발전소의 가동 연관성에 관해 연구한 결과, 10년간(2001~2011년) 주춤했던 미국 캘리포니아주의 출산율이 껑충 뛰었는데, 원인을 살펴보니 초미세먼지를 배출하는 지역 내 화력발전소 8곳이 폐쇄된 데 따른 결과였다. 화력발전소 폐쇄 이후 반경 5km 지역의 출생아는 1,000명당 연간 8명, 5~10km 지역의 출생아는 1,000명당 2명씩 증가했다. 산모 신체에 악영향을 주는 화력발전소발 미세먼지가 줄어들었기 때문에 출산율이 늘었다는 것이다. 미세먼지 영향을 더 많이 받는 화력발전소 근처 지역일수록 화력발전소 폐쇄 후 출산율 회복 속도가 빨랐다.

수송 부문 저감이
시급하다

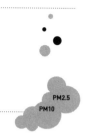

PM2.5
PM10

"왜 우리가 범죄자 취급을 받아야 하나요?" 한 SUV 차량 운전자의 말이다. 경유 차량이 미세먼지의 주범으로 몰리면서 SUV를 타는 사람들의 마음도 불편하다.

"유럽에서 예전보다 이산화탄소나 미세먼지 배출이 줄지 않고 있는 것은 SUV가 선풍적인 인기를 끌기 때문입니다." 범유럽 연구단체 '트랜스포트 & 환경'에서 발표한 내용 중 일부이다. 이 단체는 유럽에서 자동차를 포함한 교통수단이 1990년 이후 이산화탄소와 미세먼지 등이 늘어난 유일한 영역이라고 말한다. 오염물질 배출량이 증가하는 것은 자동차 수의 증가와 함께 차량의 대형화에 원인이 있다고 말한다. 유럽에서는 그동안 자동차가 더 커지고, 넓어지고, 더 무거워지고, 더 강력해졌고 따라서 더 많은 에너지가 필요하게 되면서 더 많은 미세먼지 등의 공해물질이 생겼다는 것이다. 벨기에의 경우 2018년 1/4분기에 신규 등록된 차량 가

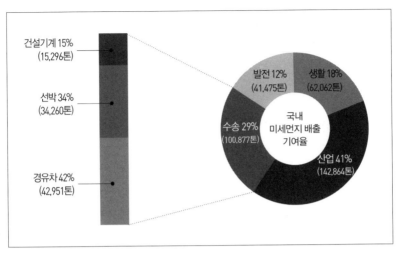

수송 부문 배출원별 배출량(2016년)

운데 34%가 SUV라고 하니 실로 엄청나다. 우리나라도 최근 펠리세이드처럼 대형 경유 차량이 인기가 있으니 나라마다 비슷한 것 같다. 그러나 미세먼지 문제를 해결하려면 가장 먼저 경유 차량을 줄여야만 한다.

경유 차량의 문제

국가기후환경회의에서는 수송 부문에서 노후 차량의 운행 제한을 첫 번째 대안으로 내세웠다. 수송 부문은 2016년 기준으로 전체 미세먼지 배출량의 29%를 차지하고 있다. 이 중에서도 경유차와 건설기계, 선박은 수송 부문 배출량의 90%를 넘는다. 특히, 경유차는 전국적으로는 미세먼지 발생에 기여하는 정도가 전체 배출원 중 4위에 해당한다. 인구가 밀집된 수도권 등 대도시에서는 1위를 차지할 정도로 많은 미세먼지를 배출한다. 주행 상태에서는 7배 더 많이 나온다. 더 문제가 되는 것은 경유차에서 많이 배출되는 질소산화물은 대기 중에서 반응해 초미세먼지를 만들어낸다는 점이다.

입자가 작은 초미세먼지는 국제보건기구(WHO)가 지정한 1급 발암물질로 호흡기에서 걸러지지 않고 폐포까지 깊숙이 침투해 심각한 피해를 준다. 호흡기질환, 뇌질환, 혈관성 치매를 유발할 뿐 아니라 암을 일으키기도 한다. 우리나라 연구에서도 자동차 배출가스 중 경유차 미세먼지의 발암 기여도가 84%로 밝혀졌다. 이는 경유차 배기가스의 위해성이 심각하다는 뜻이다. 더욱이 경유차는 아파트 주변 도로 등 국민 생활과 밀접한 곳에서 배기가스를 뿜어 사람들에게 영향을 미치므로 엄격히 관리할 필요가 있다.

현재 정부와 지자체는 자동차 미세먼지 등 대기오염을 줄이기 위해 차량운행 제한, 자동차 배출가스 등급제도 등의 정책을 추진하고 있다. 환경부는 단기간 내 미세먼지 저감 효과를 거두도록 노후 경유차·건설기계 저공해 조치에 2018년에만 1,600억 원을 투입했다. 환경부 자료에 의하면 노후 경유차와 건설기계 저공해 조치에 국고 1,597억 원(국비·지방비 각 50%)을 투입했다. 이 안에는 조기 폐차를 비롯해 배출가스 저감장치 부착, 액화석유가스 엔진 개조 등이 포함되어 있다. 또한 고농도 미세먼지 비상저감조치 발령 시에는 미세먼지를 많이 배출하는 차량(예: 배출가스 5등급 차량)의 운행을 제한하고 있다. 수도권의 경우 2005년 이전 등록한 노후 경유차 중 특정한 조건의 경유차*에 대하여는 수도권 내 운행을 상시로 제한하고 있다. 또한 최근 서울특별시에서는 한양도성 지역을 녹색교통 진흥지역으로 지정하고 가장 많은 미세먼지를 만들어내는 5등급** 차량의 운행을 제한하고 있다. 다만 이러한 조치는 규제대상과 시기가 제한되거나 규제범위가 협소하여 큰 효과를 기대하기 어렵다는 한계가 있다.

선진국에서는 노후 경유 차량 운행제한 등 강력한 규제로 경유차가 감소 추세이다. 그러나 우리나라는 경유차가 지속적인 증가 추세를 보이고 있다. 휘발유차 대비 낮은 연료 가격과 높은 연비로 경유차 선호가 높기 때문이다. 2015년 폴크스바겐 사태로 클린 디젤 신화가 붕괴하였음에도 불구하고 2013년에 경유차 판매 비율이 휘발유차를 앞지른 이후 현재까지 높은 비율을 유지하고 있다. 참고로 2015년을 기준으로 차량 1대당 미세먼지 배출량은 경유차 4.19kg/대·년, 휘발유차 0.21kg/대·년으로 경유차가 휘발유차의 약 20배에 달한다.

선진국의 경유차 정책을 살펴보자. 독일에서 대기오염이 최악인 남서부 바덴뷔르템베르크주의 주도인 슈투트가르트는 인구 63만 명이 거주하는 독일의 여섯 번째 대도시다. 메르세데스 벤츠, 포르쉐, 보쉬의 본사가 있는 곳으로 유명한 자동차 도시이다. 자동차 도시라서일까? 독일

---

* 3등급 : 2000~2003년 기준 적용 차종 Euro-5(2009년 9월 이후 기준 적용 차종), 4등급 : 1988~1999년 기준 적용 차종 Euro-4(2006년 기준 적용 차종), 5등급 : 1987년 이전 기준 적용 차종

** 등록된 자동차 2,320만 대 중 오염물질을 가장 많이 배출하는 5등급 차량은 약 247만 대이며, 이 중 경유차가 244만 대로 대부분을 차지하고 있다. 5등급 차량은 전체 차량의 10.6%나 미세먼지 배출은 53.4%에 달한다.

에서 대기오염이 가장 심각한 도시이기도 하다. 독일에서는 미세먼지 (PM10) 최고 농도가 $50\mu g/m^3$를 넘는 날이 1년에 35일 이하여야 한다. 그러나 슈투트가르트는 거의 매년 이를 지키지 못할 정도이다. 문제는 슈투트가르트의 미세먼지 50% 이상이 자동차에서 나온다는 것이다. 따라서 시는 교통 부문에서 강력한 미세먼지 저감 대책을 펼치고 있다. 시에 등록되지 않은 트럭은 허가를 받아야만 슈투트가르트 시내로 들어올 수 있다. 또 'Euro-5' 배출가스 기준을 넘는 노후 경유 차량도 도시에 들어오지 못한다. 만일 노후 경유 차량이 도시에 들어왔다가 적발되면 약 14만 원의 벌금을 내야만 한다. 우리 관점으로 보면 과한 처벌처럼 보이지만 독일 시민은 건강을 위해서 필요한 조치라고 생각한다.

프랑스는 우리나라와 같이 '배출가스 등급제'를 도입했다. 이를 통해 노후경유 차량의 주요 도시 진입을 막고 있다. 파리 시의 경우 대기질을 개선하고 미세먼지 오염으로 인한 사망을 줄이기 위해 노후 디젤 차량의 주중 운행을 전면 금지하고 있다. 이로 인해 영향을 받게 되는 차량은 약 270만 대로, 파리 전체 차량의 약 3분의 1 수준이나 된다. 2006년 1월 1

[표 1] 유종별 적용기준에 따른 등급 구분

등급	차종		
	전기차 · 수소차	휘발유 · 가스차	경유차
1등급	전기 · 수소만 사용	2009~2016년 기준 적용 차종	해당 없음
2등급	해당 없음	2006~2016년 기준 적용 차종	
3등급		2000~2003년 기준 적용 차종	Euro-5(2009.9월 이후 기준 적용 차종)
4등급		1988~1999년 기준 적용 차종	Euro-4(2006년 기준 적용 차종)
5등급		1987년 이전 기준 적용 차종	Euro-3 이전(2005.12.31 이전 + 2005.12.31 이후 판매되었더라도 Euro-3 인증받은 차량)

일 이전에 생산된 디젤 승용차와 화물차는 주중(오전 8시~오후 8시) 운행이 금지된다. 2004년 6월 30일 이전에 생산된 차량은 차종과 관계없이 주중 운행을 할 수 없다. 금지조치를 어긴 자동차 소유주들은 약 9만 원의 벌금을 물어야 한다. 화물차 운전자는 약 50만 원까지 벌금을 내야 하는데 이것은 우리나라가 화물차 소유주가 생계형이라고 인정해서 제재에서 빼주는 것과 차이가 있다.

영국도 마찬가지다. 런던에서는 미세먼지 배출량이 많은 차량이 시내에 들어갈 때 '혼잡통행요금'과 함께 '오염물질요금'을 추가로 내야 한다. 독일이나 프랑스, 영국 등의 미세먼지 농도는 우리나라보다 훨씬 낮다. 그런데도 미세먼지를 많이 배출하는 노후경유 차량에 대해서 매우 엄격하게 관리하고 있다는 점에서 시사하는 바가 크다.

국가기후환경회의 제안 - 경유 차량

차량의 미세먼지를 줄이는 방법으로는 크게 두 가지 방법이 있다. 하나는 차량이 늘어나는 것을 막거나 줄이는 방법이다. 다른 하나는 차량의 운행 거리를 줄이거나, 차량 교체, 저공해 장치 부착 등을 통해 미세먼지 배출량을 줄이는 것이다. 현실적으로 차량이 늘어나는 것을 막기는 어렵다. 따라서 국가기후환경회의는 단기적인 방법으로 차량의 운행을 줄이는 방향으로 접근했다. 그리고 운행을 줄이되 오염물질 배출이 많은 차량부터 줄여가겠다는 것이다.

이런 접근에 따라 미세먼지 고농도 계절관리 기간에는 오염물질 배출이 큰 5등급 차량의 운행을 제한하는 것이 필요하다고 보았다. 다만, 대중교통이나 수송 대체 능력 등을 고려하여 수도권과 인구 50만 이상의 도시*에서 우선 시행할 필요가 있다고 보았다.

5등급 차량 중에서도 엔진교체, 저공해 장치 부착 등 저공해조치를 취한 경우와 차량운행이 생계와 직결된 경우에는 일부 예외를 두도록 했다. 생계형 차량이 대부분인 화물차와 영업용 승용차·승합차**의 경우에는 저공해 조치를 취한 차량뿐 아니라 2019년 고농도 계절이 시작되기 전 저공해조치를 신청했어도 예외(최대 133만 대)로 인정해주도록 했다. 화물차에 저공해 조치를 우선 지원하더라도 자비 부담(10%)과 예산 등 지자체 여건에 따라 저공해 조치가 어려운 경우가 존재한다. 따라서 일정 기한 내에 저공해 조치를 취하는 것을 전제로 운행제한 적용을 유예해주자는 것이다.

여기에 더해 계절관리 기간 중 고농도 예보(미세먼지 나쁨일 수 3일 이상 등)가 되는 경우에는 5등급 차량 운행제한에 더하여 차량 2부제도 시행하되, 수도권과 인구 50만 이상 지역에서 우선 시행토록 제안했다. 차량 2부제는 국가나 공공 부문은 의무화하고 민간 부문은 지자체별 현실적인 여건을 고려하여 최대한 시행하도록 권고했다. 문제는 계절관리제 기간 중 5등급 차량 운행제한, 고농도 주간 예보 시 차량 2부제는 국민의 생활 수단에 대한 규제가 될 수 있다. 따라서 이 정책을 시행하기 위해서는

---

* 우리나라 전체 인구의 약 78%(약 4,007만 명)가 수도권 및 인구 50만 이상 도시에 거주하고 있으며, 수도권 외 인구 50만 이상 도시는 5개 광역시(부산, 대구, 광주, 대전, 울산)와 6개 도시(청주, 천안, 전주, 포항, 김해, 창원)이다.

** 5등급 차량 중 영업용 차량은 11만 대, 비영업용 차량은 236만 대이다.

[표2] 등급 분류 결과(2019. 4. 15 등록 기준)

(단위: 만대, 톤/년)

구분	총계	1등급	2등급	3등급	4등급	5등급
차량(만대)	2,320	129	914	844	186	247
비율(%)	100	5.6%	39.4%	36.4%	8.0%	10.6%
미세먼지배출량(톤/년)	44,385*		12,490		8,183	23,712
배출량비중(%)	100		28.1%		18.5%	53.4%

※비고: 자동차 총 미세먼지 배출량(2016년)은 46,756톤/년이나 등급 구분이 불가한 차량 12.5만 대 제외

관련 법 개정과 지자체 조례 제·개정이 필수적이다. 정책대로 5등급 차량 운행제한이 추진된다면(생계형 차량은 예외를 고려) 적용 대상 약 114만 대의 운행 제한을 통해 최대 3,648톤을 줄일 수 있을 것으로 추정된다.

이 정책을 시행할 경우 예상되는 문제가 있다. 첫째. 차량 운행을 제한하게 되면 차량 소유자의 강한 반발이 제기될 수 있고, 4개월간 5등급 차량 약 114만 대의 운행이 제한되어 생활 불편이 초래되며 생계활동에도 영향을 준다. 그럼에도 경유차는 대도시 미세먼지의 최대 배출원으로서 인체 위해도가 매우 높아 고농도 미세먼지 계절에는 운행제한이 필요하다고 본 것이다. 이 정책이 시행되면 고농도 계절 4개월간 불편이 불가피하기에 이를 보완하기 위해 탄력근무제 확산, 대중교통 증차 등 대중교통 편의성을 높이는 것이 필요하다고 보았다. 둘째 생계에 부담이 덜 가도록 현재 조기 폐차, 저감장치 부착 등 저공해 조치 지원을 확대하고 있다. 여기에 생계형 차량의 경우 저공해 조치를 신청했음에도 불구하고 실행하지 못한 차량은 2019년 운행제한에 예외를 두어 생계활동의 부담을 최소화하도록 했다.

이와 같은 정책에 대해 국민정책참여단에 설문조사를 했다. 5등급 차

량 운행제한 및 고농도 기간 2부제 시행에 대해서는 86.8%가 동의했다. 운행제한 적용지역 범위는 어디까지 적정한지에 대해 수도권 전 지역 및 인구 50만 이상 대도시에 찬성한 비율은 43.3%, 전국으로 확대해야 한다는 비율은 22.8%, 미세먼지 관리가 필요한 특정 지역만 해야 한다는 비율은 18.5%, 수도권 전 지역만 해야 한다는 비율은 14.8%이었다.

더 이상 클린 디젤이 아니다

"우선 디젤차 수입과 제조부터 규제하라"는 뉴욕대 의대의 윌리엄 롬 교수의 말처럼 필자는 선진국과 마찬가지로 될 수 있는 대로 빠른 시기에 경유 차량을 없애야 한다고 생각한다. 2018년 4월 우리나라를 방문한 롬 교수는 미세먼지가 호흡기와 심혈관계에 미치는 영향 등에 관한 연구로 500여 편의 논문을 펴낸 환경의학의 대가이다.

그는 한 언론과의 인터뷰에서 "한반도에 들이닥친 미세먼지의 폐해를 잘 알고 있다"며, "노후 경유차 폐차도 중요하지만, 경유차를 아예 없애는 것이 더 중요하다"고 말했다.

경유 차량은 서울의 초미세먼지에서 큰 비중을 차지한다. 거대 서울에는 천만이 넘는 인구가 밀집되어 있고 수도권에만 2,600만 명의 사람들이 산다. 거의 모든 가정에 차가 있으며 최근에 SUV 차량 열풍으로 경유 차량이 증가하고 있다. 이 정도면 이미 경유 차량이 내뿜는 오염물질을 희석할 수 있는 용량을 초과했다.

왜 경유 차량을 없애야만 하는가? 독일 공영 ARD 방송은 2018년 2월

21일 독일연방환경청의 연구결과를 보도했다. 경유 자동차에서 배출되는 질소산화물이 기준치보다 훨씬 더 낮은 대기 농도에서도 조기 사망률을 높인다는 것이다. "연간 평균 이산화질소 농도가 기준치인 $40\mu g/m^3$의 4분의 1인 $10\mu g/m^3$에서도 조기 사망자가 많이 늘어난다"라고 독일환경청은 밝혔다.

독일과 유럽연합, 세계보건기구 등의 이산화질소 대기환경 연간 기준치는 $40\mu g/m^3$(0.021ppm) 이하다. 우리나라는 연간 $57.4\mu g/m^3$ 정도 된다. 그러니까 독일과 EU 기준치의 4분의 1, 한국 기준치의 약 6분의 1 수준의 질소산화물로도 조기 사망자가 많이 늘어난다는 뜻이다. 독일에서는 질소산화물로 인한 심혈관질환으로 연간 6,000~8,000명이 조기 사망한다고 밝혔다.

독일환경청이 건강에 정말 나쁘다고 밝힌 이산화질소는 어디에서 가장 많이 배출될까? 국립환경과학원 교통환경연구소의 실험 결과를 보자. 경유차 배기가스의 99%가 PM1.0보다 작은 입자이다. 경유차에서 나오는 입자의 평균 크기가 대략 $0.08\mu m$로 경유차 배기가스의 대부분이 극미세먼지나 나노먼지이다. 미세먼지 및 초미세먼지는 경유차의 직분사 엔진류에서 특히 심하다. 경유차는 대부분 직분사 엔진으로, 직분사 방식은 연비가 좋아 이산화탄소 배출 저감에는 도움이 되지만 미세먼지 부문에서는 큰 문제가 된다. 경유는 연소 온도가 매우 높아서 대기 중의 안정적인 산소 분자를 반응성이 높은 산소 원자로 쪼갠다.[5]

경유차에서 배출되는 이산화질소 자체는 미세먼지가 아니다. 그러나 대기 중에서 화학반응으로 2차 초미세먼지를 많이 만들어낸다. 독일과 영국을 중심으로 강화되고 있는 경유차 규제는 바로 이산화질소 과다 배출 때문이다. 2015년 미국에서 폴크스바겐이 이산화질소 배출량을 조작한 '디젤 게이트'도 발단은 이산화질소 배출량을 줄여야 한다는 부담감이었다. 우리나라에서 빈번하게 발생한 BMW 화재사고 역시 배기가스 재순환장치(EGR)*를 탑재한 경유차 모델에서 주로 발생했다.

2017년 환경부 조사 결과 초미세먼지의 수도권 배출 비중은 경유차(29%)와 경유를 쓰는 건설기계(22%)가 절반 이상이었다. 대기 중에서 수증기 등과 2차 반응을 통해 미세먼지를 만드는 질소산화물의 경유차 배출 비중은 무려 44%에 달한다. 서울연구원 자료에 따르면 국내 차량에서 발생하는 초미세먼지의 90% 이상은 경유차가 배출한다. 수도권에서 초미세먼지의 가장 확실한 주범은 바로 경유차인 것이다.

그럼 우리나라에서는 도대체 왜 경유차가 클린 디젤이라는 이름으로 특권을 누린 것일까? 이명박 정권은 왜 '클린 디젤' 정책을 폈던 것일까? 당시에는 미세먼지보다 기후변화를 저지하기 위한 이산화탄소 저감 정책에 초점이 맞추어 있었다. 디젤(경유)차는 이산화탄소 배출량은 적다. 이산화탄소 배출이 적어 디젤엔진이 깨끗하다면서 클린 디젤이라는 말이 생긴 것이다.

이런 논리로 '환경친화적 자동차의 개발 및 보급 촉진에 관한 법률'에 '클린 디젤차'가 포함되었다. 경유차는 전기차, 하이브리드차와 함께 '친환경차' 대우를 받았다. 노무현 정부에서 디젤 승용차를 만들게 하거나 이명박 정부에서 경유 택시 보급을 추진한 것은 이 때문이었다.

그러나 '클린 디젤'은 신기술 매연저감장치 등을 달아 배출가스를 기

---

* EGR는 이산화질소가 포함된 배기가스를 한 번 더 엔진에서 연소해 그 양을 줄여 주는 장치로, 이 장치 없이는 환경기준을 충족하기 어렵다.

준치 이하로 줄인 디젤(엔진)이다. 그러나 과학자들은 클린 디젤이 '몸에 좋은 담배'처럼 모순된 용어라고 비판했다. 경유에 어떤 공정을 추가해도 청정에너지가 될 수 없기 때문이다. 실제로 디젤 엔진은 질소산화물을 많이 배출한다. 질소산화물은 입자로 나타나지 않아 미세먼지로 측정이 안 된다. 그러나 질소산화물이 대기 중에서 인체에 해로운 초미세먼지로 바뀌기에 '더티 디젤'이라 불려야 마땅하다. 결국 클린 디젤 정책은 폐기되었다.[*]

선진국은 경유 차량에 어떤 대책을 세우고 있을까? 프랑스는 2017년에 '기후 계획(Plan Climate)' 로드맵을 수립했다. 로드맵 중에서 기후변화에 적극적으로 대응하기 위해 2040년까지 내연기관차 판매를 중단하기로 결정했다. 프랑스 정부 정책과는 별도로 파리시는 2024년까지 경유차, 2030년까지 휘발유차 퇴출이 목표다. 이를 실현하기 위해 2025년 대중교통 탈 탄소화, 2024년 무인 자동 셔틀 방식의 대중교통체계를 도입하겠다고 밝혔다.

영국도 2017년에 '클린 에어 전략(Clean Air Strategy)'을 발표했다. 전략의 하나로 '수송 부문 이산화질소 농도 감축계획'을 발표했다. 신규 휘발유 차량과 경유 차량의 판매를 중단하고 전기차로 대체하겠다는 것이다. 이를 위해 영국 정부는 2017~2021년 전기차 충전소 인프라 확충 예산으

---

[*] 정부는 2018년 11월 8일 이낙연 국무총리 주재로 열린 제56회 국정현안점검조정회의에서 미세먼지 대책을 발표했다. 11월 들어 미세먼지 농도가 높아지면서 국민의 불만이 높아지자 대책을 발표한 것이다. 이날 정부는 10여 년 전부터 시행해온 클린 디젤 정책을 폐기하기로 했다. 저공해 경유차 인정기준을 삭제하고, 주차료·혼잡통행료 감면 등 과거 저공해자동차로 인정받은 경유차 95만 대에 부여되던 인센티브 폐지가 주요 내용이다. 또 정부의 모든 공공기관에서 경유차 구입을 더는 하지 않고 전기차 등 친환경차로 교체해 2030년까지 '공공기관 경유차 제로화'를 실현하기로 했다.

로 약 1,200억 원가량의 예산을 배정했다.

대만은 대기오염 요인의 30% 이상이 수송 부문에서 발생하는 것으로 분석되자, 화석연료 자동차 판매를 금지하겠다는 초강수 정책을 발표했다. 승용차는 2024년부터, 버스는 2030년부터, 이륜차는 2035년부터 화석연료 자동차 판매가 금지된다. 이 정책을 뒷받침하기 위해 대만은 전기차 보급·확산에 총력을 다하겠다고 밝혔다. 대만은 2022년까지 전기차가 약 23만 대로 증가할 것으로 보고 전기차 충전소 설치 및 확대에 나섰다. 자동차 업계도 경유차 폐차 순서를 밟고 있다. 폴크스바겐을 비롯한 독일 차 업체들이 디젤엔진을 전기차로 바꾸는 작업을 벌이고 있다. 스웨덴의 볼보는 생산라인업 전체를 전기차로 계획하고 있다. 미국에서도 하이브리드를 거쳐 전기차로 옮겨가려는 계획이 구체적으로 실행되고 있다. 당연히 우리나라의 현대나 기아차 등도 전기차나 수소차 생산에 열을 올리고 있다.

당장 경유차를 없애기가 어렵다면 선진국처럼 강력하게 경유차 운행을 막는 것도 필요하다. 독일은 배출기준 미달 경유차의 도심 진입을 1년 내내 제한한다. 그리고 도심에서는 차량 속도를 시속 30km로 낮추고, 모든 경유차에 오염물질 저감장치 부착을 의무화한다. 미국 캘리포니아주는 사업주가 경유 설비를 배출량이 적은 모델로 교체하는 데 인센티브를 주는 데만 연간 수천억 원의 예산을 투입한다. 독일 슈투트가르트시가 4년째 대중교통 할인 정책을 시행하는 것도 경유차 대책의 일환이다. 우리도 이들 나라처럼 경유차에 대한 선제 대책이 필요하다.

건설기계의 미세먼지 배출이 경유차보다 많다

"지구상 대부분 인간은 지금 화석연료로 인해 건강에 해로운 공기를 마시고 있다." 2018년 4월 뉴욕 브루클린의 프로스펙트 공원에서 환경운동 변호사 데이비드 버켈이 분신자살을 하면서 남긴 말이다. 그는 석유나 석탄의 미세먼지가 결국 인간을 죽음으로 이끌 것이라는 강력한 메시지를 던졌다.

최근에 들어와 우리 삶에 밀어닥친 미세먼지와 초미세먼지는 중국에서 왔든, 한국에서 발생하든 다 화석연료에서 나온다. 석유와 석탄을 때 난방을 하고, 에너지를 얻고, 자동차를 이용하는 인구가 많아지면서 반대급부로 미세먼지를 얻은 것이다.

우리는 석탄발전소, 경유 자동차 등이 많은 미세먼지를 배출하는 것으로 알고 있다. 그러나 놀랍게도 비도로 이동오염원인 건설기계* 장비에서 배출되는 미세먼지도 엄청나다. 환경부의 자료에 의하면 우리나라에서 연간 발생하는 미세먼지 양은 32만 4,000톤가량이다. 이 중 건설기계 등 비도로 이동오염원의 배출 비중은 16%(5만 1,300톤)에 달한다. 질소산화물 등 2차 생성을 포함해 하루 평균 140톤의 미세먼지가 건설기계에서

---

* 건설기계(建設機械, construction equipment)는 네이버 백과에 따르면 다음과 같다. 토목·건축 등 건설공사에 사용되는 기계류를 총칭하여 건설기계라고 한다. 건설기계의 분류는 공사별(도로·하천, 항만·교량 등), 공종별(토공·포장·기초 등), 작업종류별(굴착·운반·다짐 등), 기종별(트랙터계·쇼벨계 등)로 나누어진다. 또 용도별로 구분하면 굴착용기계, 적재용기계, 정지용기계, 항타·항발용기계, 잠함용기계, 운반용기계, 천공용기계, 콘크리트용 기계, 포장용기계, 내연기관·발전기 등의 동력용기계, 시험계측용기계 등이 있다.

발생한다. 이것은 경유차를 웃도는 배출량이다.*

건설기계에서 배출되는 미세먼지의 양이 많다는 것이 알려지면서 환경부는 경유차 대책과 함께 건설기계 대책도 내놓았다. 2005년 이전 배출허용기준으로 제작된 덤프트럭, 지게차, 굴착기 등 도로용 3종 건설기계, 대형 화물차·버스 등은 총 13만 8,000대가 있다. 이 중 노후 건설기계 등 대형차는 미세먼지·질소산화물 동시저감장치(225억 원) 3,000대, 건설기계 DPF 부착(95억 원) 2,000대, 건설기계 엔진교체(112억 원) 1,500대 등을 대상으로 예산을 배정했다.

도로용 건설기계 3종에 대한 정밀검사 도입도 추진된다. 덤프트럭 등 도로용 건설기계 3종의 경우 정기검사(무부하 검사)만 하고 있다. 그러나 여기에 더해 검사기준 및 방법이 강화된 정밀검사(부하검사)를 도입하여 검사체계를 개선하기로 했다. 또 배출가스 관련 부품을 임의설정하거나 DPF를 파손하는 정비업자나 운전자에 대해서도 처벌할 수 있도록 「대기환경보전법」을 2018년 개정했다.

그런데 이것으로 문제가 해결될 수 있을까? 현행법상 건설기계 중 도심지역 도로를 운행하는 덤프트럭, 레미콘, 펌프카 등 3종에만 '정기검사'를 받도록 하고 있다. 그러나 전국에 등록된 27종 47만 7,000여 대의 건설기계 중 이들 3종이 차지하는 비율은 20%(8만 3,000대)밖에 되지 않는다. 전체 건설기계의 70%가량을 차지하는 지게차, 굴착기 등은 그나

---

* 건설기계의 미세먼지 배출량은 1만 5,296톤으로, 수송 부문 배출원 중 세 번째로 많은 비중인 15%를 차지하고 있다. 굴착기, 지게차 등으로 대표되는 건설기계는 대부분 경유를 연료로 사용한다. 때문에, 경유차와 동등한 수준의 관리가 필요함에도 건설기계에 대한 관리가 미흡하다. 여기에 더해 노후 건설기계 1대가 내뿜는 미세먼지는 노후 경유차보다도 11배 많다.

마 정기검사도 받지 않는다. 환경부의 대책이 실제적인 대책으로는 부족하다는 말이다. 정말 미세먼지 문제를 해결하려면 전체 건설기계 장비에 대한 정기검사가 이루어져야만 한다. 또한 모든 건설기계에 대한 미세먼지·질소산화물 동시저감장치, 건설기계 DPF 부착, 건설기계 엔진 교체에 대한 지원도 필요하다. 실질적이고 획기적인 건설기계장비 대책을 실시해야 할 것이다.

2018년 4월 독일연방환경청의 발표에 따르면 디젤 차종에서 뿜어대는 질소산화물이 기준치보다 훨씬 낮은 대기 농도에서도 각종 질병과 조기 사망률을 높인다. 디젤을 사용하는 건설기계의 피해사례도 있다. 국내 자동차 타이어 공장의 디젤 지게차 배출물질에 노출되어 폐암에 걸린 근로자가 산업재해를 인정받았다. 이후로 덤프트럭 운전사와 굴착기 운전사에게 폐암과 도심지 디젤 차량 운전자에게 방광암을 유발하는 주요 원인으로 산업재해를 인정받았다. 그나마 다행한 일이다.

국가기후환경회의의 제안 - 건설기계

전국의 건설기계는 약 37만 대이며, 그중 노후 건설기계(2009년 이전 기준 적용)가 약 57%로 전체 건설기계의 절반 이상을 차지하고 있다. 이들 노후 건설기계가 배출하는 미세먼지가 전체의 77%를 차지하고 있기 때문에 시급한 관리가 필요하다.

일본은 정부가 발주하는 공사장에서는 규제기준을 준수하는 건설장비 사용을 의무화하고 있다. 스위스는 배출가스 저감장치를 의무화하는 등 선진국은 건설기계에 대한 오염 저감대책을 마련하여 시행하고 있다. 독일 베를린과 미국 뉴욕에서는 건설기계의 배출량을 제한한다. 그러나 우리나라는 아직 건설기계에 대한 대책이 미흡하다. 건설기계에 대해서 제작단계 배출가스 기준을 자동차보다 늦게 적용했고 운행단계 기준은 아직도 마련되지 않은 상태이다. 자동차의 경우 정기검사, 정밀검사, 수시점검을 통해 배출가스를 관리하고 있다. 그러나 건설기계에 대해서는 형식적인 육안검사 수준에 불과하다.

따라서 국가기후환경회의는 건설기계도 조기 폐차, 저감장치 부착, 친환경차 보급과 병행하여 경유차와 동등한 수준으로 관리할 필요가 있다고 보았다. 2013년부터 정부는 노후 건설기계 저공해화 사업으로 Tier 1(2004년 이전)* 이하 노후 건설기계의 엔진을 신형으로 교체하고 있다. 그러나 저공해화 대상 건설기계가 16만 대임에도 실적은 현재까지 약 4,000대밖에 되지 않는다. 따라서 중장기적으로는 노후 건설기계의 저공해화 사업 확대도 병행할 필요가 있다고 보았다.

국가기후환경회의는 미세먼지 고농도 계절관리 기간(12~3월) 동안 정부·공공기관이 발주한 100억 원 이상**의 건설 공사장에서 Tier 1(2004년 이전)에 해당하는 노후 건설기계의 사용을 제한할 필요가 있다고 제안했

---

* Tier는 디젤기관에서 발생하는 질소산화물 배출 제한기준 등급으로, Tier 1, 2, 3의 3가지 등급으로 나뉜다.

** 국가계약법에서는 100억 원 이상 관급 공사에 '종합심사낙찰제를 적용'하고 있고, 서울특별시는 2017년부터 100억 원 이상의 관급 공사에는 신형 또는 저공해 조치된 건설기계만 사용하도록 '공사계약 특수조건'에 반영하고 있으며, 대기환경보전법에 따라 서울·경기·인천지역은 2020년부터 총 공사금액 100억 원 이상의 관급 공사에 노후 건설기계 사용을 제한하고 있다.

다. 이와 함께 고농도 미세먼지 주간이 예보되는 경우에는 100억 원 미만의 관급 공사에도 적용을 확대하도록 했다. 다만, 기계 특수성을 고려하여 아스팔트믹싱플랜트, 쇄석기 등 대체가 어려운 장비에 대해서는 예외가 필요하다고 보았다. 또 차량 운행제한 사례와 같이 예산 등 지자체 여건을 고려하여 고농도 계절이 시작되기 전 저공해 조치를 신청한 경우에도 예외를 허용할 필요가 있다고 제안했다.

전국 100억 원 이상 관급 공사장은 약 677개소로 추정된다. 이 수치는 비산먼지 신고 사업장 3만 7,000개소의 1.8% 수준이다. 미세먼지 고농도 계절에 100억 원 이상의 관급 공사장에서 Tier 1 건설기계 약 16.2만 대 (44%)의 사용을 제한한다고 가정하면 미세먼지 감축량은 최대 144톤 정도로 추정된다. 관급 공사장에서만 노후 건설기계 사용을 제한해도 미세먼지 배출이 적은 신형 건설기계로의 자발적 교체가 신속하게 진행되는 효과가 있을 것이다.

건설기계는 대부분 장비 임대 형식으로 조달되는 경향이 있다. 그렇기에 공공 부문에서 특정 계절에만 사용을 제한해도 노후 건설기계의 퇴출을 촉진하는 효과를 기대할 수 있다. 또한 정부가 대형 건설업체와 노후 건설기계 사용을 줄이기 위한 자발적 협약을 맺을 필요가 있다고 보았다. 즉, 민간 공사장으로도 자발적인 이행을 넓혀 나간다면 시너지 효과를 기대할 수 있다. 향후 중장기적으로는 대상 지역을 수도권과 인구 50만 이상의 대도시로 한정하거나, 대상 건설기계를 Tier 2 수준으로 강화하는 등 다양한 대안을 탄력적으로 적용할 수 있을 것이다.

그러나 노후 건설기계 사용을 제한할 경우에 예상되는 문제가 있다. 첫째, 영세사업자가 다수인 노후 건설기계업계 상황으로 미루어 생활부담과 생계문제가 우려된다. 따라서 사용제한의 범위를 면밀하게 조정할 필요가 있는데, 미세먼지 고농도 계절에는 정부·공공기관이 발주하는 100억 원 이상의 건설 공사장*에만 적용하여 부담이 최소화되도록 제안했다. 실제로 수도권에서는 2020년 1월부터 지게차와 굴착기에 대하여 100억 원 이상 관급 공사장에서 노후 건설기계 사용을 연중 제한할 계획이다. 특히 자동차와 달리 건설기계에 대한 저공해조치는 자비 부담이 없는 만큼 정부의 저공해 조치에 적극으로 동참하는 노력이 필요하다고 보았다. 노후 건설기계 사용에 관한 의견을 듣기 위해 국민정책참여단 설문조사를 한 결과 정부·공공기관 발주 공사장 노후 건설기계 사용 제한에 대해 82.9%가 동의했다.

항구에서 발생하는 미세먼지는 엄청나다

지금은 그 어디서 내 생각 잊었는가 / 꽃처럼 어여쁜 그 이름도 / 고왔던 순이 순이야 / 파도치는 부둣가에 / 지나간 일들이 가슴에 남았는데 / 부산 갈매기 부산 갈매기 / 너는 정녕 나를 잊었나.

문성재가 부른 〈부산 갈매기〉는 롯데야구단의 응원가다. 누가 말하지 않아도 홈팀이 이기면 절로 나오는 노래이다. 그런데 가끔 부산 갈매기는 슬플 것이라는 생각을 한다. 부산항의 심각한 미세먼지 오염 때문이다.

---

* 관급 공사장은 약 9,000개소 추정(비산먼지 신고사업장 3.7만 개소의 약 25%)하며, 100억 원 이상 관급 공사장은 약 677개소로 비산먼지 신고사업장 3.7만 개소의 1.8% 수준이다.

"부산이 중국 상해, 선전 등과 함께 세계에서 대기오염 배출이 가장 많은 'Dirty 10'에 뽑혔다." 2016년 2월 17일에 〈네이처Nature〉에 실린 기사에 나온 내용이다. 갈매기가 날고 뱃고동이 울리는 항구는 맑은 공기의 이미지를 상상하게 한다. 그러나 〈네이처〉의 발표는 우리를 현실로 돌아오게 한다. 왜 그럴까?

"부산, 울산, 인천은 미세먼지의 원인이 되는 이산화황 오염이 심해지고 있기 때문입니다." 육근형 한국해양수산개발원 부연구위원의 말이다. 미세먼지 농도에 영향을 주는 이산화황 농도는 울산이 가장 높고 인천, 부산이 뒤를 잇고 있다. 내륙지역인 서울과 대전, 광주의 순서로 오염도가 낮아진다. 이산화황이 포함된 연료를 연소할 때 발생하는 대기오염이 미세먼지다. 그러기에 울산, 인천, 부산과 같은 항구도시에서 황이 많은 연료를 더 많이 태우는 것으로 추정된다고 육 부연구위원은 말한다.

먼저 선박은 어떻게 미세먼지에 영향을 주는지 알아볼 필요가 있다. 선박에서 사용하는 연료유는 황 함량이 매우 높은 저급 중유이다. 전문가들은 선박용 연료는 자동차 경유보다 3,500배나 많은 황이 들어 있다고 본다. 그렇다 보니 큰 항구에서 미세먼지 농도의 상당한 부분이 선박에서 배출되는 것이다.

독일 자연보호연맹(Nature And Biodiversity Conservation Union, NABU)은 깨끗하고 고급스러운 실내를 자랑하는 크루즈 선박이 배출하는 대기오염물질 자료를 발표했다. 대형 크루즈 선박 한 척은 하루에 약 150톤의 연료를 태운다. 대형 크루즈 선박이 배출하는 아황산가스는 중형급 도시 내 차량 전체에서 배출되는 총량에 버금간다. 미세먼지는 런던 시내에 있는 수천 대의 버스에서 배출되는 양과 같다. 이렇게 심각하다 보니 미국 캘리포니아주는 인근 해역을 지나는 배들의 속도를 제한하고 정박 중인 선박의 공회전도 금지하고 있다. 중국 역시 선박 미세먼지 배출을 규제하고 있다.

국가기후환경회의 제안 - 항구

이미 국제기구나 이웃한 중국에서는 선박에 의한 대기오염을 심각한 문제로 받아들이고 다양한 관리수단을 도입하고 있다. 국제해사기구(International Maritime Organization, IMO)는 선박에 대한 오염물질 규제를 시작했다. 세계적으로 2012년 1월 1일부터 황 함유량을 4.5%에서 3.5%로 강화하는데 이어, 2020년 1월 1일부터는 황 함유량이 0.5%까지 내려간다. 현재 선박에 주로 사용하는 연료는 황 함유량이 0.05~3.5% 정도인데 이는 0.001%인 자동차 경유와 비교할 때 50~3,500배 높은 수준이다.

미세먼지를 줄이기 위해서 국가뿐 아니라 기업에서도 선박 관리에 신경을 써야만 한다. 선박의 미세먼지 배출량 중 약 75%가 황 함량이 높은 중유를 사용하는 선박에서 배출되고 있어 선박 연료에 대한 관리를 강화할 필요가 있다.

정부는 선박의 연료 기준을 강화하고 있다. 황 함유량 기준을 3.5%에서 0.5%로 강화할 예정으로 외항 선박은 2020년부터 적용하고, 내항 선박의 경우에는 유종 변경에 따른 설비교체 등을 고려하여 2021년부터 적용할 계획이다. 또한 부산항 등 선박의 입출항이 많은 5대 대형항만* 인근 해역에 대해서는 배출규제 해역을 지정하고 일반 해역보다 강화된 0.1% 기준을 적용할 예정이다. 그러나 이러한 대책으로는 겨울부터 그다음 해 봄까지 예상되는 고농도 미세먼지 시기에는 실효성이 없어 추가적인 대책이 필요한 실정이다.

그래서 국가기후환경회의는 선박으로 인한 미세먼지 감축을 위해 내항 선박의 저황유 사용 시기를 앞당기는 정책을 제안했다. 즉, 2021년에서 2019년 12월로 앞당겨 시행하되, 적절한 비용보전 방안을 강구하여 원활한 시행을 유도할 필요가 있다는 것이다. 다만, 영세한 민간 내항 선박업계의 여건**을 고려할 때 추진이 어려울 경우 저속운항해역 확대, 야드 트랙터의 친환경 전환, 선박 육상전력공급설비(Alternative Maritime Power, AMP) 확대 등 추가정책을 통해 예상 감축량을 달성할 필요가 있다.

제안 내용대로 시행된다면 상당량의 미세먼지를 줄일 수 있다. 국내 운항 선박 약 7만 4,258척 중 황 함유량 0.5% 규제를 적용받게 되는 선박은 중유를 사용하고 있는 약 789척(2017년 기준)이다. 이 선박에서만 고농도 계절관리 기간 약 303톤의 미세먼지를 줄일 수 있을 것으로 추정된다. 그러나 내항 선박의 저황유 사용 시기는 이미 관계부처와 관련 업계 간 협의를 거쳐 2021년 1월 이후 선박검사일 이후부터 시행하기로 결정된 사항이다. 하지만 이를 일방적으로 앞당겨 추진할 경우 내항 운항업계의 반

---

* 5대 항만은 부산항, 인천항, 울산항, 여수·광양항, 평택·당진항으로 전체 항만 미세먼지 배출의 66%를 차지하고 있다.

** 전체의 84%인 716개사는 자본금 10억 미만이며, 자본금 3억 미만 사업체도 489개에 달한다.

발 등이 우려된다. 따라서 이에 적절한 비용 보전 방안을 강구하여 조기 시행을 유도한다면 수용성을 확보할 수 있을 것으로 예상했다.

여기에 국민의 건강을 위해 선박업계가 저황유 조기사용에 자발적으로 참여할 수 있도록 홍보한다면 더욱 효과를 높일 수 있을 것이다. 특히, 선박으로 인한 미세먼지 비중이 46%에 이르는 부산을 비롯한 주요 항만의 미세먼지는 상당량 줄어들 것이다. 이와 같은 국가기후환경회의의 제안에 국민정책참여단 72.2%가 동의했다.

국가기후환경회의의 제안에 해양수산부는 육상전력공급설비(AMP)를 확대하기로 했다. 해수부는 전국 60개 항만 중 연간 연료소비량이 1만 톤 이상인 항만 13곳을 선정했다. 이 중에서 민간 소유 부두와 재개발 예정 부두, 위험물 취급 부두 등을 제외한 518개 선석 중 미세먼지 심각성과 AMP 운영 여건 등을 고려해 248개 선석을 최종 선정했다. 이번 계획에 따라 2030년까지 AMP가 차질 없이 구축되면 13개 항만에 정박하는 선박에서 발생하는 초미세먼지의 35.7%를 감축하는 효과가 예상된다. 2016년 기준으로 13개 항만의 정박 선박에서 발생하는 미세먼지 발생량은 연간 약 1만 6,800톤이었다. 현재 부산·인천·광양항의 8개 선석에 시범 사업으로 설치 중인 AMP는 2020년부터 시범 운영에 들어갈 예정이다.

세금인상으로 경유차 수요를 줄인다

현재 자동차를 거래하거나 보유할 때 발생하는 제세 부담금은 개별소비세, 취득세, 자동차세, 환경개선부담금이 있다. 자동차 세제는 환경 측면의 고려 없이 유종별로 동일하게 부과되고 있다. 이러한 자동차 세제 구조 때문에 조기 폐차 지원금 등 정부 지원에도 불구하고 노후 경유차에 대한 수요가 지속되고 있다. 이에 따라, 미세먼지 저감을 위해 노후 경유차 감축을 유인할 수 있도록 자동차 세제 개편이 필요하다는 주장이 있다. 심각한 미세먼지 배출원 중 하나인 노후 경유차의 수요를 줄일 필요가 있기 때문이다. 이를 위해 노후 경유차를 재구입하는 경우에 대한 페널티가 필요하고, 경유차 보유에 따른 환경 피해 비용을 자동차 세제에 반영해야 한다는 것이다. 경유차를 거래·보유할 때 부과되는 제세 부담금을 휘발유차보다 불리하게 적용하자는 것이다. 이럴 경우 미세먼지의 주범인 경유차 수요를 억제할 수 있을 것이다.

그래서 국가기후환경회의는 노후 경유차를 구입하는 경우 취득세와 경유차 보유에 따른 자동차세를 경유차의 환경 영향을 고려하는 방향으로 개편하여 경유차의 수요를 줄이는 조치가 필요하다고 보았다. 현재는 노후 경유차를 조기 폐차하면서 폐차지원금을 받고 다시 노후 경유차를 구매하는 사례가 있다. 만일 노후 경유차*를 다시 구입할 경우 취득세를 휘발유차 대비 2배 수준으로 조정하는 페널티를 부과하여 노후 경유차의 폐차를 유도한다.

여기에 더해 자동차 보유에 따라 부과되는 자동차세를 경유차에 불리하도록 차등화할 필요가 있다. 여기에는 두 가지 방안이 있다. 하나는 경유차 중 비영업용 승용차에 한해 보유기간(차령)에 따른 자동차세 경감률을 휘발유차 대비 절반 수준으로 조정한다. 다른 방안은 일정 기간이 지

---

* 2009년 12월 31일 이전에 출고된 경유차 등이다.

난 이후에는 경감률을 적용하지 않는 수준으로 조정할 필요가 있다. 경유차는 오래 탈수록 세금을 올리는 방안이다. 참고로 영업용 승용차와 화물차·승합차 등은 차령에 따른 경감률을 적용받지 않으므로 이번 제안에서는 제외했다. 다만 경유 승용차를 기보유하고 있는 차량 소유자들의 부담 등을 고려해 미세먼지 배출이 많은 배출가스 5등급 차량에 우선 적용하는 방안도 검토할 수 있다고 제안했다.

미세먼지 제로 프로젝트

생활에서 배출되는 미세먼지를 줄여야 한다

"〈나는 자연인이다〉에 나오는 산에 사는 분들은 나무나 농업 부산물을 난방과 취사에 이용하는데 여기에서도 미세먼지가 나오지 않나요?" 환경 특강에서 한 중학생이 물어온 질문이다.

우리는 알게 모르게 생활 속에서 미세먼지를 많이 발생시킨다. 이 학생의 질문처럼 농촌에서 농업 부산물을 태울 때만이 아니라 건설 공사장이나 도로에서 날리는 먼지의 양도 엄청나다. 이렇게 생활 주변에서 발생하는 미세먼지는 전체 배출량의 18% 수준으로 산업이나 발전, 수송 부문과 견주어도 적지 않은 양이다.

생활권 미세먼지는 사람들이 사는 곳과 가까운 곳에서 발생하기에 건강에 직접적인 영향을 준다. 그런데도 생활 주변의 이런 미세먼지 배출원들은 규제 대상에서 빠져 있다. 또 적절하게 관리하기 어렵다 보니 관리의 사각지대로 남아 있다. 특히, 도로 재비산(다시 날림)먼지는 전체 비산먼지의 41%를 차지하고 있으나, 이에 대한 발생이나 저감에 대한 연구가 매우 미흡한 실정이다.

도로 재비산먼지가 심각하다

"제가 보기엔 도로에서 날리는 비산(飛散) 미세먼지의 양이 가장 많을 것 같아요. 도로에서 날리는 먼지, 도로 표면이 깎이며 날리는 먼지, 자동차 타이어가 마모되면서 날리는 먼지 등 말입니다. 제가 택시 운전 30년을 했는데 정말 도로에서 날리는 미세먼지가 심각하다는 것을 느낀단 말입니다." 미세먼지 주의보가 내려진 날 필자가 타고 가던 택시의 기사는 도로에서 날리는 비산먼지가 미세먼지의 주범이라고 흥분하고 있었다.

네이버 백과에서는 비산먼지를 공사장 등에서 일정한 배출구를 거치지 않고 대기 중으로 직접 배출되는 먼지라고 정의한다. 두산대백과에서는 비산분진이라고도 하며, 주로 시멘트 공장이나 연탄 공장, 연탄 이적장, 도정공장, 골재 공장 등에서 배출된다고 설명하고 있다. 정의는 약간 달라도 날아다니는 먼지라는 말로, 택시기사는 비산먼지의 많은 부분이 도로에서 발생한다고 본 것이다. 바로 이것이 재비산먼지이다.

도로 재비산먼지는 도로 표면에 쌓여 있던 먼지가 차량의 주행으로 인해 대기 중으로 다시 날려서 발생하는 먼지이다. 도로변 미세먼지 오염에 큰 영향을 끼친다. 2016년 기준으로 전국 도로 재비산먼지 배출량(7,087 톤, PM2.5기준)은 전체 비산먼지 배출량 중 41%로 가장 높다. 도로 재비산먼지는 자동차 배기가스, 타이어와 브레이크의 마모 입자, 주변 토양 입

미세먼지 제로 프로젝트

자 등이 도로 표면에 쌓여서 발생한다. 중금속과 탄소성분 등의 유해성분을 포함하고 있어 건강에 나쁘다. 또 주거지역에 가까워서 국민 생활에 많은 영향을 준다.

여러 나라에서 미세먼지의 도로 재비산먼지를 해결하기 위한 다양한 방법을 사용하고 있다. 독일의 슈투트가르트시 관계자는 도로 미세먼지 날림을 줄이기 위해 "차량이 브레이크를 자주 밟으면 타이어와 지면 마찰로 인해 노면에 쌓인 미세먼지가 날린다. 그래서 우리는 브레이크를 자주 밟을 필요가 없게끔 차량 정체를 해소하기 위해 다양한 방안을 활용하고 있다"라고 이야기한다.

현재 정부와 지자체에서는 도로 재비산먼지 발생을 줄이기 위해 도로 청소 확대, 친환경 청소차량 보급 등의 정책을 펴고 있다. 지자체에서는 청소차량(물청소 차량, 먼지 흡입차량) 등을 이용하여 주기적으로 도로 청소를 하고 있다. 그러나 전국 지자체가 보유하고 있는 도로 청소차는 총 1,314대밖에 되지 않는다. 효과를 보기에는 매우 적다. 특히 전국 도로연장의 23%를 차지하는 수도권에 67%(서울특별시 33%)의 차량이 몰려 있다. 따라서 수도권 이외의 지역은 청소차량 보급, 운영 인력 등의 청소 역량이 부족한 실정이다.

이런 문제를 해결하기 위해 정부는 도로 청소차의 보급을 확대해가고 있다. 도로 청소차 보급을 2016년 1,008대에서 2022년까지 2,100여 대로 확대를 추진 중이다. 또 고농도 비상저감조치가 발령되면 학교·어린이집 밀집구역 등을 중심으로 기존 1일 2회 시행하던 도로 청소를 1일 2~4회로 확대하기로 하였다.* 또 「미세먼지 저감 및 관리에 관한 특별법」 시행 (2019. 2. 15.)에 따라 비상저감조치 시 도로 청소차 확대 운영이 의무화되었다.

여기에 더해 수도권 지역에서는 한국 환경공단의 이동측정차량(6대)을 이용하여 도로 재비산먼지 농도 측정 및 도로 청소 연계 사업을 진행하고 있다.** 서울특별시, 인천광역시, 대구광역시에서도 도로 먼지 이동측정차량을 별도로 1대씩 도입해 도로 청소와 연계하여 운영하고 있다. 이동 측정차량으로 관측된 고농도가 나타난 도로 구간을 구와 군에서 청소하는 방식이다. 그러나 아직 측정차량 및 관리인력 등이 적어서 수도권 지역에서만 제한적으로 운영되고 있는 실정이다. 참고로 서울특별시와 인천광역시 등 일부 자치구 등에서는 사업장과 자율적 협약을 맺어 1개의 회사가 사업장 주변의 1개 도로를 책임지고 청소하는 '1사 1도로 클린제' 등을 시행하고 있다.

어떻게 도로 재비산먼지를 줄일까?

'도로 재비산먼지'는 일반 미세 먼지와 아스팔트·타이어·브레이크가 마모될 때 생기는 먼지가 합쳐져 만들어진다. 자동차에서 만들어지는 미세 먼지에는 카드뮴, 납, 크롬 등 중금속이 들어 있다. 심각한 것은 대부

---

* 비상·상시 미세먼지 관리 강화대책, 2018. 11. 8.

** 수도권 대기환경개선에 관한 특별법

분이 입자가 작은 초미세먼지라 건강에 매우 해롭다는 점이다. 여기에 자동차가 지나가면서 내뿜는 매연과 함께 비산먼지가 상승해 우리 몸에 영향을 준다. 인하대병원 임종한 교수는 도로 미세먼지가 나쁜 이유를 "보통 먼지는 코로 들어와 기관지섬모를 통해 걸러지지만 자동차에서 만들어지는 초미세먼지처럼 입자가 작으면 섬모를 거치지 않고 그대로 우리 몸으로 들어온다"고 말한다. 일반 미세먼지를 줄이는 것도 중요하지만 도로 재비산먼지를 줄이는 일이 시급하다는 말이다.

이에 국가기후환경회의에서는 도로에서 발생하는 미세먼지를 줄이기 위해 다음 내용을 제안했다. 시·도 및 시·군·구별 최소 1개 이상 '미세먼지 집중관리 도로'를 선정한다. 여기에서 '미세먼지 집중관리 도로'는 어린이 통학로, 산업단지 주변 등을 말한다. 단, 취약계층 이용 빈도, 도로 먼지 양, 노출 인구와 차량 통행량 등을 고려한 먼지 발생 우심 지역(hot spot)인지를 고려해야 한다. 집중관리 도로 1개소는 청소차 1대당 작업시간 (1~2시간)을 기준으로 약 5~10km 내외로 선정할 수 있지만, 지자체별 도로관리 특성에 따라 달리할 수 있다고 보았다.

국가기후환경회의가 제안한 집중관리 방안으로는 계절관리 기간(12~3월) 도로 청소 강화, 도로 및 보도 등 도로변의 먼지 사전 제거, 차량 속도 제한, 도로변(통학로 등) 오염도 측정 및 측정결과 공개 등이 있다. 세부적인 관리 방안은 다음과 같다.

첫째, 도로 청소 강화이다. 계절관리 기간 매일 2~4회 이상으로 청소 횟수를 확대하고, 기타 도로에 대한 도로 청소 강화를 병행한다. 날씨를 고려해 영하 5℃ 이상일 경우에는 진공청소(분진흡입 등)와 함께 물청소를 한다. 영하 5℃ 이하일 때는 진공청소(분진흡입 등)만 실시한다.

둘째는 미세먼지의 사전제거이다. 계절관리 기간에는 최소 3회 이상 (11월 말~12월 초, 1월, 2월 말~3월 초 등) 도로 및 주변 먼지 발생 요인을 사전에 제거한다.

셋째는 농도 측정이다. 통학로 등 도로변 미세먼지 오염도를 측정해서 주민들에게 공개해야 한다. 국가기후환경회의는 도로 먼지 집중관리 추진의 미세먼지 저감 효과를 파악하고 공개하기 위해 환경부와 지자체가 협력하여 평가연구사업을 별도로 추진할 것을 제안했다. 이 방침 외에 인천 등 일부 지자체에서 시행 중인 비산(날림)먼지 발생 사업장 주변 도로를 관리하는 '1사 1도로 클린제'를 전국으로 확대할 필요가 있다고 보았다. 대형 광역시설(항만, 공항, 매립지, 발전소 등) 및 공사장, 중대형 비산먼지 발생 사업장 등의 사업자가 주변 도로에 대해 책임감을 느끼고 청소하도록 하자는 것이다.

이 두 가지 정책을 시행한다면 세 가지의 효과가 기대된다. 먼저 미세먼지가 줄어든다. 계절관리 기간에 미세먼지를 89톤 정도 감축할 수 있을 것으로 예상했다. 이 양은 전체 도로의 4분의 1을 관리대상으로 설정할 경우 도로 먼지가 15% 감축되는 것으로 상정한 것이다. 둘째는 취약계층의 이용 빈도가 높은 도로를 중심의 집중관리를 통해 노출 피해를 줄일 수 있다는 것이다. 마지막으로 국민의 불안감을 낮추는 효과도 기대된다.

그러나 이 정책을 집행하기 위해서는 사전에 검토해야 할 것이 있다. 먼저 지역주민, 청소행정 담당자, 관련 전문가 등의 다양한 이해관계자들의 의견을 청취하고 조율해야 한다. 또한 지자체별 특성에 맞게 관리도로 선정 및 청소방식을 마련할 필요가 있다. 여기에 환경부와 지자체가 협력하여 도로 청소의 미세먼지 저감 효과에 대한 종합적인 평가를 진행하고, 주민들의 반응을 분석하여 도로 청소 운영방안 개선에 반영할 필요가 있다고 본다.

현재 수도권을 제외한 지자체는 관리대상 도로는 많은데 분진흡입차, 살수차 등의 청소차량이 크게 부족하다. 운영 인력 등 관리여건 확보에도 어려움이 있다. 이에 2019년과 2020년까지 보급하기로 계획되어 있던 청소차량을 2019년 겨울철과 2020년 봄철 이전에 조기에 보급하여 운영토록 한다. 수도권 외 지자체의 경우 청소차량 보급 대수를 확대하거나 임대를 지원하는 방안이 필요하다. 여기에 지자체 청소행정 인력 및 예산 등의 관리여건을 지원하는 방안도 모색할 필요가 있다고 제안했다. 국가기후환경회의가 제안한 '미세먼지 발생이 많은 도로를 미세먼지 집중도로로 선정·관리해야 한다'는 안에 국민정책참여단의 90.6%가 동의했다.

국가기후환경회의의 제안을 수용하여 환경부와 전국 17개 시도가 도로 미세먼지 집중관리 도로를 지정하고, 도로 청소차를 확대해 2020년 1월부터 전국적으로 실시하고 있다. 관련 지자체에서는 미세먼지 고농도 계절 동안 집중관리 도로의 청소를 기존 하루 1회에서 2회 이상으로 늘린다. 또한 도로 주변에 존재하는 건설 공사장 등 주요 유입원을 파악하여 발생 억제를 위한 적정 조치 여부를 확인하고, 도로에 유입될 여지가 있는 먼지는 사전에 청소한다. 아울러, 도로 미세먼지 이동측정차량을 활용하여 수도권 내 일부 집중관리 도로를 대상으로 도로 미세먼지 제거 현황을 확인하고, 그 결과를 관련 '도로 재비산먼지 관리시스템' 홈페이지(www.cleanroad.or.kr)에 공개한다.

도로 도로변의 재비산먼지는 특히 아이들의 건강에 나쁜 영향을 미치는데, 2018년에 세계보건기구(WHO)는 "어린이가 오염된 공기에 노출되지 않게 하려면 학교와 놀이터는 번잡한 도로나 공장 또는 발전소 등 주 오염원으로부터 멀리 떨어져 있어야 한다"고 권고했을 정도다. 우리 정부도 도로변 미세먼지 농도가 아이들에게 매우 나쁘다는 것을 인식하고 있다. 환경부 고위관계자는 "학교를 6~10차선 대로변에 위치시켜놓고, 미세먼지 영향을 줄이기 위해 공기청정기를 돌리는 방법은 문제가 있다고 생각합니다. 국토교통부, 교육부 등 관계부처와 협의해야겠지만, 새롭게 만드는 학교나 어린이집은 미세먼지 영향을 덜 받는 곳에 들어설 수 있도록 유도할 필요가 있다고 봅니다"며 의견을 제시했다.

건설 공사장의 비산먼지 감소가 시급하다

"왜 전북지역의 초미세먼지 농도가 높은가요?" 필자가 전북포럼에서 미세먼지 특강을 할 때 전북 기업인들의 공통된 질문이었다. 전북은 우리나라에서 농업이 가장 활발하고 공업단지가 적은 지자체이다. 그런데도 이 지역의 초미세먼지 농도는 매우 높다. 중국으로부터 날아온 것일까? 그렇다면 충남이나 경기도, 전남도 높아야 한다. 충남의 서산, 당진 미세먼지가 영향을 준 것일까? 영향을 줄 수는 있지만 충남보다 높을 수는 없다. 필자 생각에는 새만금 개발에서 발생하는 비산먼지가 큰 원인이 아닐까 한다. 갯벌에서 파 올린 매우 작은 입자의 흙에서 날리는 양이 주범이라고 본 것이다. 추후 새만금에 대한 연구가 필요하지만 공사장이나 매립토 등에서 날리는 비산먼지의 양이 예상외로 많다.

건설 공사장은 국민의 생활권에 근접해서 공사를 하기 때문에 많은 문제가 있다. 건설 공사장은 비산먼지 관련 민원의 90% 이상을 차지하는 주요한 배출원이다. 또한 생활 주변에 광범위하게 위치하여 국민에게 생활 불편이나 건강 피해 등을 주고 있다. 소음도 문제지만 전체 비산먼지 발생의 20%를 차지할 만큼 많은 미세먼지를 배출한다. 건설업체에서는 미세먼지를 줄이고 있다고 하지만 실제로 미세먼지가 줄었는지를 확인하기 어렵다. 그러다 보니 국민은 건설 공사장에서 미세먼지를 줄이는 조치가 제대로 이루어지는지 의문을 가진다. 따라서 미세먼지를 줄이는 것 외에 국민 불안을 줄이기 위해서는 실제로 건설 공사장의 미세먼지를 줄이는 노력이 필요하다. 노력과 동시에 공사장의 미세먼지 현황을 실시간으로 국민에게 공개해 알릴 필요가 있다. 제대로 관리된다는 것만 알아도 국민은 마음을 놓을 수 있기 때문이다.

우리나라에서 비산먼지 발생 신고 건설 사업장은 2018년 기준 3만 6,867개소이다. 현재 일정 규모 이상의 건설 공사장에 대해서는 '비산먼지 발생시설' 신고 및 비산먼지 발생 억제 시설 설치 등 필요한 조치를 의무화하고 있다.* 대형이 아닌 소규모 사업장인 경우에도 주거지역이나 병원, 유치원 등으로부터 50m 이내 공사장은 해당 지자체 조례로 신고 대상 사업에 포함시킬 수 있다. 일반 국민과 민감·취약계층 보호를 위해서다.

---

* (연면적 기준) 건축물축조공사, 토목공사, 농지조성공사, 지반조성공사 중 토공사·정지공사(1,000m²) 지반조성공사 중 건축물 해체공사(3,000m²), 조경공사(5,000m²) 등은 비산먼지 발생 의무 신고 대상이다. 비산먼지가 많이 발생하는 야적, 수송, 채광 등 10개 공정은 공정별로 방진망 설치, 물 뿌림 시설 등 비산먼지 발생을 억제하는 시설을 의무적으로 설치토록 하고 있다.

[표 3] 비산먼지 발생시설 신고 및 미세먼지 발생 억제 시설 설치 등 기준

신고 대상 (기준)	연면적	• (1,000m²) 건축물 축조 공사, 토목공사, 농지조성공사, 지반조성공사 중 토공사 · 정지공사 • (3,000m²) 지반조성공사 중 건축물 해체공사 • (5,000m²) 조경공사
	입지 (조례로 규정)	주거지역, 공공도서관, 어린이집, 유치원, 요양병원, 종합병원, 공동주택으로부터 50미터 이내 공사장
억제시설 설치 등 조치 기준		비산(날림)먼지를 많이 배출시키는 10개 공정(야적, 싣기 및 내리기, 수송, 이송, 채광 · 채취 등)의 공정별 조치 의무

정부는 신고대상 사업장의 비산먼지 억제조치 기준을 지키는지에 대해 매년 봄·가을 2회 특별 지도 및 점검을 한다. 그러나 현실적으로 건설공사장은 펜스 등으로 외부와 격리되어 있고 안전 등의 이유로 관계자 외에는 출입이 통제된다. 또 건설공사의 공종별, 시간대별로 미세먼지 발생 상황이 다르기에 미세먼지 발생 여부를 알기 어렵고 제대로 이행하는지에 대한 관리·감독도 어렵다. 여기에다가 건설업주들의 인식이 부족하다 보니 시설기준도 지키지 않아 행정처분을 받는 경우가 많이 발생한다. 신고대상 사업장에 대한 관리와 억제시설 설치 등 조치 기준을 준수할 수 있는 효과적인 개선대책이 필요하다.

건설 공사장 미세먼지 감시시스템이 필요하다

국가기후환경회의는 건설 공사장 미세먼지 관리를 위해 '건설 공사장 미세먼지 실시간 감시시스템'을 구축하고 그 모니터링 결과를 실시간으로 공개할 필요가 있다고 보았다. 먼저, '실시간 감시 시스템'이다. 비산

먼지 발생 신고대상인 대형공사장과 주거지역, 병원, 학교 등 시설로부터 50m 이내에 있는 건설 공사장은 고농도 기간에 실시간으로 미세먼지 농도를 감시할 수 있는 시스템을 구축한다. 여기에 더해 미세먼지 측정장비 및 측정치를 대외적으로 공개할 수 있는 전광판의 설치와 운영이 필요하다고 제안했다. 이 제안이 시행되기 위해서는 해당 지자체의 조례 규정이 있어야 한다.

건설 공사장 내에서 비산먼지가 많이 발생하는 장소(세륜·세척시설, 하역장) 등에 미세먼지 측정기를 설치한다. 측정치는 공사장 외부에서 대외공개용 전광판을 통해 공사장 인근 지역 측정치와 함께 공개하여 실시간으로 국민이 볼 수 있도록 한다. 이를 통해 접근이 어려운 건설 공사장 내 미세먼지 농도 현황을 외부에서도 실시간 확인할 수 있다. 이렇게 한다면 공사장 내의 측정정보에 대한 신뢰성을 높일 수 있고, 국민은 주변 지역과 비교하여 공사장 내 측정치가 지나치게 높은 경우 신고 및 시정조치할 수 있다. 미세먼지 배출 관리 및 저감에 효과적인 방법이 될 수 있다고 보았다.

다음으로, 감독관청은 비산먼지 발생 신고사업장을 포함한 전체 건설 공사장에 대해 드론, 분광측정기 등을 활용하여 상시로 모니터링하도록 한다. 그 결과는 온라인을 통해 공개하여 전체 사업장에 대한 정보를 통해 해당 지역 내 공사장에 대한 미세먼지 배출 정보를 실시간 볼 수 있도록 하는 것이다. 이를 통해 정보의 투명성과 함께 사업장별 현황을 한눈에 비교·확인할 수 있다. 즉, 불량 사업장에 대한 현황 파악 및 신속한 조치가 가능해 지면서 미세먼지 저감에 효과적이라는 것이다. 이 두 가지 방안을 통해 고농도 기간 미세먼지 배출량(1,081톤, 2016년 기준)의 30%인

324톤이 저감될 것으로 국가기후환경회의는 추정했다.

건설 공사장의 정보가 외부로 실시간 공개되면 미세먼지 농도 수치에 대한 신뢰도 문제가 제기될 가능성이 있다. 또 주변 지역보다 높은 경우에는 지역주민과의 갈등이 발생할 수도 있다. 이러한 문제 해결을 위해 건설 공사장 내 측정장비 설치 시에는 비산먼지 배출이 많은 구역에 검증된 장치를 설치하여 측정치에 대한 신뢰성을 높여야 한다. 건설회사는 비산먼지 관련 법령을 준수하며 비산먼지 다량 배출 작업을 가급적 자제하거나 불가피한 경우 시간대를 고려해 실행하는 등의 노력이 필요하다. 또 시스템 구축 및 운영 시 주민 의견을 충분히 수렴해야 할 것으로 보았다. 국가기후환경회의의 '건설 공사장의 먼지 발생현황을 인근 주민들에게 실시간 공개'하자는 제안에 국민정책참여단의 83.3%가 동의했다.

농촌에서 발생하는 미세먼지도 상당하다

"보릿대 소각이 대량의 미세먼지를 만든다." 필자가 2019년 6월 19일 YTN 라디오 아침 방송에서 언급한 말이다. 당시 방송 내용을 소개한다.

요즘 전국 미세먼지 농도가 좋은 편인데 호남지역으로 가끔 미세먼지 농도가 높이 올라갈 때가 있었습니다. 이 원인 중 하나가 보릿대 소각이라고 봅니다. 호남지방은 2모작을 하거든요. 그러다 보니 모내기 전에 보릿대를 태우는 광경을 쉽게 볼 수 있습니다. 제가 예전에 광주전투비행단에서 근무할 때 보면 보릿대를 태우는 때면 온종일 연기가 가득 덮어 시계가 떨어졌지요. 바로 이 연기가 미세먼지입니다. 보릿대나 농촌 소각물이 어느 정도나 영향을 주겠느냐고 말씀하시는 분들도 있는데, 미세먼지 전문가들은 농촌의 노천소각에서 발생하는 미세먼지가 국내 전체 초미세먼지의 10%에서 많게는 30%에 이를 것으로 보고 있습니다. 정확한 통계가 잡히지 않아서 그렇지 상당한 양이라는 겁니다.

그런데 말입니다. 보릿대 등 농촌의 노천소각 때 나오는 미세먼지는 건강에 해로운데요, 보릿대나 볏짚 등이 불완전 연소하면서 호흡기 등 건강에 해로운 초미세 먼지와 미세먼지가 대량 발생하기 때문입니다. 연기의 독성 물질 가운데는 정유 시설이나 기름 유출 현장서 나오는 다환방향족 탄화수소도 있습니다. 배민석 목포대 교수는 노천소각 연소에서 나오는 여러 가지 물질 중에서 다환방향족 탄화수소 등의 독성이 강한 것은 기본적으로 발암 성분을 가지고 있기 때문이라고 말합니다. 특히 이 같은 소각 연기는 바람을 타고 농촌 마을이나 인근 도시로 확산되면서 호흡기 질환자나 노약자들의 건강을 위협할 수 있다는 것이지요.

현재 농업 부산물 소각은 모두 금지돼 있지만 처리하기가 힘이 들다 보니 농민들이 그냥 태워버리는데 이런 문제들은 어떤 식으로든 해결해야 하지 않나 싶습니다.

필자의 방송 내용은 실제 농업 부문에서 발생하는 미세먼지의 적은 부분일 것이다. 농업 부산물을 불태워 발생하는 미세먼지는 전체 생물성 연

[표 4] 농촌 분야 미세먼지(PM2.5) 배출량 현황

(단위: 톤/년, 2016년 기준)

| 구분 | 합계 | 생물성 연소 | | | | 비산(날림)먼지 (농업, 축산 활동) | 농업 기계 | 비산업 연소 및 산불 |
		농업 부산물 소각	목재난로 및 보일러, 아궁이	노천 소각	소계			
배출량	20,170	9,862	2,047	939	12,848	3,918	2,562	842
비율	100%	48.9%	10.1%	4.7%	63.7%	19.4%	12.7%	4.2%

소*의 66%를 차지한다.

농업 부산물 소각은 법으로 금지되어 있다. 그러나 농촌 지역은 고령화와 함께 교통여건이 좋지 않다. 그러다 보니 농업 폐기물 수거 시스템이 미흡하다. 수거가 어렵다 보니 농민들은 불태우고 있고 정부의 관리도 미흡하다. 농민들의 건강을 생각해서라도 농업 부산물을 불태우지 않고 처리하는 방법이 필요하다. 농촌 특성에 맞춤형 대책을 만들어 시행하는 방안이어야 한다.

농촌 폐기물은 고춧대, 보릿대 및 과수 전정가지 등 영농 부산물과 폐농약 용기와 폐비닐 등 영농 폐기물 등이다. 그리고 농촌에서도 헌 옷, 폐휴지 및 플라스틱 등 일반 생활폐기물 등도 나온다. 2016년 농촌 부문에서 배출된 미세먼지(2만 170톤) 중 생물성 연소를 통해 발생하는 배출량은 1만 2,848톤이다. 이 중에서 영농 부산물(농업 잔재물)이 9,862톤으로 농촌 전체 배출량의 절반에 이르고 있다.

현재 폐비닐, 폐농약용기 등 영농 폐기물은 폐기물관리법에 따라 지자

---

* 생물성 연소는 고기 및 생선구이, 노천소각, 농업잔재물 소각, 목재 난로 및 보일러, 아궁이, 숯가마 등에서 대기로 배출되는 오염물질로 국민 생활 속에서 광범위하게 발생한다.

미세먼지 제로 프로젝트

체에서 정한 장소 외에 불법매립 및 소각을 금지하고 있다. 그리고 이의 수거·처리의무는 지자체장에게 있다. 다만, 예외적으로 전문적 수거·재활용을 위해 한국환경공단에서 수거·처리 업무를 대행하고 있다.

농업인이 공동집하장에 모아놓으면 폐비닐 및 폐농약 용기를 민간위탁 수거사업자가 한국환경공단 사업소로 운반하여 보관·관리 후에 처리하는 시스템이다. 또 영농 부산물과 농촌의 생활폐기물은 영농 폐기물과 함께 「폐기물관리법」에 따라 관리되고 있다. 그러나 농업인 고령화, 넓은 관리지역 및 열악한 교통 등의 장애요인을 극복할 수 있는 수거 시스템은 여전히 미비하다. 불법소각의 경우 수확 직후나 봄과 겨울에 주로 이루어져 고농도 계절과 겹치는 문제가 있고 불법 소각에 대한 정부의 관리도 미흡해 대책이 시급하다.

농촌 지역 수거처리 지원 및 집중 단속이 필요하다

국가기후환경회의는 '농촌 지역 수거처리 지원 및 집중 단속'을 제안했다. 농촌 지역의 특수성으로 인해 관행화된 영농·생활 폐기물 소각을 줄이자는 것이다. 그러나 이를 위해서는 상당 기간이 소요되는 만큼, 단기적(1~2년)으로는 수거·처리를 중점 지원하되, 강력한 단속을 병행하는 것이 필요하다고 보았다.

이를 위해 첫째, '찾아가는 수거 서비스 강화'가 필요하다. 농업인, 지역주민이 농촌 폐기물 수거를 요청할 경우 지자체, 한국환경공단 등 관계기관에서 수거·처리를 지원하는 '찾아가는 수거 서비스'를 지원할 필요가 있다. 고령·장애 농업인 등 취약 농가를 우선 사업대상으로 선정하여 찾아가는 수거 서비스를 지원하는 등 지역 여건에 맞는 최적의 수거 처리방안을 추진해야 할 것이다.

수거 서비스 사업은 민간 수거사업자를 통해 영농 부산물을 현장 파쇄·살포하거나, 지정된 장소에 적치 후 지정 소각시설에서 소각하는 내용이다. 2019년 환경부는 고령·장애 농업인 소유 및 입지상 수거 곤란 농지 등 취약 농가를 대상으로 시범사업(11월, 경기 이천, 국비 1억 원)으로 추진하고 있다. 중장기적으로는 가을 추수기 이후부터 봄철 영농기 사이에 많은 소각이 이루어지기에 사업 범위를 희망하는 지자체로 확대하여 시행해야 할 것이다.

영농 폐기물은 기존 수거 시스템을 최대한 활용하여 지자체, 한국환경공단의 폐기물 수거 인력을 보강하고, 폐기물 수거 횟수를 확대하는 등 지원을 강화할 필요가 있다. 또한 장기간 방치된 영농 폐기물에 대해서도 수거·처리를 지원하는 방안을 마련해야 할 것이다.

둘째로 '자발적 수거 활성화 지원'이다. 농업인 등이 지정된 장소에 농촌 폐기물을 가져오는 것처럼 일반 생활 쓰레기도 분리수거 생활화를 위해 쓰레기종량제 봉투를 무상지급하거나 마을 단위 종량제 수수료 지원 등 지원을 강화해야 한다. 참고로, 마을 단위 종량제는 농어촌 지역에 대해 종량제 봉투에 의한 수거 방식 대신 마을 혹은 지역 단위로 공동수거하고, 수거량에 따라 처리비용을 분담하는 제도이다. 2017년 기준으로 1,610개 마을(1만 7,000가구)에서 제도를 활용하고 있다.

셋째, '소각시기 조정'이다. 농업인이 자율적으로 영농 부산물을 파쇄·퇴비화할 의사가 없고 수거처리서비스 사업 참여도 희망하지 않는 경우가 있다. 또 지역 소각시설의 처리용량 초과 또는 오지·도서와 같이 수거가 어려운 지역 등 불가피한 경우에는 소각 시기를 조정하여 고농도 계절 이후에 소각할 필요가 있다. 이 방안이 실효적으로 작동되기 위해서는 지자체, 한국환경공단 및 한국농어촌공사 등 관계기관과의 협력을 통해 마을 단위로 영농 부산물·폐기물을 수거 후 소각 전까지 임시 보관할 장소를 지정하고 운영해야 할 것이다.

넷째, '교육 홍보 및 집중 단속'이다. 농업기술센터, 한국환경공단 등 기관에서 실시하는 교육 등을 활용하여 불법 소각의 폐해, 영농 폐기물 분리수거 시스템 및 수거보상비 제도 등에 관해 농업인 대상으로 집중적인 교육·홍보가 필요하다. 이를 통해 불법소각에 대한 인식 전환을 유도하고, 고농도 계절 집중 단속 기간을 설정하여 민·관 합동으로 강력한 단속을 병행해야 한다.

이번 제안에서는 논의되지 않았지만, 농촌에서 많이 배출되어 미세먼지 농도를 높이는 것이 축산농가에서 배출되는 암모니아이다. 전북대학 송미정 지구환경과학과 교수는 "연구결과 축사 분뇨에서 배출하는 암모니아와 농작물을 소각하는 생물성 연소 과정에서 나오는 휘발성 유기화합물이 미세먼지 농도에 영향을 준다"고 말한다. 송 교수 연구에 따르면 전주 도심으로 유입되는 암모니아 농도가 증가할수록 미세먼지 농도고 높아지더라는 것이다. 참고로 대기 중 오염물질이 암모니아 성분 등과 만나면 물리·화학적 반응을 일으켜 2차 미세먼지를 만들어낸다.

여기에 농경지에서 배출되는 미세먼지도 심각하다. "캘리포니아 농경지의 질소산화물 순배출량이 캘리포니아주 전체 질소산화물 배출량의 20%에 이른다." 미국 데이비스 캘리포니아대 연구팀이 2018년 2월 〈사이언스 어드밴시스Science Advances)에 발표한 내용이다. 이들의 연구 결과가 맞는다면 농경지에서 배출되는 질소산화물 배출 비중은 자동차가 배출하는 질소산화물의 절반이 넘는다. 질소산화물은 대기 중에서 2차 미세먼지와 오존을 만드는 오염물질이다. 주로 자동차나 산업시설·발전소 등의 연료 연소 과정에서 배출된다. 연구팀은 대기오염물질의 거대한 배출원이 바로 캘리포니아 농경지에 뿌려지는 비료라고 밝힌 것이다. 이들이 항공 측정과 컴퓨터 모델링을 통해 분석한 결과, 캘리포니아 농경지는 비료를 통해 1ha당 매년 평균 131.8kg의 질소 성분이 공급되고 평균 19.8kg의 질소산화물을 방출하고 있었다.

지금까지 질소산화물은 무시되어 왔다. 농림축산식품부의 통계에 의하면 2016년 한국의 농경지에는 총 45만 톤, 1ha당 평균 268kg의 화학비료 성분이 투입됐다. 이 화학비료 성분 가운데 질소 성분이 약 58.7% 정도 되니까 농경지 1ha에 투입된 질소는 157.3kg으로 볼 수 있다. 캘리포니아보다 19%가량 많은 양으로 미국보다 오히려 더 많은 질소산화물이 만들어진다는 이야기이다. 이런 오염물질이 오존이나 2차 미세먼지 농도를 높이고 있음에도 지금껏 간과해온 것이다. 실질적인 미세먼지 저감을 위한 정책에서는 농촌에서의 암모니아 배출과 비료에 대한 연구와 대책 등도 논의되어야 한다.

제 5 장

국제협력과 날씨 예보,
그리고 건강

25 Lessons for the
Clean Air

・・・

　　"한국인 5명 중 3명은 겨울철 심각해지는 미세먼지가 국내 발생보다는 중국 등 국외에서 유입된다고 생각한다." 2019년 2월 22일에서 24일에 실시한 한국갤럽 여론조사 내용이다.

　여론조사에서는 겨울철 미세먼지 주 발생원으로 국내 발생과 국외 유입 중 어느 쪽이 더 많다고 보느냐고 물었다. 우리나라 성인의 64%가 '국외 유입이 더 많다'고 답했고, '국내 발생과 국외 유입이 비슷하다' 22%, '국내 발생이 더 많다'는 8%이었다. 중국 등 국외에서 주는 영향이 반 이상이라고 대답한 국민이 무려 84%이다. 이런 국민적 인식이 청와대 국민청원을 올리는 계기가 되었을 것이다.

　미세먼지가 10년 전에 비해 자주 몰려오고 있습니다. 언론에서도 중국발이라고 얘기는 하고 있지만 가장 중요한 정부기관이 중국에 대해 일절 말 한마디조차 하지 않고 되레 중국과 상호 협력하여 미세먼지를 줄이자는 대책뿐입니다. 왜 상호 협력이죠? 지금 저희 한국은 엄연히 중국에서 뿜어져 나오는 미세먼지로 인하여 계속해서 국민이 죽어가고 있습니다. 비유하자면 범죄자랑 같이 범죄를 예방하는 거랑 다름이 없는 거지요. 지금 국제보건기구에 이 진상을 알려 중국의 더러운 짓을 만천하에 고발해야 할 것입니다. 환경단체들이 아무리 집회를 열고 국민청원을 아무리 열심히 넣어도 변하지 않습니다. 왜냐하면 지금 제일 일을 해야 할 환경부조차 아무 소리 안 하고 대통령님 또한 미세먼지에 대해 전혀 언급이 없기 때문에 국민은 불신하고 있습니다. 제발 중국에 대해 항의를 하시고 더불어 산둥반도에 위치한 공장들을 폐쇄하라고 말해주십시오. 이것은 국민의 건강과 수명 및 미래가 달린 일입니다. 중국에서 헛소리 지껄이면서 할 수 없다고 하면 단호히 단교하고 국제소송을 걸어야 할 것입니다.

_청와대 국민청원 내용 중

감정적으로 보면 틀린 말이라고 할 수 없다. 그러나 국제적인 문제에는 지혜로운 대처가 필요하다. 중국은 미우나 고우나 우리 옆에 있는 나라이다. 경제적으로나 정치적으로도 중요한 나라이므로 싫다고 단교할 수는 없지 않을까? 국가기후환경회의에서 중국과의 외교적 협력이 중요하다고 생각한 것은 바로 이 때문이다. 문제를 해결하기 위해 부단하게 대화하고 상호 이해의 폭을 넓혀가면서 하나하나 풀어나가는 것이 옳은 방법이라고 생각한 것이다.

국제협력에도
전략이 필요하다

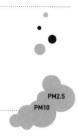

중국과의 외교적 노력이 필요하다

앞의 국민청원인은 산둥반도에 있는 중국의 공장 문제를 이야기했다. 이것은 중국의 저감노력이 대도시에만 집중되어 있다고 보는 일부 학자들의 의견과 같다. 이들은 이로 인해 중국 전체에서 배출되는 미세먼지는 줄고 있지 않다는 것이다.

"중국이 미세먼지 농도를 줄이고 있다고 해도 도시에 국한되고 있고 한국으로의 이동량도 줄지 않고 있다." 조석연 인하대 환경공학과 교수가 전경련 주최로 열린 '미세먼지 현황과 국제공조 방안 세미나'에서 밝힌 내용이다. 그는 "중국은 도심지역의 미세먼지 농도를 공개하지만, 국가배경 지역의 미세먼지 농도는 공개하지 않고 있다"고 말한다. 이로 인해 실제 우리나라에 영향을 주는 미세먼지의 양은 줄어들지 않는다는 것이다. 그는 이 문제를 해결하기 위해 영국과 북유럽의 대기오염 분쟁 사례를 예로 들었다. 문제를 해결한 것이 결국 국제적인 협력이었으므로 우리나라 미세먼지 문제를 해결하기 위해서는 중국과의 실질적인 협력이 매우 중요하다는 것이다.

그렇다. 국가기후환경회의에서도 미세먼지 문제 해결을 위한 여러 대책 중에 중국 등과의 국제협력을 매우 중요시하고 있다. 왜냐하면 미세먼지는 국경을 넘어 주변 국가에 영향을 주는 월경성越境性(trans-boundary) 특성이 있어서 한 나라의 정책으로 해결하기가 어렵다. 그러나 현재 동북아시아의 상황으로 보면 유럽의 월경성 대기오염방지협정(Convention on Long- Range Transboundary Air Pollution, CLRTAP)과 같은 제도적, 규범적 조치가 단기간 내 합의될 가능성이 크지 않다. 따라서 제도적, 규범적 다자협력제도를 마련하기 위한 전 단계가 먼저 있어야만 한다. 즉, 동북아 각국이 미세먼지 문제 해결을 위해서는 이웃 국가와 지역적, 국제적 차원의 협력이 필요하다는 인식을 공유해야 한다는 것이다.

우리나라가 일본보다 중국의 영향을 더 많이 받지만, 일본도 중국이나 우리나라의 영향을 받는다. 따라서 미세먼지 문제를 해결하기 위해서는 인접 국가들과 협력이 절대적으로 필요하다. 그러나 국제협력은 일방적인 것이 아니라 상대적이다. 상대방이 있기에 늘 조심스러우면서도 전략적으로 접근해야 한다. 그러나 너무 감성적인 대응이 앞서다 보니 걱정스러울 때가 있다. 우리나라 일부에서는 미세먼지 문제의 유일한 원인이 중국이라고 비판해왔다. 중국도 우리나라 언론보도를 보면서 미세먼지에 대한 책임이 전혀 없다는 감정적인(?) 대응으로 일관해왔다.

2019년 3월 초 최악의 미세먼지가 한반도를 덮쳤을 당시 중국의 영향을 성토하는 국민 여론이 높아지자 강경화 외교부장관이 중국 영향이라는 언급을 했다. 그러자 루캉陸慷 중국 외교부 대변인이 "미세먼지 생성 원인은 매우 복잡한데, (강 장관이) 과학적 근거를 가지고 말한 것인가, 전문가의 분석에 뒷받침한 것인가"라고 반발하고 나왔다. 중국 생태부 대변인도 "서울의 미세먼지가 서울 것이지, 왜 중국 것이냐?"라고 반문했다. 감정적인 언급에 중국도 감정적으로 맞서는 것이다. 청와대 국민청원의 내용처럼 중국에 강력히 항의하고 단교조치까지 불사하는 것이 옳은 방법일까? 감정적으로는 시원한 방법 같지만, 결코 지혜로운 행동은 아니다.

사실 우리나라는 중국의 주장에 반박할 과학적인 자료를 가지고 있지 못하다. 위성분석이나 미세먼지 성분분석으로 중국의 영향은 있다고 보지만 어느 정도인지는 확실하지 않다. 심증은 있지만 물증은 없는 격이다. 중국의 영향력을 입증할 '확실한 증거' 같은 연구결과가 없다 보니 지금까지는 '미세먼지 외교'에 전략적으로 대응할 수 없었다.

먼저 우리 정부가 과학적이고 국제적인 신뢰를 얻을 수 있는 연구를 체계적으로 지원해야 한다. 송창근 울산과학기술원 도시환경공학부 교수는 "미국과 캐나다 간 대기오염 분쟁에서도 양국이 공동 연구와 외교적 노력으로 해결한 예가 있다. 우리나라 미세먼지 예측 모델 정확도를 높이는 동시에 한·중 공동 연구를 더 강화해야 한다"고 주장하는 것도 이 때문이다.

미세먼지의 국제 분쟁사례

지금까지 다른 나라에서 넘어온 대기오염물질로 인한 국가 간 실랑이는 20세기에 들어와 몇 차례 발생했다. 최초의 분쟁은 1930년대에서 1940년대에 걸친 미국과 캐나다의 대기오염 분쟁이다. '트레일 제련소 사건'은 공동위원회 및 2차례의 중재재판을 통해 구체적 배상이 제시되어 해결되었던 사례다. 캐나다 브리티시컬럼비아주에 위치한 트레일 제련소에서 배출된 아황산가스가 바람을 타고 미국 워싱턴 주에 유입되어 사과농장에 피해를 주었다. 당시 대기오염 인과관계의 입증과 손해배상액 선정이 어려워 외교적 교섭으로 해결했다. 양국의 협의로 중재법정이 열렸고 여기서 캐나다는 미국 측에 42만 8,000달러의 배상금을 지급하도록 판결했다.

두 번째가 북유럽 국가와 영국, 독일 간의 대기오염 분쟁이다. 1950년대부터 북유럽 스칸디나비아 반도의 숲이 사라지기 시작했다. 스웨덴의 9만 개에 이르는 호수 가운데 4만 개가 생물이 살 수 없을 정도가 됐다. 스웨덴의 과학자 스반테 오덴(Svante Oden)은 외국으로부터 날아온 아황산가스가 원인이라고 주장했다. 1971년 OECD가 영국과 서독이 스칸디나비아 산성비의 주요 원인이라는 연구결과를 발표했다. 그러나 영국과 서독은 이러한 연구 내용을 부정했다. 양측 간의 갈등이 깊어지면서 1972년부터 OECD 주도하에 유럽의 11개국이 참여하는 '대기오염물질 장거리 이동 측정에 관한 협동 기술 프로그램'이 시작됐다. 러시아가 참여하는 정치적 이슈 등 여러 우여곡절 끝에 1979년 11월 13일 당시 유엔 유럽경제위원회(United Nations Economic Commission for Europe, UNECE)

34개 회원국 가운데 31개국이 '월경성 장거리 이동 대기오염에 관한 협약(CLRTAP)'에 서명했다. 협약체결 과정에서도 영국과 서독은 오염물질 배출감축 의무에 반발했다. 그러나 체결된 CLRTAP는 이후 대상 오염물질의 확대, 감축 목표의 설정, 감축방법 및 비용분담 등을 골자로 하는 8개 의정서를 단계적으로 체결했다. 이런 과정을 거치면서 유럽의 대기오염 문제는 거의 해결되었다.

세 번째 사례는 싱가포르와 인도네시아의 '연무 갈등'이다. 1997년 강력한 엘니뇨의 영향으로 동남아 지역에 큰 가뭄이 들었다. 가뭄은 열대 우림의 대형 산불을 일으켰고 이곳에서 발생한 심각한 미세먼지로 수만 명이 호흡기 장애를 일으켰다. 항공기 운항이 취소되고 관광수입이 줄어드는 등 피해 추정치는 최대 93억 달러였다. 그러자 가장 큰 피해를 입은 말레이시아와 싱가포르, 그리고 브루나이 등과 인도네시아 간 갈등이 발생했다. 이들은 산불을 일으킨 범법자들을 인도네시아의 국내법을 집행하여 상응한 조치를 취할 것을 촉구했다.

그러나 인도네시아는 책임을 부정했다. 이후에 싱가포르 정부는 연무오염법 등의 강력한 법제화와 함께 아세안(ASEAN)이라는 다국가 지역공동체를 활용한 공동 해결책을 모색했다. 결국 18년에 걸친 싱가포르의 노력으로 미세먼지 문제가 2015년 지속개발정상회의 의제로 채택되었다. 외교력과 경제력을 총동원한 싱가포르의 끈질긴 노력은 결국 인도네시아의 변화와 협력을 이끌어냈다. 인도네시아발(發) 미세 먼지는 2016년 이후 매우 줄어들었다.

위의 사례들을 보면 공통적으로 문제 발생 초기 대기오염을 발생한 나라에서 그 사실을 적극적으로 부정한다는 것이다. 그러나 결국에는 피해

당사국과의 협력이나 국제기구 등과의 협조로 국가 간의 문제가 해결되었다는 점이다. 물론 해결되는 데 많은 시간이 필요하다는 점도 있다.

우리나라에서 그동안 중국과 협력을 하지 않았던 건 아니다. 한·중 양국은 실질적 협력 여건을 꾸준히 마련해왔다. 정부는 중국 고위급 인사와 전문가들과의 접촉을 이어왔고, 양국 정상 회담에서는 환경협력이라는 의제를 계속 다루었다. 양국은 1993년부터 2019년 2월까지 합의서, 의향서 등의 형태로 16건의 문건을 체결하고 이를 근거로 협력사업들을 진행해왔다.

지금까지 양국 간 미세먼지 대응과 관련하여 진행해온 대표적인 협력사업들로는 대기오염 방지 실증인증사업, 한·중 대기질 공동연구단, 한·중 대기질 측정정보 실시간 공유체계 구축 및 운영 등을 꼽을 수 있다. 그리고 앞으로는 고농도 미세먼지 발생 시기에 양국이 집중적으로 함께 대응할 수 있는 공동 행동 협력체계를 구축하는 등 개선 노력도 있어 왔다.

한·중 푸른 하늘 파트너십과 국제 모범사례 공유 파트너십 추진

국가기후환경회의는 미래에 한·중 간 불필요한 책임 논쟁에서 벗어나야 한다고 판단했다. 이를 위해 실질적 협력으로 전환하는 획기적인 전기를 마련해야 하는데, 이를 위해 양국 정상급 리더들이 적절한 계기에 지속적인 협력에 대한 강한 의지를 표명해야 하고, 실효성 있는 협력사업들을 추진할 필요가 있다고 보았다. 이의 방안에는 세 가지가 있다.

첫째, 양국은 미세먼지가 집중적으로 발생하는 고농도 미세먼지 계절에 공동으로 미세먼지를 저감할 수 있는 행동 체계를 마련해야 한다. 우선 한·중 환경 당국 간 인적 교류를 하고 전용선을 설치하여 고농도 예·경보, 비상저감조치 등 정보를 적극적으로 공유해야 한다. 이를 위해 배출원 인벤토리, 전국 단위 대기질 모니터링 정보, 장거리 이동 및 영향 모델링 단기 정보, 고농도 예·경보 정보 등 주요 정보를 공유하는 플랫폼(Web 기반) 구축이 필요하다. 여기에 '대기오염 통합평가모델'을 공동 개발·운영하여 한·중 환경협력센터 역할을 강화할 필요가 있다. 미세먼지 예보를 하는 필자의 입장에서도 중국의 미세먼지 정보와 예보, 그리고 비상저감조치 정보 등은 정말 시급하고 필요한 협력이라고 생각한다.

둘째, 양국 지방정부 차원에서의 협력 강화도 필요하다. 예를 들어 서울-북경 등 한·중 대표 도시를 연결하여 고농도 미세먼지 계절에 공동으로 대응하는 것이다. 또 한·중 푸른 하늘 우호 도시 MOU 등을 통해 지역 차원의 정책과 기술 협력을 강화해야 한다. 기술협력은 실증적인 사업이 뒤따라야 한다. 이런 실증 사업은 미세먼지 문제 해결을 위한 기술협력 강화의 계기가 될 것이다. 미세먼지 저감 환경기술 실증 협력을 확대·강화하여 우수한 기술을 갖춘 기업들의 적극적인 참여를 유도하고 계약된 프로젝트에 대해 지원하는 정책이 필요하다.

예를 들어 중국의 천진-화북 및 주변 지역, 평원 지역 소재 도시와 한국의 수도권, 충청권, 영남권 소재 도시 중 3~4개를 선정하여 정책·시스템·기술·장비·인적교류 등 전방위 패키지 사업을 추진하는 것이다. 이를 통해 미세먼지 문제만 아니라 '대기, 기후, 에너지, 도시개발 등 종합적인 분야'에서 스마트도시 건설을 위한 실증 협력사업이 가능해진다.

셋째, '저탄소 푸른 하늘 생태산업단지'와 '친환경 항만' 구축 등이 있다. 최근 산업단지 내에서 한 기업체의 폐기물, 폐열 등을 다른 기업체의 원료나 연료로 사용하는 산업공생이 나타나고 있다. 산업 경쟁력을 강화하면서 환경문제를 해결하는 생태산업 단지라고 볼 수 있다. 양국은 바로 이러한 '저탄소 푸른 하늘 생태산업단지'를 조성하는 협력사업을 추진할 수 있다. 아울러 양국의 항만 지역 대기오염 관리를 위한 정보 및 기술을 교류하여 '친환경 항만'을 공동으로 구축하는 것도 좋은 협력사업이 될 수 있을 것이다.

국가기후환경회의는 제도·규범적 국제협력방안이 마련되기 전까지 먼저 현실적인 협력방안이 필요하다고 보았다. 국제적인 모범사례를 발굴·확산하는 파트너십을 구축하여 미세먼지 해결을 위한 국제협력의 동력으로 활용하자는 것이다. 이를 위한 실천방안으로 '미세먼지 대응 국제적 모범사례 공유 파트너십'을 위한 플랫폼을 마련해야 한다고 보았다. 국가기후환경회의는 2019년 11월 '제1차 미세먼지 및 기후대응을 위한 국제포럼'을 통해서 국제적 모범사례 공유 파트너십 출범을 위한 분위기와 기반 조성을 했다. 이를 계기로 장차 미세먼지 대응을 위한 연례적인 국제회의(파트너십)를 개최한다. 이럴 경우 다양한 주체(각국 도시, 기업, 시민사회 등)들이 고농도 미세먼지에 대처한 우수사례를 공유·확산하고 상호협력을 증진할 수 있다. 특히, 이러한 파트너십은 정해진 멤버십 없이 오픈 파트너십으로 운영하게 되면 더 많은 국제적 관심과 참여가 가능하다.

또한 파트너십을 통해 중국 미세먼지 해결 성공사례를 국내에 소개하는 것도 필요하다. 우리나라 국민이 중국 모범사례에 대한 이해를 높이고 중국과의 상호 협력 분위기를 조성하는 효과를 거둘 수 있다. 특히, 글로벌기업들이 화석연료 감축을 위해 시행 중인 프로그램과 기술을 전시·

소개하는 자리를 마련하여 한·중 기업들의 적극적 참여를 유도하는 것도 하나의 방법이다.

실질적인 협력방안이 필요하다

국가기후환경회의의 한·중 푸른 하늘 파트너십 구축과 국제적 모범사례 공유 파트너십 추진을 이해하려면 한국과 중국과의 협력 역사를 먼저 알아야 한다. 우리나라와 중국이 월경성 대기오염에 대해 공식적으로 논의를 시작한 것은 1993년이다. 1993년 양국의 외교부장관이 '한·중 환경협력 협정'을 체결했다. 당시 월경성 대기오염은 주로 황사 문제였다. 1980년대에 비해 1990년대에 들어오면서 부쩍 황사가 늘어나면서 중국과의 협력이 필요해졌다. 이후 매년 외교부·환경부를 중심으로 한·중 기후변화협력 공동위원회가 양국에서 번갈아가며 열려왔다. 그러나 실질적인 협력보다는 연구 등에 협력하자는 수준에서 그친 협력이었다. 지금도 중국은 미세먼지가 한국에서 만들어진다는 주장을 하고 있는데 당시에도 "황사가 오염물질을 싣고 한국에 영향을 준다는 건 한국의 주장일 뿐이다"라고 말했다.

1999년 서울에서 열린 한·중·일 3개국 환경장관회의에서는 세 나라 정부가 산성비 문제 해결을 위한 동아시아 10개국 공동측정망 구축사업에 적극적으로 참여하기로 합의했다. 이듬해 중국 베이징에서 열린 2차 회의에서 처음으로 장거리 이동 대기오염물질에 대한 공동연구에 합의했다. 공동연구의 결과로 2004년 한국에 영향을 주는 황산화물의 약 20%

가 중국에서 온 것이라는 공식 연구결과가 발표됐다. 그러나 이에 따른 어떠한 후속조치는 없었다. 지금까지 대기오염물질의 이동에 대한 연구를 20년간 지속해오고 있지만, 결과는 거의 없다. 말뿐인 협력이다 보니 후속 조치는 아직도 생각조차 못 하는 것이 현실이다. 국가 정상 간의 만남에서도 황사 등 환경오염 문제에 협력하기로 합의는 했다. 1988년 김대중 대통령과 2018년 문재인 대통령이 중국 정상에 양국의 공동 대처를 강조했다. 후속조치가 없는 가운데 어떻게 보면 의례적인 인사 정도로 끝나고 말았다.

그러니까 지금까지의 의례적인 협력이 아닌 실제적인 협력방안이 필요하다. 이에 국가기후환경회의는 국제협력방안을 제안한 것이다. 그렇다면 제안한 내용처럼 국제협력방안을 추진할 경우 우리에게 어떤 도움이 있을까? 가장 먼저 한·중 미세먼지 예보 정확도를 높여 고농도 미세먼지 피해를 예방함과 동시에 실효성 있는 비상저감조치를 추진할 수 있다. 이 단계에서 앞으로 더 나아가 양국 정부, 시민, 기업 간 상호 이해를 높여 지속적인 협력 토대를 마련할 수 있다. 특히, 고농도 미세먼지 예방과 긴급대응 분야에서 모범사례를 만들어 양국 간 우호와 신뢰를 형성해 향후 협력을 심화시킬 수 있다. 이는 중국과의 협력을 '책임 공방'에서 '상호 실질 협력' 국면으로 전환할 수 있는 효과적인 방안이 될 것이다.

한편, 미세먼지 대응의 국제적인 모범사례 공유 플랫폼을 마련하여 다양한 국제기구, 주체들과 정책 및 기술 공유를 통해 글로벌 차원에서 다자간 협력 증진이 가능하다. 이는 동북아 지역의 다자 협력제도를 마련해 나가기 위한 첫 단계로서 향후 국제협력의 제도적 기반 마련에도 기여할 것으로 기대된다. 그러나 국제협력은 시한을 정해서 추진하기 어려운 성격이 있다. 따라서 국가기후환경회의의 여러 제안이 고농도 미세먼지 계절관리정책으로서 적절치 않다는 비판이 있을 수 있다. 그러나 고농도 시기 예·경보 공유, 한·중 환경협력센터 역할 강화, 실무자 간 인적교류 등 고농도 계절에 특화된 협력이 포함되어 있다. 이는 양국 간 신뢰 형성과 교류 확대를 위해 꼭 필요하다. 한편, '국제모범 사례 공유 파트너십' 정책에서 왜 우리가 다른 국가들과 협력사업을 우선적으로 추진하는지 의문을 제기할 수도 있다. 이 정책의 취지는 우수사례를 발굴하고 격려하여 확산시키기 위한 것이다. 따라서 중국에만 초점을 맞추는 것보다는 다양한 국가가 포함된 협력이 더 큰 시너지를 창출할 수 있고 한·중 양국의 협력도 촉진할 수 있다. 국민정책참여단은 고농도 미세먼지 발생 대응을 위해 한·중 양국 간 긴밀한 협력 추진에 대해서는 95.4%, 국제사회와 우수사례를 공유하고 정책으로 활용하자는 제안에 대해서는 95.2%가 동의했다.

국가기후환경회의의 반기문 위원장을 비롯한 관계자들은 실질적인 협력을 이루기 위해 노력하고 있다. "미세먼지 문제는 같은 문제로 어려움을 겪고 있는 중국 등 동북아 지역 국가들과의 협력과 공동 대응이 매우 중요한 과제이다. 다행히 제가 유엔 사무총장직을 수행하면서 기후 관련 협약과 관련된 경험을 쌓았고, 다수의 국제 지도자들과 교분도 쌓았다. 이러한 점을 최대한 잘 활용해서 미세먼지 문제를 근본적으로 해결하는 데 최선을 다하겠다." 반기문 위원장이 국가기후환경회의가 출범할 당시 밝혔던 내용이다. 이때 한 약속처럼 반기문 위원장은 외교적 해결에 직접 나서고 있다. 2019년 3월 중국 하이난 섬 보아오에서 열린 보아오포럼(Boao Forum for Asia)에 반기문 위원장이 참석했다. 여기에서 반 위원장은

"언론에서 많이 보도된 것도 있지만 정부 당국자들도 중국에 책임을 넘기는 듯한 발언을 했는데 가는 말이 그러니 오는 말이 곱지 않다"며 "청와대나 이낙연 국무총리에게도 접근을 달리하는 것이 좋겠다고 (건의)했다"고 말했다. 반기문 위원장은 리커창 중국 총리와 만찬 자리에서 만나 앞으로 미세먼지 문제 협력을 잘해나가자고 요청했다고 밝혔다. 아울러 "국제적 자문도 얻어보려 한다. 이미 많은 국제기구에 조언을 요청하고 있다"고 말했다. 실제로 반 위원장은 크리스탈리나 게오르기에바 세계은행 임시 총재에게 전화를 했고, 임시 총재는 "세계은행에 많은 전문가가 있는데 도와줄 용의가 있다"고 밝히기도 했다.

이어 2019년 5월 28일에 반기문 위원장은 제75차 UN ESCAP 총회에 참석해 기조연설 및 주요 인사와 면담을 했다. 우리나라가 제출한 대기오염 관련 결의안 채택 관련 협조를 당부하고 미세먼지 관련 역내 협력의 필요성 등을 강조했다. 이러한 노력으로 대기오염 관련 결의안은 만장일치로 채택되는 외교적 성과를 거두었다. 유엔 세계 환경의 날을 맞아 2019년 6월 4일 반기문 위원장이 중국 항저우를 방문해 중국생태환경부 장관 및 저장성 당서기 등 중국 고위인사를 면담했다. 반 위원장은 미세먼지 및 대기오염 저감을 위한 양국 정부의 노력을 평가하고, 양국은 하나의 호흡 공동체로 미세먼지 및 대기오염 저감을 위한 공조를 더욱 확대해가기로 합의했다. 앞으로 실적인 협력이 더 많이 이루어져 미세먼지 문제가 하나하나 해결되어갈 것으로 생각한다.

예보 능력을 강화하고
정보를 공개해야 한다

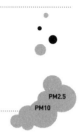

우리나라 국민은 정부의 미세먼지 예보 능력을 믿는 사람이 상당히 많다. 한국환경정책평가연구원(KEI)이 2019년에 발표한 '환경·경제 통합분석을 위한 환경가치 종합연구'를 보자.

먼저 "미세먼지 예·경보를 찾아본 적이 있는가?"라는 질문에 응답자 중의 87.2%가 찾아본 적이 있다고 대답했다. 한 달에 1~3회가 33.1%, 일주일에 1~2회가 27.9% 정도였다. 미세먼지 예·경보를 검색해본 이유도 물었다. 단 질문지에 맞는다면 모두 선택하라고 했다. 그랬더니 가장 많은 응답이 '야외활동 여부를 결정하기 위해'가 71.8%였다. 그다음이 외출 시 마스크 착용 여부를 결정하기 위해 54.8%, 실내 환기 여부를 결정하기 위해 52.9%, 정보를 알고 싶어서 34.3%, 출근 시 대중교통이나 차량이용을 결정하기 위해 20.6% 비율이었다. 그렇다면 미세먼지 예·경보를 검색해본 후 정확도 평가는 어땠을까? 예보와 경보시스템이 상당히 정확하다고 응답한 비율이 74.7%로 긍정적인 평가가 많았다. 정확하지 않다는 비율은 23.6%에 그쳤다.

현재 미세먼지 예보 및 오염농도 관리 현황

2019년 11월 현재 국립환경과학원은 주간예보(7일 예보)를 주 1회 하고 있다. 수도권, 강원권, 충청권, 호남권, 영남권, 제주권 등 6개 구역의 미세먼지 개황 정보(좋음, 나쁨)이다.[1]

환경부와 국립환경과학원은 주간예보 정보를 공유하여 고농도 발생 시 비상저감조치 발령 및 사회적 재난 관련 업무 등 정책 시행에 활용하고 있다. 그러나 아직 주간예보는 외부에 공개되지는 않는다.

우리나라의 미세먼지 단기예보 정확도는 유럽 주요 국가 및 미국과 비교하여 양호한 수준이나 2015년 이후 예보 정확도는 크게 좋아지고 있지는 않다. 국립환경과학원 대기질통합 예보센터 자료에 의하면 미세먼지 내일 예보 정확도는 초미세먼지(PM2.5) 기준 84~88%이다. 그러나 고농도 미세먼지 '나쁨' 이상 시 정확도는 69~80% 수준에 그치고 있다.

미세먼지 예보는 관측과 대기질 예보 모델 결과를 바탕으로 예보관이 지식과 경험을 바탕으로 예보 등급을 결정하여 발표한다. 예보시행 초기(2014년)와 비교하면 고농도 예보 정확도는 미세먼지(PM10)가 12%, 초미세먼지(PM2.5)는 11%가 개선되었다. 그러나 예보 모델 자체의 정확도는 최근 3년 동안 오히려 73%에서 64%로 하락하고 있다. 예보관의 노하우는 수년간 축적된 반면 예보 모델은 개선되지 않았기 때문이다. 또한 고농도 기간에는 미세먼지 국외 유입 및 해소 시기에 대한 모델의 예측 한계가 존재하는 것도 하나의 이유이다.

주간예보의 경우에는 불확실성이 상대적으로 커지게 된다. 모델에서는 내일 예보가 맞는다는 가정하에 모레나 사흘 후의 예보를 한다. 따라서 정확한 주간예보를 위해서는 예보 모델의 정확도를 높여야 한다. 그러나 우리나라에는 전문 인력과 모델 연구 인프라가 부족한 현실이다. 하지만 많은 국민은 정확한 고농도 미세먼지 예보를 일주일 이상의 주간예보 확대를 요구하고 있다.

이러한 예보 고도화를 위해서 전문가들은 첫째, 국내 실정에 맞는 한국형 수치예보 모델 개발, 둘째, 인공지능 기반 대기질 예보시스템 도입을 통한 주간예보 체계 구축, 셋째, 예보관 역량 강화나 예보관 확충 등 예보 인프라 선진화가 필요함을 강조하고 있다. 이에 국립환경과학원 등을 중심으로 여러 부처에서 단·중장기, 동북아 및 전 지구를 대상으로 연구가 활발히 진행되고 있다.[2] 그러나 아직은 미흡하며 추가적인 연구가 필요한 실정이다.

그렇다면 미세먼지 측정 현황 및 관리 여건은 어떨까? 현재 6개 집중측정소인 백령도, 수도권(서울), 중부권(대전), 호남권(광주), 영남권(울산), 제주권(제주)과 전국 42개 초미세먼지(PM2.5) 성분측정망에서 탄소 성분

[표 4] 미세먼지 예보 등급 기준

예보 구간		등급			
		좋음	보통	나쁨	매우 나쁨
예측 농도 (µg/m³일)	PM10	0~30	31~80	81~150	151 이상
	PM2.5	0~15	16~35	36~75	76 이상

미세먼지 제로 프로젝트

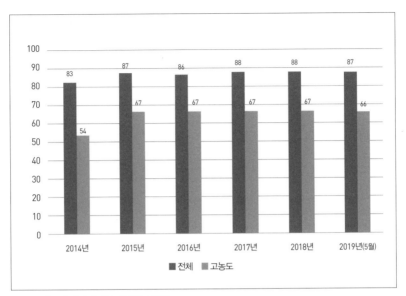

PM2.5 연도별 대기질 예보제 전체 정확도

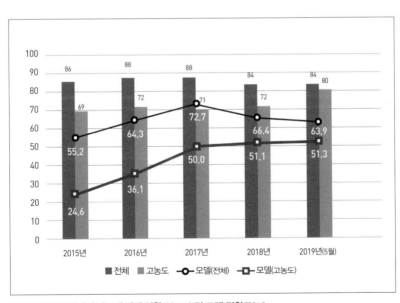

PM2.5 연도별 대기질 예보제 전체 정확도(막대) 및 모델 정확도(선)

과 이온 성분(SO_4^{2-}, NO_3^- 등 8종), 중금속 성분(납, 카드뮴 등 9종) 등 미세먼지 중 화학 성분을 측정하고 있다. 전체 측정값 중에서 집중 측정소의 납과 칼슘 측정값만 환경부 에어코리아 누리집(http://www.airkorea.or.kr)에 실시간으로 공개*하고 있다. 납과 칼슘 외의 측정 자료는 정확도 문제로 실시간 공개하지 않고 연구용으로 주로 사용된다. 고농도 미세먼지 발생 시 미세먼지 2차 생성 원인 물질 등을 중심으로 국내·외 기여도 분석 등 자체 연구용으로만 사용된다. 다만 요청이 있는 경우에 검증이 완료된 자료에 대해서만 일부 공개하고 있다.

화학 성분 기초자료는 집중 측정소에서 연속 측정하고 있으나, 화학 성분 정보 공개를 하기에는 자료의 정확도가 낮고 측정자료의 누적된 양이나 측정소의 수가 적어서 대표성이 부족한 실정이다. 집중 측정소는 총 8개 권역으로, 기존 6개에 최근 신설된 2개(경기권, 충청권)**에서 운영되고 있다. 2020년 이후에 추가로 2개(강원권, 전북권)가 신설될 예정이다. 그러나 집중 측정소 측정기기를 운용할 수 있는 전문 인력이 부족한 상황이다 보니 화학 성분 자료의 신뢰도에 대해 논란이 계속되고 있다.

국민은 화학 성분 자료의 신뢰도뿐 아니라 정부의 미세먼지 관측 자료의 신뢰도에도 문제를 제기한다. 이미 미세먼지 농도가 나쁜데도 정부 측정치는 좋다고 하니 믿을 수 없다고 말한다.

---

* 납과 칼슘만 공개되는 이유는 납은 장기간 노출될 경우 신경장애를 유발할 수 있는 대표 물질로 대기환경기준 관리 물질이며, 칼슘은 인체에 대한 유해성은 없으나 황사의 영향을 파악할 수 있는 대표적인 성분이기 때문이다.

** 최근 신설된 2개 집중 측정소는 신뢰성 있는 자료 생산을 위해서 약 6개월간의 예비 운영 기간이 필요하다(2020년 2월).

미세먼지 제로 프로젝트

"미세먼지 측정 눈높이서 해보니… 정부 수치보다 최대 2배↑" 2018년 12월 14일 《한국일보》의 기사 제목이다. 환경단체가 2018년 11월 인천 곳곳에서 미세먼지 모니터링을 해봤더니 일부 지역 미세먼지 농도가 정부 측정망 수치보다 최대 2배 가까이 높게 나타났다는 것이다. 인천녹색연합은 24시간 동안 38개 지점에서 시민들과 함께 미세먼지 중 이산화질소 농도를 측정했다. 그 결과 평균 수치가 73ppb로 정부 미세먼지 측정소 평균인 43.6ppb보다 높았다. 대표적으로 서구 석남2동 행정복지센터 앞 미세먼지 농도는 정부 측정망 값이 38.0ppb이었으나 시민 모니터링 결과는 83.7ppb이었다. 인천녹색연합 관계자는 "정부 미세먼지 측정망은 시민들 눈높이가 아닌 건물 옥상에 설치된 경우가 많아 시민들이 호흡을 통해 직접 마시는 미세먼지에 대한 정확한 수치를 확인하기 어려워 다른 방안을 마련할 필요가 있다"라고 주장한다. 이 이야기는 정부의 측정치가 국민이 체감하는 미세먼지와 차이가 있다는 실증이기도 하다.*

김동환은 『오늘도 미세먼지 나쁨』(2018)에서 이 문제를 다음과 같이 설명한다. "고개가 갸우뚱, 환경부의 미세먼지 농도"라는 내용에서 환경부에서 발표하는 미세먼지 농도는 실제 시민들의 활동 공간에서 측정한 미세먼지 농도와 편차가 크다고 말한다. 그는 2016년 12월 2일을 예로 든다. 서울 중구의 미세먼지 농도는 '보통' 수준으로, 야외활동을 해도 괜찮다고 예보된 평일 오후였다. 그런데 시민들의 이동이 많은 서울 시청역

---

* 정부의 미세먼지 농도 관측치를 믿지 못하는 문제는 다른 지역에서도 발표되었다. 원주소비자시민모임이 2018년 4월부터 9월까지 차량 통행량과 유동인구가 많은 교차로, 공장단지 등 20개소를 선정, 미세먼지 측정한 결과 환경부 관측치보다 30%나 높았다는 것이다. 시중 판매되는 간이측정기로 측정한 결과라서 다소 높게 나타날 수는 있다.

근처의 미세먼지(PM10) 결과는 '나쁨' 수준인 $133\mu g/m^3$로 정부의 실시간 측정값인 $64\mu g/m^3$보다 2배 이상 높았다. 같은 날, 서울 성동구 왕십리에서 오후 3시부터 4시까지 측정한 미세먼지 평균치도 $137\mu g/m^3$로, 같은 시간 정부의 실시간 측정치인 $73\mu g/m^3$의 2배 수준이었다.

측정치가 이렇게 차이가 나는 이유로 관측소 위치가 문제를 든다. 정부 측정기는 시청, 구청, 주민센터 등 관공서의 옥상이나 인적이 드문 곳에 있는 경우가 많다. 통상 사람이 호흡하는 높이인 1.5~10m 이내에 설치하게 되어 있는데 이런 곳들은 측정장비가 너무 높은 곳에 있다는 것이다. 전국의 도시 대기측정소 264곳 중 무려 82.6%인 218곳이 지상 10m가 넘는 곳에 설치돼 있다(2018년 1월 기준). 상대적으로 미세먼지 농도가 낮은 곳에 장비가 설치되어 있으니 국민에게 잘못된 미세먼지 정보를 제공하고 있다는 것이다.

일례로 경기 광명시 소하1동 주민센터와 노인복지회관 6층 복합 건물 옥상에 설치된 측정소는 높이가 39.15m로 국내에서 가장 높은 곳에 설치돼 있다. 옥상의 미세먼지 측정값이 $40.7\mu g/m^3$일 때, 지상에서 측정한 값은 $48.9\mu g/m^3$로 20.2%나 차이가 났고 초미세먼지는 23% 차이가 있었다. 정부가 야외활동하기 괜찮은 날이라고 해도 목이 따끔따끔하고 답답하다고 느끼는 이유가 여기에 있다. 정부는 미세먼지 농도를 정확하게 측정하고 있는지 점검하고 대책을 마련해야 할 것이다.

그래도 희망적인 것은 이제 우리나라도 최첨단의 과학기술을 이용한 미세먼지 측정시대로 접어들었다는 점이다. 최근에 기상청이 도입한 기상 항공기에다가 특화된 미세먼지 항공기를 이용하여 미세먼지를 관측하는 방법이다. 2018년 4월 18일 국내에 도입된 종합기상관측용 항공기

미세먼지 제로 프로젝트

'킹에어(King Air) 350HW'가 주인공으로 이 항공기는 서해상에서 대기질을 측정하기 시작했다. 여기에 미세먼지에 특화된 '비치크래프트 1900D' 항공기도 2018년 12월부터 국내 대기질을 관측하기 시작했다. 비치크래프트 1900D는 '미세먼지 국가프로젝트 사업단'이 한국의 연중 대기질 관측을 위해 도입한 항공기이다. 이 항공기는 미세먼지 조성뿐 아니라 미세먼지 재료가 되는 오염물질과 미세먼지 생성 반응을 일으키는 산화제 등을 동시에 측정한다. 여기에 더해 미세먼지 발생 원인과 경로를 실시간 모니터링한다.

미세먼지 예보 기간을 늘리고 미세먼지 성분을 공개하자

최근 미세먼지의 고농도 발생이 잦아지면서 국가기후환경회의는 예보 강화와 상세한 정보제공이 필요하다고 보았다. 이를 위해 주간예보 시행과 함께 질적(성분) 정보 공개를 제안했다. 먼저 배경 및 필요성을 살펴보자. 정부는 현재 대기오염으로 인한 국민건강 피해를 최소화하기 위해 미래의 대기오염 농도를 예측하여 국민에게 제공하고 있다.

대기오염 예보 중 미세먼지 예보는 지자체가 미세먼지에 사전 대응하는 비상저감조치의 판단 기준이 된다. 또 국민이 미세먼지 예·경보를 찾는 가장 큰 이유가 '야외활동에 활용하기 위해서'인 것처럼 국민의 야외활동 계획에 활용되는 중요한 정보이다. 그러다 보니 국민의 여가생활 계획에 좀 더 신속히 활용하기 위해 예보 기간을 현행보다 확대해야 한다는 국민의 요구가 크다. 야외활동의 경우 4~5일 이전에 결정하는 경우가 많다. 그러나 현행 예보는 2~3일밖에 하지 않아 미리 일정을 잡기가 어렵다. 따라서 미세먼지 예보 일수를 늘려 국민의 생활에 도움을 주어야 한다는 것이다.

국가기후환경회의는 고농도 미세먼지 발생에 대비하여 비상저감조치 등 선제 대응을 하기 위해서 미세먼지 예보 기간을 기존 3일에서 7일로 확대 시행하는 것이 필요하다고 보았다. 이를 위해 현행 '주 1회' 생산되는 주간예보(비공개 자료)를 전국 19개 지역으로 확대하여 국민에게 공개할 필요가 있다는 것이다. 다만, 주간예보의 정확도 제고를 위해 예보인력 충원 등 예보 인프라 개선과 모델 정확도의 점진적 개선이 병행되어야만 할 것이다. 이를 위해 먼저 예보 전문 인력 충원이 필요하다. 현 예보 체계는 2인 1조, 4교대로 24시간 근무를 담당하고 있으나, 예보 기간 확대에 따른 업무량 증가로 어려움이 예상되므로 예보 전문 인력을 먼저 확충해야 한다. 아울러 국민적 요구에 부응하는 미세먼지 예보시스템을 마련하기 위해서 향후 위성과 지상 관측 자료를 통한 입체관측망을 구축하고, 지역 규모 수치 예보 모델을 개선하는 등 예보 시스템 개선[3]이 필요한 것으로 보았다.

국가기후환경회의는 국민건강영향 관점에서 위해성을 판단하기 위해 미세먼지 질량 농도뿐 아니라 탄소, 중금속 성분 등 위해성 물질과 미세먼지 2차 생성 원인 물질(이온 성분)에 대한 성분 측정 결과를 집중 측정소부터 우선 실시간으로 공개할 필요가 있다고 보았다. 다만 공개된 성분 측정 자료의 모델링 등을 통해 신뢰성 평가가 병행되어야 할 것이다. 공개대상 성분은 국민건강에 위해성이 높은 화학 성분을 우선 선정하고 차례대로 확대하는 것이 바람직하다. 집중 측정소는 권역별 1개소를 목표로 추가 설치하여 측정 자료에 대한 대표성을 확보하여야 한다.

이런 제안이 실행된다면 주간예보 확대를 통해 미세먼지에 대비하여 일상생활 및 여가 활동 계획을 세울 수 있어 국민 생활 편익이 증대될 것으로 기대된다. 특히 기업은 시기별 주력 생산·판매품목 선정 및 마케팅 전략에 중요한 정보로 활용할 수 있다. 한편, 정부는 확대된 예보자료를 활용하여 미세먼지 대응을 선제적으로 할 수 있을 것이다. 고농도 비상저감조치, 화력발전 상한제약 등 단기적이고 즉각적인 미세먼지 저감조치를 수일 앞당겨 시행함으로써, 고농도 미세먼지 저감에 크게 기여할 수 있다. 그뿐 아니라 미세먼지 화학성분 정보 공개는 민간 연구 및 분석으로 이어져 미세먼지의 생성 원인이나 위해성 연구가 활발해질 것이다. 그리고 이러한 연구결과를 공개함으로써 국민에게 미세먼지의 건강위험에 관한 정확한 정보를 제공할 수 있을 것이다.

다만 주간예보(7일)를 시행함에 따라 예보 정확도가 하락하여 국민 불만과 그에 따른 민원이 급증할 수 있다. 대기는 기상과 지형의 영향을 크게 받기 때문에 7일 예보의 정확도는 현행 3일 예보에 비해 떨어질 수밖에 없으므로 대안으로 주간예보를 매일 연동하는 것이 필요하다. 매일 주간예보를 생산하여 기존 예보를 개선해감으로써 예보 정확도를 높여나가는 것이 방법이 될 수 있다. 다음으로, 미세먼지 성분을 공개할 경우, 위해성에 대한 과도한 국민 불안이 발생할 수 있다. 대기 중에 자연적으로 존재하고 있으나 인식하지 못했던 탄소와 중금속 성분들에 대한 농도 정보가 공개되어 국민은 없던 물질이 새롭게 생겨난 것으로 오해할 수 있다. 또 위해성 수치에 대해 과민하게 반응하여 불안해할 가능성도 있다. 예를 들어 방사능물질은 자연 발생으로 미량 존재하고 있으나 그 수치를 알게 될 경우, 적정 수치인지 여부를 몰라 불안해하는 것과 마찬가지이다. 이러한 국민 불안과 혼란을 방지하기 위해서는 성분 공개 대상 물질의 신중한 선택과 물질들에 대한 충분한 설명도 제공되어야 할 것이다. 즉, 통상적으로 자연에 존재하는 농도가 어느 정도인지, 나아가 어느 수치부터 인체에 피해를 입히는지 등에 대한 설명을 함께 제공하는 것이 필요하다. 국민정책참여단은 단기예보(3일)를 주간예보(7일)로 확대하는 제안에 대해 87.6%, 탄소, 중금속, 이온 등 미세먼지 성분 측정결과를 공개하는 것에 대해 94.1%의 동의를 보였다.

국립환경과학원은 국가기후환경회의의 제안을 수용해 2019년 12월 1일부터 주간예보를 하고 있다. 그리고 미세먼지 성분도 공개하기로 했다. 그리고 2019년 12월 25일 인천 백령도와 서울, 대전, 광주, 울산, 제주 등 6개 권역에서 망간·니켈·아연의 대기 중 농도를 2시간, 24시간, 연평균으로 나눠 공개한다고 밝혔다. 정보는 에어코리아(www.airkorea.or.kr)를 통해 공개된다. 니켈은 1군 발암물질이며 망간은 미국에서 유해 대기 오염물질로 관리 중이다. 아연은 대기 중에 많이 노출되면 구토와 기침 등을 일으킨다. 실시간 농도가 공개되면 중국발 미세먼지의 유입 여부를 파악하는 데 도움이 될 것으로 보인다. 왜냐하면, 우리나라에서 발생하는 망간과 니켈 농도는 국외 권고기준에 비해 낮기 때문이다.

환경부 소속 국립환경과학원은 2019년 12월 27일부터 한·중 전용망으로 중국 측 대기질 예보 정보를 국내 예보 시 활용해 미세먼지 사전 대응을 강화하기로 했다. 국가기후환경회의의 제안 중 대기질 예보정보 및 기술교류 협력 방안' 중 하나이다. 중국의 대기질 예보자료를 실시간으로 공유 받으면 우리나라 고농도 미세먼지 예보 정확도를 개선하는 데 많은 도움이 된다. 아울러 중국 측에서 11개 성·시에* 대한 향후 3일간 대기질 지수(AQI)와 농도 자료를 매일 1회(현지 시각 18시) 국립환경과학원에 제공하기로 했다.

미세먼지
안전관리망 강화

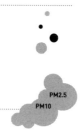

우리나라 국민에게 가장 안전하지 못한 것이 무엇일까? 행정안전부에서 2018년 하반기에 국민 1만 2,000명을 대상으로 전화 조사를 하고 전문가 400명을 대상으로 이메일 조사를 벌였다. 국민안전 체감도는 2.74점으로 상반기보다 나빠졌다.

하락의 원인으로 행정안전부 안전기획과 관계자는 "2018년 10월 강서구 PC방 살인사건, 11월 KT 통신구 화재, 12월 고양시 온수관 파열, 케이티엑스(KTX) 강릉선 탈선 등이 큰 영향을 준 것으로 보입니다"라고 말한다. 그런데 안전 체감도가 가장 나쁜 세 분야인 성폭력(2.33점), 사이버 위협(2.31점), 환경오염(2.30점) 중 환경오염이 가장 나쁘다. 이 중 전문가들은 미세먼지로 인한 것으로 판단된다고 말한다. 우리나라 국민의 안전(건강)에 가장 큰 위협이 미세먼지라는 말이다.

정부의 미세먼지 안전망 운영

미세먼지 문제를 해결하는 방법은 두 가지가 있다. 미세먼지의 배출량을 줄이거나 원천적으로 차단하는 방법이다. 두 번째는 저감하는 방법이 아닌 배출된 미세먼지의 피해를 줄이기 위한 적응의 방법이다.

영유아 및 어린이는 폐의 성숙도와 면역력이 낮아 환경오염이나 화학물질 노출에 민감하다. 노인은 약한 면역력과 심혈관 및 폐기능 저하로 미세먼지에 더욱 취약하다. 그래서 정부는 「미세먼지 저감 및 관리에 관한 특별법」('미세먼지법')을 제정하여 취약계층[4] 보호를 위한 정책을 시행하고 있다. 특별법 제23조에 미세먼지 취약계층에 대한 건강 보호 대책 수립 의무가 있다.

2018년 한국환경정책평가연구원이 실시한 국민환경의식 조사에서 가장 시급하게 해결해야 할 환경문제로 '미세먼지 등 대기질 개선'을 꼽았다. 많은 국민이 미세먼지 문제 해결에 큰 관심이 있다. 따라서 기존에 시행 중인 취약계층 중심 건강보호 정책의 미비점을 보완하고 여기에 더해 일반 국민을 포함하는 보편적 보호 대책 마련이 필요하다.

정부는 미세먼지 관리 종합대책(2017)과 미세먼지 관리 강화대책(2018)에 따라 국민건강 보호 대책을 추진해왔다.

첫째, 미세먼지 환경기준을 세계보건기구 권고 수준 및 선진국 수준으로 강화했다. 초미세먼지(PM2.5) 환경기준을 2018년도에 일평균 $50\mu g/m^3$, 연평균 $25\mu g/m^3$에서 일평균 $35\mu g/m^3$, 연평균 $15\mu g/m^3$로 강화했다. 이 수준은 미국과 일본 수준과 동일하다.

둘째, 2018년 '실내 공기질 관리법 시행 규칙' 및 '학교보건법 시행규

칙'을 개정하여 민감계층 이용시설의 초미세먼지(PM2.5) 유지 기준을 신설했다. 현재 어린이집, 노인요양시설, 학교 등 주요 취약계층 이용 시설의 초미세먼지(PM2.5) 유지기준은 $35\mu g/m^3$이다.

셋째, 어린이집, 각급 학교, 노인요양시설, 옥외작업자를 대상으로 고농도 미세먼지 대응 매뉴얼을 마련했다. 해당 시설 종사자 교육을 통해 취약계층이 미세먼지로부터 적정하게 보호될 수 있도록 조치하고 있다. 그리고 학교, 어린이집, 노인복지시설 등에 공기정화장치 설치 확대, 어린이집 안심인증제 도입, 어린이 통학차량의 친환경차 전환, 체육관 없는 초·중·고교 대상 실내체육시설 설치 지원 등을 통해 취약계층 활동공간을 특별 관리하고 있다.

넷째, 노인과 아동 대상 '찾아가는 케어서비스' 시범사업을 시행해 그간 일부 지자체에서 시행해온 보건용 마스크 지원 사업을 2019년에는 국비 지원을 통해 기초생활보장 수급자·차상위계층 및 사회복지시설 입소자에게까지 확대 지급하고 있다.

다섯째, 고농도 미세먼지 비상저감조치가 발령된 경우에는 언론매체, SNS, 전광판 등을 활용해 적극적으로 사전 안내를 한다. 학교에서는 실외수업 조정 및 임시 휴업 시 돌봄교실 또는 대체프로그램을 제공하며, 실외작업자 대상으로 사업장 안전 점검 강화 등 강화된 현장 보호 조치를 실시하고 있다.

국민의 건강을 보호하기 위한 정부의 다양한 대책에도 불구하고, 다음과 같은 문제가 제기되고 있다. 우선 정책대상의 범위가 다소 협소하다. 정부는 미세먼지 노출에 따른 피해가 큰 취약계층을 우선으로 보호하기 위한 정책을 추진하고 있지만, 미세먼지는 전 국민의 건강에 부정적인 영향을 미친다. 미세먼지가 심할 때는 일반 국민 역시 미세먼지 노출로 인한 건강피해 예방과 최소화를 위한 적극적 조치가 필요하다. 하지만 정부는 이를 개인의 자율적 선택에 맡기고 있다. 다른 문제로는 미세먼지 관련 환경성 질환을 예방하고 악화를 방지하기 위한 제도적 지원이 미흡하다는 점이다. 보건용 마스크 지원, 공기정화장치 보급 등 미세먼지 회피·대응 조치와 함께, 미세먼지 관련 질환 예방 또는 기존 질환 악화를 방지하기 위한 제도적 지원이 미흡했다.

국가기후환경회의의 세 가지 제안

국가기후환경회의는 미세먼지에 따른 국민의 건강보호를 위해 세 가지 정책을 제안했다.

첫째, '미세먼지 쉼터' 지정이다. 고농도 미세먼지가 발생했을 때 공기청정기 등에 접근이 어렵거나 실외 이동이 필요한 국민이 미세먼지 노출로 인한 건강 피해를 줄이기 위한 공간이 필요하다는 것이다. 공공 부문의 경우, 하절기 기간(5~9월) 중 운영되는 기존의 '무더위 쉼터'를 고농도 미세먼지 계절(12~3월)에는 '미세먼지 쉼터'로 활용할 수 있다. 무더위 쉼터는 여름철 폭염으로부터 취약계층을 보호하기 위해 지자체에서 운영하는 곳으로, 노인 여가복지시설, 주민자치센터 등 관공서, 도서관, 금융기관, 마트 등 다양한 시설을 대상으로 2019년 5월 기준 약 4만 8,000여 개의 시설이 운영되고 있다(2019.5월 기준). 이러한 쉼터에 공기정화장치를 설치하고 취약계층 대상으로 보건용 마스크 등을 제공한다. 지자체 특성에 따라서는 버스 정류장 등 주민 다수가 이동·대기하는 공간도 미세먼지 쉼터로 추가 지정하여 운영할 수 있다.

기존 무더위 쉼터 관리 인력이 공기정화장치 필터 교체 등 유지 관리, 고농도 미세먼지 대응 국민 행동 권고 등의 지원업무를 효율적으로 수행한다면 큰 재정 부담 없이 국민의 미세먼지 노출을 최소화할 수 있을 것이다.

민간 부문의 경우, 국민이 일상생활에서 쉽게 접근하고 자주 이용하는 시설을 중심으로 '미세먼지 안심시설 인증' 제도를 시행할 필요가 있다. 「실내 공기질관리법」에 따라 일정 수준의 실내 공기질을 유지해야 하는 다중이용시설은 지하도 상가, 학원, 대규모 점포 등을 포함하는 25개 시설군으로 구성되며 2017년 기준 전국적으로 대략 4만 2,000여 개가 있다. 다중이용시설 중 미세먼지 안심시설 인증을 희망하는 시설을 대상으로 공기정화장치 설치 여부, 실내 공기질 검사 등을 거쳐 인증 마크를 부여하여 미세먼지 쉼터로 활용할 수 있다.

이와 같은 미세먼지 안심시설 인증이 조기에 안착할 수 있도록 환경부에서 2012년부터 2017년까지 5개년에 걸쳐 시행한 '실내 공기 우수시설 인증 시범사업 ('맑은숨' 인증)'결과를 참고할 수 있다. 그간 일부 지자체에서 자체적으로 운영한 미세먼지 관련 인증제도와 비교·검토를 통해 인증 기준의 일원화·체계화 등도 모색해야 할 것이다. 민간시설 참여를 유도하기 위해 행정 지원을 하고, 재정적 인센티브를 제공하는 방안도 고려할 만하다.

이와 더불어, 일반 국민이 미세먼지 쉼터를 편하게 이용하기 위해서는 관련 정보에 손쉽게 접근할 수 있어야 한다. 이를 위해 GPS 기반으로 현

위치 미세먼지 농도와 인접 미세먼지 쉼터 위치, 실내 공기질 등 통합된 정보를 수시로 에어코리아 누리집(http://www.airkorea.or.kr)를 통해 제공하고, 국민재난안전포털과 연계하는 등 공공·민간 앱 개발 확산을 장려할 필요가 있다.

미세먼지 쉼터 운영은 공공과 민간 부문 모두의 참여와 협력이 병행되어야 한다. 각각의 특성과 장점을 잘 살린다면 취약계층뿐 아니라 일반인을 포괄한 국민건강 보호에 기여할 수 있을 것이다.

둘째, '미세먼지 집중관리구역' 지정과 운영의 본격적인 시행이다. 미세먼지법 제22조에 따라 광역 또는 기초 지자체는 미세먼지 오염이 심각하다고 인정되는 지역 중 어린이, 노인 등이 이용하는 시설이 집중된 지역을 미세먼지 집중관리구역으로 지정할 수 있다. 미세먼지 집중관리구역으로 지정되면 대기오염도 상시 측정, 살수차·진공청소차의 집중 운영, 통학차량의 친환경차 전환, 학교 등에 공기정화시설 설치, 수목 식재 및 공원 조성 등의 조치를 우선 지원할 수 있다. 동 조항이 2019년 8월부터 시행됨에 따라, 지자체는 해당 지역의 미세먼지 농도와 취약계층 이용시설 집중도 등을 고려한 취약계층 보호를 강화할 수 있게 되었다. 이에, 지자체 차원에서 미세먼지 집중관리구역을 조속히 지정(시도별 1~2개 이상)하여 운영해야 할 것이다. 향후에는 시범사업 결과에 대한 객관적인 평가·분석을 통해 미비점을 보완하고 단계적으로 확대 시행한다. 이렇게 함으로 지역 특성을 고려한 맞춤형 대책이 수립·시행될 수 있을 것이다.

셋째, '보건용 마스크 건강보험 적용 및 국민건강검진에 폐기능 검사 도입'이다. 미세먼지 노출로 인한 각종 질환을 예방하고 치료하는 데 필요한 제도적 지원을 강화하기 위해서 건강보험 적용이 필요하다. 호흡기

질환자, 심·뇌혈관 질환자 등 민감 계층들은 고농도 미세먼지가 발생할 때 보건용 마스크를 상시 착용하다 보니 경제적 부담이 크다. 따라서 의사의 상담을 거쳐 처방된 보건용 마스크에 대해 건강보험을 적용할 필요가 있다.

또 2년마다 1회 이상 시행되는 국가건강검진(일반건강검진) 항목에 '폐기능 검사'를 추가하여 미세먼지로 인한 폐질환 고위험군을 사전에 선별할 수 있는 체계를 구축해야 한다. 즉, 폐질환이 우려되는 사람들을 사전에 위험군으로 분류하고 조기에 관리하자는 것이다. 현재 보건복지부는 '국가건강검진 내 검진항목 도입에 대한 타당성 분석 연구(19.7월~20.7월)'를 진행하고 있다. 연구결과를 바탕으로 전문가 논의, 국가건강검진위원회 심의를 거쳐 일반건강검진에 폐기능 검사 도입 여부를 결정할 수 있을 것이다. 국민정책참여단은 생활 인근 미세먼지 쉼터를 지정하고 실시간 정보를 제공하자는 제안에 77.3%, 고농도계절 시작 전, 미세먼지 집중관리구역 지정과 운영 제안에 77.8%, 보건용 마스크 건강보험 적용 및 건강검진에 폐기능 검사를 도입하자는 제안에 71.2%가 동의했다.

미세먼지 제로 프로젝트

국민이 묻고
전문가가 답하다

미세먼지 건강 콘퍼런스가 열린 이유

시민의 60%가 죽어가는 영화 〈인 더 더스트 *Just a Breath Away*〉는 프랑스 파리에 발생한 지진과 함께 미세먼지가 차오르는 사상 초유의 재난 상황을 다룬다. 만일 우리나라에 이런 일이 생긴다면? 생각만 해도 끔찍하다. "최첨단 인공지능으로 병을 치료하는 미래이지만 미세먼지만은 국가도 사람도 할 수 있는 것이 없습니다." 이 영화감독의 말이다. 필자의 생각은 다르다. 아무리 미세먼지가 심해도 국가나 사람이 할 수 있는 일이 있다.

우리나라만 보더라도 다양한 분야에서 전문가들이 모인 국가기후환경회의에서 기후변화와 고농도 미세먼지에 대한 대책을 수립하기 위해 연구하고 토론하고 분석하여 대책을 만들고 국민정책참여단의 결정으로 국가에 미세먼지 종합대책을 제안했다.

또한 국가기후환경회의는 국민이 가장 큰 관심이 많은 미세먼지와 건강에 관련해 국민에게 올바른 정보를 주는 것이 중요하다고 여기고 '미세먼지와 국민건강 콘퍼런스 토론'을 개최하고 제목은 '국민이 묻고 전문가가 답하다'로 정했다.

이 행사에서 반기문 국가기후환경회의 위원장은 "미세먼지가 건강에 미치는 영향과 어떻게 하면 그 피해를 최소화하고 건강을 지켜나갈 수 있을 것인가에 관해 국민 여러분들께서 궁금한 내용을 묻고 우리나라 최고의 전문가들이 답을 하는 의미 있는 자리가 될 것으로 기대됩니다"라면서 앞으로 대기질이 개선되어 국민이 걱정 없이 편하게 숨을 쉴 수 있기 전까지 국민 건강을 지키기 위한 가장 과학적이고 합리적인 대책이 제시된 콘퍼런스가 될 것이라고 말했다.

지금까지는 미세먼지 농도가 높아질 때 환경부에서는 국민 행동 요령을 따르도록 권고했다. 외출할 때에는 무조건 보건용 마스크 착용하기, 실내 공기질 관리를 위해 환기나 실내 물청소 하기, 외출은 가급적 자제하고 활동량을 줄이기 등이다. 하지만 국가기후환경회의에서는 미세먼지 농도가 높다고 일률적으로 보건용 마스크를 쓰는 것이 아니라 미세먼지 농도 기준, 개인별 연령·건강 상태에 따라 선택적으로 마스크를 착용하도록 권고했다. 또한 실내 공기질 관리를 위한 환기 공기청정기나 환기 시스템 사용의 올바른 정보를 제공했다. 또 미세먼지 농도 기준, 개인별 연령·건강 상태에 따라 외출, 운동 등 신체활동의 계속 여부를 결정하도록 했다. 그러니까 국가기후환경회의에서 제시하고 있는 미세먼지로부터 건강을 지키는 실천행동은 국민이 미세먼지를 무조건 우려하여 생활에 제약을 받지 않도록 한 것이다. 해외 기준이나 과학적 근거에 기반하여 건강을 보호하면서 일상생활을 할 수 있는 미세먼지 농도를 구체적으로 제시했다고 보면 된다.

보건 마스크를 꼭 써야 하나요?

산신령   40도가 넘는 이 폭염이 네 것이냐.

한국인   아닙니다. 북태평양 것입니다.

산신령   그럼 혹한은 누구 것이냐?

한국인   한파는 시베리아에서 온 겁니다

산신령   올 3월 최악의 미세먼지는 네 것이냐?

한국인   아닙니다. 중국산입니다.

산신령   자. 이 세 개를 다 너에게 줄 터이니 가지고 즐기도록
          하여라.

시중에 떠도는 동화 〈금도끼 은도끼〉에 빗댄 '산신령과 한국인'이란 이야기다. 우리나라가 염천의 더위와 추운 한파, 심각한 미세먼지에 시달리는 모습을 서글프게 희화했다. 그럼 산신령이 준 선물 중에 가장 괴로운 것은 무엇일까? 바로 미세먼지다.

2019년 3월 초 일주일간 지속된 최악의 미세먼지를 겪으면서 들었던 생각이다. 당시 많은 사람이 맑은 공기를 찾아 외국행 비행기를 탔다는 소식을 들으면서 나는 아무것도 할 수 없다는 무력감에 빠졌다. 환경부에

서 가르쳐준 방법인 공기청정기를 틀고 외출하지 않으려 했다. 그러나 아무리 공기가 나빠도 집 안에서만 있을 수는 없다. 할 수 없이 미세먼지 마스크를 챙길 수밖에 없었다.

지금까지는 미세먼지 농도가 높을 때는 반드시 미세먼지 마스크를 착용하는 것이 옳다는 논리가 우세했다. 환경부나 연세대 의대의 김인수 등은 '미세먼지 예방지침'에서 미세먼지 마스크와 공기청정기를 사용하라고 권고한다. 그런데 일부 의학자들을 중심으로 모든 상황에서 마스크를 쓰는 것이 오히려 더 나쁠 수 있다는 의견이 제시되었다. 이들이 주장하는 근거는 미세먼지 마스크를 썼을 때 발생하는 호흡 곤란 증상이 무시할 정도가 아니라는 것이다.

과연 미세먼지 마스크를 썼을 때 호흡 곤란 증상이 생길까? 싱가포르 국립대병원이 2015년 임신 27~32주인 임신부 20명(21~40세)을 대상으로 실험했다. 우리나라의 KF94 등급에 해당하는 마스크를 쓴 경우 평소보다 호흡량이 23%나 줄어들었다. 마스크를 착용하면 산소 소모량과 이산화탄소 배출량이 각각 13.8%, 17.7% 감소했다. 즉, 마스크 필터 안쪽의 산소량은 적고 이산화탄소 농도는 높다는 뜻이다. 건강한 성인은 큰 문제가 없지만, 임신부나 폐활량이 성인보다 적은 아이들에겐 해로울 수가 있다. 그러다 보니 미국 흉부학회는 "아이들에게 마스크가 호흡을 어렵게 만들어 육체적 부담을 주며, 호흡량을 감소시켜 폐와 심장 등에 악영향을 줄 수 있다"고 경고한다.

예전에는 미세먼지 농도가 나쁨일 때(초미세먼지 농도가 $35\mu g/m^3$ 이상일 때) 모든 사람에게 일률적으로 보건 마스크를 쓰고 야외활동을 자제하도록 했다. 이로 말미암아 지나치게 일상생활이 제약되었고 이는 국민으로

하여금 필요 이상의 불안감을 조성한 부분이 있다. 국가기후환경회의에서는 이러한 문제점을 해결하기 위해 연령과 건강 상태를 고려한 마스크 착용을 권고했다. 미세먼지 취약계층과 일반인을 구분하여 건강을 위해 필요한 경우에만 보건용 마스크를 착용하도록 했다. 이렇게 되면 과도한 보건용 마스크 착용에 따른 경제적 부담도 줄일 수 있다.

다음은 콘퍼런스에서 많은 국민이 궁금해하는 내용에 관해 오고 간 질문과 답이다.

Q 미세먼지 농도가 최근에 와서 높아진 건가요?

A 대다수가 미세먼지는 근래 들어 심해졌다고 생각한다. 그러나 1980년대 초반 서울에서 근무했던 WHO 환경보건자문관 윌프리드 크라이설(Wilfried Kreisel) 박사가 발표한 자료를 보면 1981년 3~10월의 광화문 총 먼지 농도 평균은 $300\mu g/m^3$, 24시간 평균 최고 농도는 $661\mu g/m^3$를 기록했다. 이것을 초미세먼지로 환산하면 PM2.5 평균은 $180\mu g/m^3$, 24시간 평균 최고 농도는 $397\mu g/m^3$이다. 2018년 서울의 PM2.5 연평균 $22.8\mu g/m^3$와 비교했을 때 과거보다 8배 이상 높았다.

Q 보건용 마스크와 일반 마스크의 차이점 및 보건용 마스크를 써야 한다면 어떤 종류의 것을 써야 하나요?

A 일반 마스크는 미세먼지 차단율이 절반에 못 미치므로 보건용 마스크를 착용하고 외출하는 것이 좋다. 무조건 수치가 큰 마스크를 고집한다고 좋은 것은 아니다. KF94 등 미세먼지 차단 능력이 뛰

어나면 호흡이 어려울 뿐 아니라 마스크 착용으로 심리적 스트레스가 상승한다. 일상생활에서는 KF80 이상의 보건용 마스크를 착용하면 미세먼지를 걸러주는 데 충분하다.

Q 보건용 마스크는 미세먼지가 어느 정도일 때 착용해야 하나요?

A 미세먼지 나쁨 등급(PM2.5 36$\mu g/m^3$ 이상)에서 외출 시 건강이 취약한 일부 계층(노인, 임산부, 기저질환자)은 보건용 마스크를 착용하는 것이 좋다. 그러나 마스크 착용으로 호흡 곤란이나 두통 등 불편감이 있으면 마스크를 벗고, 증상이 심할 경우 의사와 상담이 필요하다. 성인이나 어린이는 PM2.5 50$\mu g/m^3$ 정도까지는 마스크 착용 없이 외출 등 신체활동을 평상시처럼 하는 것이 바람직하다. 미세먼지 농도 기준과 자신의 연령, 건강 상태를 고려해 마스크 착용 여부를 자율적으로 선택하여 사용하는 것이 바람직하다.

다만 국가기후환경회의에서는 PM2.5 50ug/m^3까지는 어린이는 마스크를 착용할 필요가 없다고 언급했지만, 어린이·학생 등 건강 취약계층 보호를 위해 미세먼지 '나쁨' 이상인 경우 좀 더 세밀한 대응 매뉴얼이 필요하다고 보았다. 미세먼지 나쁨 이상, 주의보·경보, 황사 주의보 발령 시에는 미세먼지 민감군 어린이 관리 대책이 필요하다. 특히 천식 증상이 있는 어린이의 경우 천식 증상과 최대 호기 유속(peak expiratory flow)을 측정해서 천식 수첩에 기록하고, 아이와 보호자에게는 천식 악화 행동 요령을 숙지시키고, 의사와 상의하여 보건 마스크를 사용한다.

고농도 미세먼지인 날에 환기를 해도 되나요?

국가기후환경회의의 국민 행동 권고에는 실내 환기의 중요성을 강조하고 있다. 우리나라는 공동주택이 많고 특히 최근에 지어진 공동주택 형태는 환기가 잘 안 되는 구조가 많다. 도로변에 위치한 공동주택에서는 미세먼지 차단을 위해 문을 닫고 환기를 하지 않는데, 국가기후환경회의는 미세먼지가 좋거나 보통인 날 뿐 아니라 미세먼지가 나쁜 날에도 일정 시간 환기할 것을 권고한다.

예를 들어 미세먼지 농도가 좋거나 보통인 날은 하루 세 번, 한 번에 30분 이상 환기를 한다. 미세먼지가 나쁜 날은 하루 세 번 한 번에 10분씩 짧은 환기를 하도록 구체적인 환기요령을 권고하고 있다. 특히, 음식물 조리 후 30분 이상 환기는 필수적임을 강조했다. 이런 권고에는 여러 연구결과를 근거로 한 과학적인 배경이 있으니 신뢰할 수 있다.

Q 미세먼지 '나쁨'인 날도 환기가 필요한가요?

A 장시간 실내 환기를 하지 않는 경우 이산화탄소, 폼알데하이드, 휘발성 유기화합물 등이 축적된다. 따라서 건강하고 쾌적한 실내환경 확보를 위해 미세먼지가 나쁜 날에도 하루 10분씩 3번 이상 창문을 열고 환기하는 것이 좋다. 특히 실내에서 요리하는 경우 자연 환기와 동시에 주방 후드 장치를 가동하는 것이 좋다.

Q 미세먼지 나쁜 날, 공기정화장치가 없는 실내와 외부 중 어느 곳이 더 안전한가요?

A 일반적으로 실내는 조리나 청소시간을 제외하고는 실외보다 미세먼지 농도가 낮다. 따라서 미세먼지 농도가 주의보 이상(PM2.5 75 $\mu g/m^3$ 2시간 이상 지속)인 경우에는 실내가 실외보다 안전하다.

Q 미세먼지 고농도 시 학교 내 환기는 어떻게 하고 공기청정기는 어떻게 활용해야 하나요?

A 미세먼지 고농도 시, 창문을 닫고 공기정화장치(기계식 환기설비, 공기청정기)를 가동하는 것이 좋다. 다만 가동 전 반드시 공기정화장치에 설치된 필터의 교체주기를 확인해야 한다. 소비자들의 공기청정기 및 환기시스템 이용에 대한 조사 결과, 필터 관리가 미흡한 경향이 있기 때문이다. 그러나 앞에 이야기한 것처럼 공기청정기만을 가동하는 경우 이산화탄소 등이 증가한다. 따라서 수업시간 중 최소 1회에 10분 정도 환기가 필수적이다.

Q 마스크나 공기청정기 등의 필터를 재활용할 수는 없나요?

A 공기청정기의 경우 일부 세척 가능한 필터는 먼지를 제거하고 재활용할 수 있다. 보건용 마스크는 장시간 사용이나 세척 후 사용은 미세먼지 차단기능이 저하되므로 재활용하지 않는다.

고농도 미세먼지인 날에 실외운동을 해도 되나요?

지금까지는 미세먼지 농도가 높을 때는 지나치게 야외활동 자제를 권고해왔다. 그러나 국가기후환경회의는 무조건 운동을 줄이기보다는 국민의 건강 유지 측면을 고려했다. 일반인이 실외 운동을 해도 건강에 해롭지 않은 초미세먼지 농도 기준은 PM2.5 75$\mu g/m^3$까지이다. 이러한 권고는 미세먼지에 대한 지나친 걱정으로 외부 신체활동을 필요 이상으로 줄일 필요가 없다는 것이다. 이 권고로 국민의 미세먼지로 인해 실외활동을 제한하는 생활 불편을 어느 정도 해소하는 데 도움이 될 수 있다고 본다. 질문과 답변을 통해 자세하게 알아보자.

Q 미세먼지가 높은 날에는 절대 밖에 나가거나 운동하면 안 되나요?

A 건강한 일반인은 PM2.5 75$\mu g/m^3$ 까지는 평상시와 같이 일상 활동을 하는 것이 좋다. PM2.5 50~75$\mu g/m^3$ 구간은 마스크 착용하고 가벼운 일상생활을 하는 것이 바람직하다. 그러나 취약계층(노인, 임산부, 기저질환자)의 경우 PM2.5 35$\mu g/m^3$ 정도까지 평상시와 같은 활동을 하고, 이를 초과하는 경우 과도한 실외활동을 자제하는 것이 좋다. 초미세먼지가 나쁨 단계인 35$\mu g/m^3$ 이상일 경우 건강 취약 계층(노인, 임산부, 기저질환자)은 마스크 착용을 권고한다. 어린이들은 PM2.5 50$\mu g/m^3$ 까지는 마스크 없이 외출도 가능하다. 그리고 호흡기 질환자는 의사와 상의하여 보건용 마스크를 사용하도록 권고했다. 미세먼지뿐 아니라 이산화질소, 오존 혹은 벤젠 등의 오염도가 단기기준을 초과하는 상황일 경우에는 이를 시민들에게 알리고, 건강 취약 계층인 경우 운동을 자제하도록 적극적으로 알려야 한다고 권고했다. 이런 심각한 오염은 운동이 국민에게 가져다줄 수 있는 건강 효과보다는 해로운 영향을 미칠 가능성이 있음

을 알림판을 통해 알리고, 여러 매체를 통해서도 운동하기에 대기 환경이 적절하지 않음을 알려야 한다고 권고했다.

Q 미세먼지가 건강에 미치는 영향과 범위는 어느 정도인가요?

A 전 세계적으로 건강영향 연구에서 미세먼지는 호흡기질환, 심혈관 질환, 치매, 우울증 등 정신신경계 질환, 저체중아와 조산아 출생 등 다양한 연구결과가 보고가 되고 있다. 세계보건기구는 미세먼 지를 2013년 발암물질로 지정하여 폐암의 원인이 될 수도 있다고 발표했지만, 미세먼지를 얼마나 마셔야 폐암이 일어나는지에 대 한 개개인의 연구는 현재 매우 부족한 실정이다.

Q 대기오염에 본인이 민감한지 어떻게 알 수 있나요?

A 천식, 만성폐쇄성폐질환(COPD), 심부전, 부정맥, 협심증 등 기저질 환자는 증상이 악화될 수 있다. 기저 질환이 없는 사람은 눈이 따 가운 증상, 코나 목에서 점액 배출량의 증가, 기침, 운동 중 호흡 곤란 등 다양한 증상이 유발될 수 있다. 이를 통해 민감도를 알 수 있다.

Q 대기오염에 장기간 노출될 때와 중기간 노출될 때 어떤 영향을 받나요?

A 국내 대기오염 장기 건강영향에 관한 인구집단기여위험도(PAF) 연 구에 따르면 만성폐쇄성폐질환과 천식 사망의 31%, 뇌졸중과 폐 암 사망의 25%, 허혈성심질환 사망의 13% 정도가 대기오염에 장 기간 노출과 관계가 있었다.

미세먼지 제로 프로젝트

대기오염에 단기간 노출될 때 또한 기존 질병의 악화 및 합병증이 발생한다. 뇌졸중과 허혈성심질환이 발생하고 폐렴 등 하부 호흡기 감염증이 증가하고 폐기능이 저하된다. 천식 증상과 아토피 피부염 증상이 악화되며 영아돌연사증후군이 증가한다. 파킨슨병 입원이 증가하고 편두통이 악화되고 뇌전증 발작이 나타나며 소화궤양 천공도 나타난다. 안압 상승으로 녹내장이 악화되며 우울증으로 인한 입원 증가가 있고 자살 시도도 증가한다.

대기오염에 중기간 노출되면 당화혈색소(HbA₁C) 증가와 혈관의 내중막 두께가 증가한다. 대기오염에 장기간 노출되었을 때는 총 사망률 증가와 뇌졸중 발생·사망률 증가, 허혈성심질환 발생·사망률 증가, 폐암 발생·사망률 증가, 만성폐쇄성 폐질환 사망률 증가, 인지발달 장애 및 신경퇴행성 질환 발생률 등이 증가한다는 국내외 연구결과들이 있다.

제 6 장

미래를 바꿀 중장기 정책

25 Lessons for the
Clean Air

•••

미세먼지를 줄이기 위해 국가기후환경회의는 우선 2019년 12월부터 2020년 3월까지의 단기대책을 대통령에게 제안했다. 현재 정부에서는 적극적으로 이 제안을 수용하여 집행하는 것도 있지만 제도나 법, 규정이 바뀌어야 실행 가능한 부문도 남아 있다.

단기대책이 제안대로 실행된다면 공기질이 상당히 좋아질 것으로 예상되지만, 아직 선진국 수준으로 가려면 많은 노력과 시간이 필요하다.

국가기후환경회의는 단기대책 외에도 2020년부터 시작되는 중장기 과제는 추진 방향만을 개괄적으로 발표했다. 상세한 내용은 2020년 상반기 중에 다시 검토해 제시할 예정이다. 검토 과정을 통해 수정되거나 변경되는 부분은 있겠지만 대체로 중장기 대표 과제로 4대 부문에서 8개 과제가 있고, 중장기 일반과제로 7대 부문에서 28개 과제를 설정하는 방향으로 가지 않을까 보인다.

중장기 대표과제
4대 부문 8개 과제

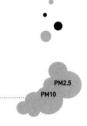

많은 국민의 생각과 달리 우리나라의 미세먼지는 옛날에 비하면 좋아진 것은 사실이다. 그러나 최근에 들어와 미세먼지가 좋아지는 속도가 정체되고 있다. 또한 현재 우리나라의 미세먼지 수치는 미국이나 일본, 유럽 국가들과 비교하면 2배 정도 더 나쁘다.

우리나라의 미세먼지 문제를 해결하기 위해서는 최소한 10~20년 이상의 긴 시간이 필요하다. 해외의 사례를 보면 미세먼지 농도를 절반 수준으로 낮추는 데 유럽은 약 20년, 일본은 10년 이상의 시간이 소요되었다. 그러나 우리나라는 미세먼지 개선과 관련하여 고작 5년의 목표만을 제시하고 있다.[1]

우리나라도 미세먼지 정책을 2030년 장기 목표를 두고 세워 정책의 방향성과 지향성을 제시해야만 한다. 이런 방향성이 있어야만 기후변화 대책과 연계하여 향후 추진할 장기적인 정책 추진(전원믹스 설계, 산업구조 개편, 경유차 축소와 친환경차 보급 등)에 기여할 수 있을 것이다.

중장기 비전이 있어야 한다

중장기 비전에는 첫 번째 부문은 '2030 미세먼지 감축목표 설정'이 있다. 국가기후환경회의는 우리나라 대기 환경기준인 $15\mu g/m^3$를 달성하고, 궁극적으로 WHO의 권고기준인 $10\mu g/m^3$를 지향하는 국가 관리 목표를 제안할 예정이다. 이를 위해 먼저 2030 초미세먼지(PM2.5) 배출량 감축목표(안)를 제시한다.

목표가 합리적이기 위해서는 미세먼지 감축으로 얻는 편익과 소요 비용이 경제에 미치는 영향(국내총생산 등) 등에 대한 정량적 분석 결과를 기초로 대책을 수립해야 한다.

또한 지속적인 에너지 전환과 산업구조 개편, 친환경차 확산 등과 관련한 이해관계자의 반발을 설득하고 협의하여 나가는 것도 중요하다. 미세먼지 목표 달성은 우리나라의 노력뿐 아니라 중국, 북한 등 인접 국가의 상황과 상호협조 노력도 함께 고려되어야 한다.

두 번째 부문은 '지속가능발전, 기후변화, 녹색성장을 아우르는 국가 비전 마련'이다. '지속가능한발전'은 2015년 UN에 의해 17개 목표(Sustainable Development Goals, SDGs)로 구체화되었다. 인류의 지속가능한 발전을 위협하는 가장 확실한 위험 요인이 기후변화이며, 환경 위기를 새로운 성장의 기회로 포착하는 녹색성장은 과거 정부의 국가 발전 전략으로 제시된 바 있다.

그런데 지속가능발전, 기후변화대응, 녹색성장은 이행 전략이 매우 비슷함에도 불구하고 우리나라에서는 각각 독립적인 법과 조직을 가지고 있다. 그러다 보니 별도의 국가계획을 수립하게 되어 중복성[2]과 실효성 논란이 적지 않다. 그래서 이 셋을 하나의 비전으로 체계화하는 작업이 필요하다. 이를 위해 '통합적 국가 비전 제시 및 전략 구체화'가 있어야 한다. 또 '법 제도 정비 및 역할 재조정'이다. 이렇게 설정된 비전과 전략이 실현되기 위해서는 비전의 주류화 작업이 필요하다. 정부 부처가 정책 수립 시 비전을 고려하고, 기업과 시민들의 의사결정에도 이러한 비전이 중요한 요소가 될 수 있도록 내재화하는 것이 필요하다.

친환경 수송 혁신이 이루어져야 한다

친환경 수송 혁신에는 첫 번째, '수송용 에너지 가격체계 개편'이 이루어져야 한다. 경유차에서 발생하는 미세먼지의 위해성은 석탄발전이나 휘발유차보다 2~9배 더 높다. 그런데도 현행 에너지 세제 및 가격체계는 환경에 미치는 영향이 훨씬 더 큰 경유차에 유리하다.[3] 그러다 보니 경유차 확대 및 경유의 과소비를 초래하고 있다는 의견이 많다. 이에 국가기후환경회의는 연료에 반영된 각종 사회적·환경적인 비용 등을 조사하고 환경영향 등 사회적 비용을 포괄적으로 고려하여 경유 가격과 휘발유 가격의 적정한 수준을 다양하게 검토하고자 한다.

두 번째로, 내연기관차에서 친환경차로의 전환 로드맵 마련이다. 친환경차로의 전환은 세계적인 트렌드로 우리나라도 내연기관차를 친환경차로 전환하는 로드맵을 마련할 필요가 있다. 다양한 정책을 검토하고 정부와 업계, 시민, 전문가 등이 참여하는 공론화 과정을 거쳐 사회적 합의를 유도해야 한다.

에너지 전환이 이루어져야 한다

우리나라는 화석연료를 연소하여 만들어지는 전기에 대한 가격 수준이 낮다. 그러다 보니 에너지 소비가 주로 전기를 통해 이루어지는 이른바 '에너지 소비의 전기화' 현상이 발생하고 있다.

국가기후환경회의는 첫 번째로 전기요금 합리화와 전력 수요 관리가 필요하다고 보았다. 방법으로 전기요금을 책정할 때 발전원가와 연동시키고 사회·환경적 비용까지 반영할 수 있는 시스템 구축이 필요하다는 것이다. 문제는 일반 국민은 전기요금 인상에 대해 저항이 크다는 점이다. 따라서 국민의 수용성을 높이고 타협을 이루기 위해 설득력 있는 소통이 매우 중요하다.

두 번째로 석탄발전의 단계적 감축 등 국가 전원믹스 개선이 있다. 우리나라는 당분간 석탄발전이 차지하는 비중은 증가할 것으로 보인다. 우리나라와는 대조적으로 주요 선진국들은 석탄발전소를 전력 생산에서

[표 5] 국가별 석탄발전 종결 시점

구분	프랑스	영국	네덜란드	캐나다	독일	美 캘리포니아*
종결 시점	2021년	2025년	2030년	2030년	2038년	2045년
석탈발전 비중(%)	1.9(2017)	5.4(2018)	16(2018)	9(2017)	38(2018)	0.2(2018)

※美 캘리포니아는 탄소 배출이 없는 연료로 100% 전환(석탄, LNG 등 모두 종결) 계획

미세먼지 제로 프로젝트

제외하는 종결 시점을 대외적으로 발표하는 등 석탄발전 비중을 점차 줄여나가고 있다. 따라서 국가기후환경회의는 노후화된 석탄발전소를 감축하기 위한 과감한 수준의 로드맵을 작성하여 제안할 필요가 있다고 보았다. 그리고 석탄발전 등 각 전력 생산 주체별로 환경이나 사회적 비용을 단계적으로 비용에 반영하여 전력 생산 순서를 결정해야 한다.[4] 이를 통해 시장에 의해 친환경적인 전원믹스(발전원별 비중)가 결정되도록 전력시장 운영체계를 개편할 필요가 있다.

세 번째로는 재생에너지 발전 등을 포함한 전원믹스를 신중히 검토해 보아야 한다.

미세먼지-기후변화 대응을 위한 국가 싱크탱크가 있어야 한다

우리나라는 기후변화와 미세먼지 정책 기능이 여러 부처에 산재해 있고, 특히 에너지 정책기능과 분리되어 있다. 개별 정책의 주관 부처가 기능적으로 분리되어 있다 보니 한 부처의 정책 수단이 다른 부처의 정책 목표와 상충하고 있다.

또 동일한 데이터를 개별 부처의 정책 목표에 따라 다르게 해석하고 정책 수단별 효과 및 비용 분석도 서로 반대되는 결론을 내리기도 한다. 그러나 기후변화와 미세먼지는 부처의 이해관계를 넘어 효과적으로 해결해야 할 문제이다. 따라서 최소한 관련 데이터를 통합적으로 관리하고 과학적이고 일관적으로 분석할 수 있는 싱크탱크가 필요하다.

중장기 일반과제
7대 부문 28개 과제

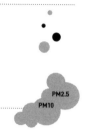

수송 부문

수송 부문에서 첫 번째는 '버스·화물차·건설기계 및 이륜차의 친환경화 지원'이다. 버스·화물차·건설기계 및 이륜차는 자동차 미세먼지(46,756톤/년)의 62.8%를 배출하고 있으나 아직 친환경차 전환이 미흡하고 경제성을 이유로 제작사·장치개발사에서는 기술개발을 기피하는 경향이 있다. 이에 다양한 대책[5]을 강구해야 한다.

두 번째는 '교통수요 관리를 강화하여 자가용 이용을 억제'이다. 수송 부문에서 미세먼지를 줄이기 위해서는 친환경차 보급, 저공해화 장치부착과 같은 공급 중심의 정책 추진만으로 그 효과가 미흡하다. 따라서 근본적인 대책으로 자가용 이용을 억제하는 교통수요 관리 정책의 강화가 필요하다. 또 이를 위해 다양한 대책[6]을 강구해야 한다.

수송 부문 세 번째는 '배출가스 등급표지(라벨링) 도입 및 기준 강화'이다. 차량의 등급을 쉽게 인식할 수 있도록 라벨링제도를 도입하여 관리의 편리성을 높이고, 노후 차량 폐차 및 친환경 차량 보유 유인, 차량 소유자의 친환경의식 고취에 활용한다. 이를 위해 다양한 대책[7]을 강구해야 한다.

발전 부문

발전 부문의 첫 번째는 '재생에너지 보급 확대 로드맵 재검토 계획 보완'이다. 전 세계적으로 재생에너지 확산 및 발전 비용 하락 등의 영향으로 친환경 에너지로의 전환이 신속히 이루어지는 추세를 반영하여 지속적인 재생에너지 보급 확대가 이루어질 필요가 있다. 이를 위해 다양한 대책[8]과 함께 사회적 인식 제고 및 제도 개선 추진 등을 추진한다.

두 번째는 '도서지역 발전소 및 도심지 비상발전기 관리'이다. 도서지역(65개) 1.5MW 미만 200기 이상 내연발전소 및 도심지 비상발전기는 현재 규제 대상에서 제외되어 인근 주민의 건강 피해가 우려된다. 도서지역의 경우 다양한 대책[9]을 통해 오염물질 배출 최소화 방안 제안을 강구해야 한다.

산업 부문

산업 부문에서 첫 번째는 '에너지 다소비형 산업구조를 저배출 친환경 체제로 개편'하는 것이다. 우리나라 산업은 에너지 투입이 많고, 미세먼지와 온실가스를 다량 배출하는 특성으로 인해 단기적으로는 환경오염에, 장기적으로 기후변화 대응에 취약하다. 산업구조를 저에너지 고효율 체제로 전환시켜 산업계가 지속가능한 친환경 체계를 지향할 수 있는 인프라 구축이 필요하다. 이를 위해 다양한 방안[10] 등을 강구해야 한다.

두 번째는 '중앙정부와 지자체간 사업장 관리권한(범위) 합리적 조정'이다. 대기오염물질 배출 사업장에 대한 인·허가 및 지도·단속 등 관리업무가 중앙에서 지방으로 이양(2009년)된 이후, 최근 여수산단 배출량 조작사건을 비롯하여 불법행위가 지속적으로 증가하는 등 관리·감독체계상 문제점이 노출되고 있다. 이를 해결하기 위해 다양한 방안[11] 등을 추진한다.

세 번째는 '사업장 환경관리 기술인력 대폭 확충'이다. 사업자는 배출시설과 방지시설의 정상적인 운영·관리를 위해 적정 수준의 환경기술인을 고용·임명해야 한다. 그러나 그동안 제도 완화 등으로 인해 환경기술인을 공동으로 채용하거나, 매체별(대기, 수질, 폐기물 등)로 환경기술인 겸직 채용이 보편화되어 있어 고도의 전문성이 요구되는 사업장 오염물질 배출관리 등에서 부실이 발생한다. 이를 해결하기 위해 다양한 정책[12]을 강구해야 한다.

네 번째는 '관리 사각지대에 있는 배출원 관리 방안 마련'이다. 미세먼지 등 대기오염물질을 다량 배출함에도 관리 대상에서 제외되었거나 제대로 관리가 안 되어 계속 사회문제가 되고 있는 브리더밸브, 배기가스 연소탑(Flare Stack), 방지시설 설치면제 시설, 고형폐기물 연료(Solid Refuse Fuel, SRF), 휘발성 유기화합물(Volatile Organic Compounds, VOCs) 배출원 등에 대한 관리 방안 마련이 시급하다. 이의 해결을 위해 다양한 관리제도[13] 마련과 제안 등을 추진한다.

다섯 번째는 '중소 사업장 미세먼지 저감을 위한 맞춤형 지원제 시행' 이다. 최근 환경 규제 강화에 대비한 정부 지원은 충분치 않은 상황으로, 중소 사업장에 대한 방지시설 설치 및 유지관리 전반에 대한 효과적이고 적극적인 지원이 요구된다. 방지시설 개보수·신규설치, TMS 부착 등에 대한 예산지원을 확대한다. 또 중소 사업장 맞춤형 지원을 위해 방지시설 유지관리 전문가인 '미세먼지 코디'를 지정하여 활용토록 한다. 지역 공공기관이 거점센터로서 총괄지원기능을 수행하는 방안에 대한 검토가 필요하다.

여섯 번째는 '미세먼지 저감 관련 환경산업의 대대적 육성'이다. 미세 먼지 저감 산업에 대한 수요 및 미래성장 가능성 증가가 예상된다. 따라서 관련 환경산업 육성을 통해 미세먼지 저감 가속화 및 신산업 창출 추진이 필요하다. 미세먼지 저감 관련 환경산업 육성을 위해 다양한 방안[14] 에 대한 총체적 검토가 필요하다.

생활 부문

생활 부문의 첫째는 '목재난로, 직화구이 등 생활 주변 연소시설 관리

방안 마련'이다. 생활 주변 목재난로 및 보일러, 음식점, 노천소각 등 생물성 연소과정에서 미세먼지 및 유해물질 배출이 심각하다. 그러나 대부분이 미규제 시설로서 오염관리의 사각지대로 방치되는 사례가 빈번하다. 이를 해결하기 위해 다양한 방안[15]을 추진한다.

두 번째는 '암모니아의 미세먼지 전환 과정의 과학적 규명을 통한 관리 방안 마련'이다. 암모니아는 축산분뇨, 질소비료 시비 등을 통해 배출되고 있으며, 질소산화물, 황산화물 등과 함께 주요 미세먼지 생성물질이다. 그러나 배출량 파악 및 저감방법 연구가 미흡하여 관리 사각지대에 있다. 이를 해결하기 위해 다양한 해결방안[16]등을 추진한다.

세 번째는 '지역과 주민이 주체가 되는 미세먼지 풀뿌리 네트워크 구축'이다. 지역 실정을 이해하고 관심이 있는 지역 시민단체는 미세먼지 관련 활동을 하고 있으나 실제 정책 반영에 한계가 있고 일반 주민의 참여도 미흡하다. 따라서 지역사회의 다양한 주체들이 참여하여 함께 소통하고 지역 특성, 주민 정서 등을 직접 반영하여 실천할 수 있는 거버넌스 구축이 필요하다.[17]

네 번째는 '도시 숲 리모델링 본격화 및 총량 보전'이다. 도시 숲은 미세먼지 차단·저감이라는 직접 효과와 도시 숲으로 지역을 선점하여 미세먼지 배출원의 도심 진입을 방지하는 간접효과가 있다. 그러나 도시 숲 조성이 산발적으로 추진되거나, 지자체의 열악한 재정 여건으로 소규모로 추진되는 등 미세먼지 저감 효과의 체감이 미흡하다. 따라서 이를 해결하기 위한 다양한 방법[18]을 검토해야 한다.

국민건강 보호 부문

국민건강 보호 부문의 첫 번째는 '미세먼지 취약계층 건강 보호 강화'이다. 미세먼지법 제23조 및 같은 법 시행령 제14조에 따라 범정부 차원의 취약계층 보호 대책을 수립, 추진 중이나 장기요양기관 이용 고령자, 환경성 질환자, 옥외근로자 등 일부 취약계층 보호에 사각지대가 존재한다. 취약계층 건강보호를 위해 다양한 방안[19] 마련이 필요하다.

두 번째는 '어린이 대상 미세먼지 보호 조치 강화'이다. 어린이는 낮은 면역력, 신경·호흡·생식기관 발달 불완전 등의 신체적 특성과 학교 등 주요 활동 공간에 대한 선택권이 없다. 따라서 미세먼지로부터 특별 보호가 필요한 취약계층에 해당된다. 이에 따라 다양한 해결방안[20]이 필요하다.

세 번째는 '미세먼지 장기 건강영향조사 실시'이다. 그간 대기오염과 인체 건강영향에 대한 국내 연구는 단기간(2~3년)의 시계열적·단면 연구방법을 주로 적용하고 있다. 그러나 과학적 근거에 기반을 둔 체계적 건강보호 정책 수립을 위해 미세먼지 노출에 따른 장기 건강영향조사 연구가 필요하다.(미국, 유럽 등 실시) 이를 위해 다양한 연구와 검토[21]가 필요하다.

다섯 번째는 '저비용 공기청정기 개발 확산 유도'이다. 실내 미세먼지 제거를 위한 공기청정기 수요는 지속적으로 증가하고 있으나, 고가의 공기청정기 위주로 시장이 형성되면서 취약계층을 포함한 일반 국민이 손쉽게 이용하기 어려운 실정이다. 이의 해결을 위해 다양한 방안[22] 등의 검토가 필요하다.

여섯 번째는 '미세먼지 위해성을 중심으로 하는 한국형 통합대기환경지수 보완'이다. 국민의 대기오염 정도에 대한 포괄적 이해와 체감도 제고를 위해 개발된 통합대기환경지수(Comprehensive air-quality index, CAI)[23]의 활용도가 미흡하고, 각 구간에 따른 일반 국민과 민감계층 대상은 구체적인 행동지침에 대한 정보가 부족하므로 이를 해결하기 위한 미비점 보완[24]이 필요하다.

기후와 대기 통합 부문

기후와 대기 통합 부문의 첫 번째는 '미세먼지와 기후변화 연계 공동편익 연구'이다. 기후변화와 미세먼지는 화석연료 연소라는 동일한 원인에 기인하는 것으로, UN 기후변화협약(UNFCCC) 등 이미 국제적으로 기후·대기 통합관리 움직임이 활발하다. 국제적 움직임과 한반도의 지정학적 특수성을 감안하여, 사회적 편익을 극대화할 수 있는 기후·대기 통합관리 방안에 대한 연구 추진이 필요하다.

두 번째는 'UN 세계 푸른 하늘 결의안 추진'이다. 미세먼지는 인류 공동의 과제로 국제협력을 통해 해결 가능하다는 인식을 높이기 위해 미세먼지 관련국 및 국제기구와 공동으로 '대기질 개선을 촉구하는 UN 총회 결의안' 채택을 추진할 필요가 있다. 미세먼지 대응 국제 모범사례 공유 플랫폼을 통해, 결의안 필요성에 대한 국제적인 기반을 조성한 후에 '국제 푸른 하늘의 날(International Day for Blue Sky)' 기념일을 지정하고 정책대응, 공동연구 등을 촉구하는 결의안을 채택하는 방식이다.

미세먼지 대응 역량 강화 부문

미세먼지 대응 역량 강화의 첫 번째는 '미세먼지 배출량 관리 체계 개선'이다. 국가 미세먼지 배출량은 대기 정책 수립 시 중요한 기초자료로 활용되나 그 중요성에 비해 부정확성이 존재하여 배출량 신뢰성 확보가 필요하다. 이에 따라, 국내 실정을 반영한 배출계수 개발 및 활동도 개선과 누락 배출원 발굴 및 과소평가 배출량 산정 제고를 한다. 아울러 국가 배출량 객관적 평가지표 도입 등 미세먼지 배출량 정보에 대한 신뢰성 제고가 필요하다.

두 번째는 '미세먼지 생성 원인 규명과 중장기추세 전망'이다. 미세먼지와 기후변화 영향 및 2차 미세먼지 생성 원인 등에 대한 과학적 규명이 미흡한 상황이다. 따라서 신뢰할 수 있는 중장기 미세먼지 추세 전망을 위한 연구 인프라가 필요한 실정이다.[25]

세 번째는 '3차원 미세먼지 지도 제작'이다. 미세먼지 측정망 정보는 국민 생활 계획 수립 및 건강영향 관점에서 한계가 존재하여, 실생활 공간 중심의 미세먼지 정보를 한눈에 볼 수 있는 3차원 공간형 분포지도 작성이 필요하다. 이를 위해, 다양한 방안[26]을 강구한다.

네 번째는 '국외 영향 과학적 규명을 위한 지원체계 확립'이다. 미세먼지의 국외 영향은 상당하며 국가 대기질 개선 계획 수립과 이행에 중요하나, 활용 가능한 국외 데이터 부족으로 정확한 과학적 규명이 어렵다 보니 국민의 불안이 크다. 이에 따라 국내 연구의 한계를 보완하기 위해 국제공동연구 등 동북아 차원의 연구 교류 인프라를 구축하고, 현재 도출되는 국외 영향 연구결과들의 신뢰성 확보를 위해 고농도 사례 연구에 대한 비교·검증 체계 마련이 필요하다.

다섯 번째는 '지역 특화 미세먼지 저감대책 추진체계 마련'이다. '미세먼지법'에 따른 시도별 미세먼지 관리 시행계획에 지역별 주요 발생원, 지형 조건 등 다양한 특성을 고려한 지역 맞춤형 정책이 수립·추진될 수 있는 기반 마련이 필요하다. 예를 들어 서울-차량·난방 등, 충남-발전, 경기-산업, 부산-항만, 대전·광주-차량 등이다. 이의 해결을 위해 다양한 방안[27] 등의 마련이 필요하다.

여섯 번째는 '미세먼지 관련 환경 교육·캠페인 추진'이다. 환경부, 교육부 등 부처별로 산재해 있는 미세먼지 관련 환경교육 자료를 DB화하여 아카이브시스템(자료저장소)을 구축하고 대상별 추천(큐레이션) 서비스를 제공해야 한다. 유아, 학생, 일반인 등 대상별로 차별화된 교육 콘텐츠를 제작·보급하고 환경 관련 단체, 지자체 등과 연계하여 캠페인을 추진할 필요가 있다.

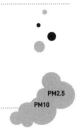

Lessons for the Clean Air 24

국민에게
바란다

정부에서는 미세먼지 발생 원인이 되는 대기오염물질 배출량을 줄이기 위한 대책을 시행해왔다.

그러나 국민이 체감할 수 있는 미세먼지 저감을 위해서는 무엇보다도 국민의 자발적 참여가 선행되어야 한다. 실제 미세먼지 배출에서 국민 생활 부문에서 배출되는 양이 18%이다. 얼마 되지 않는다고 볼 수도 있다. 그러나 일상생활에서의 난방, 제품 구입 및 사용, 폐기물 배출, 차량 이용 등으로 인한 화석연료 사용은 직·간접적으로 다른 부문의 미세먼지 배출과 밀접하게 연계되어 있다. 일반 국민이 배출하는 미세먼지의 양이 예상보다 많다는 것이다. 모든 국민이 미세먼지 문제의 피해자이기도 하지만 동시에 가해자라는 인식이 필요하다. 그래야만 정부의 고강도 미세먼지 저감 정책 시행에 따른 불편을 수용할 수 있다.

미세먼지를 줄이는 5가지 실천사항

국가기후환경회의는 단기 핵심과제 시행과 병행하여 국민이 참여할 수 있는 '미세먼지를 줄이는 5가지 실천사항'을 제안하고 있다.

우리나라의 경우 환경부는 기후변화 대응 대책의 하나로 지자체 및 한국기후환경 네트워크와 공동으로 '온실가스 1인 1톤 줄이기' 대국민 캠페인을 전개하고 있다. 교통, 냉·난방, 전기, 자원절약 실천방안을 홍보하고 있으며, 쿨맵시·온맵시 등 계절별 참여방법과 국민 인식 개선을 위한 다양한 홍보활동을 추진하고 있다. 이와 더불어, 전국 1,500여 명의 온실가스 진단 컨설턴트를 양성하고 가정방문과 사람들의 시선이 잘 닿는 장소 등 소단위 활동 등을 지원함으로써 민간 중심의 확산에 주력하고 있다. 하지만 이러한 노력에도 불구하고, 여전히 미세먼지 줄이기에 대한 홍보와 실천 활동이 미흡하다는 지적이다.

국외에서는 미국 환경보호청(EPA), 유럽 환경청(EEA) 등이 생활 실천수칙을 전 국민에 대해 홍보하고 있다. 미국 환경보호청은 매사추세츠주와 뉴햄프셔 등 미국 동북부 6개 주를 대상으로 지역의 대기질 정보, 오존농도, 공기질 건강영향 등의 정보를 제공하고 있다. 대기질 개선을 위한 주민참여 방법으로는 'Every Day', 'High Ozone Level', 'High Particle Level' 등 오염도를 3단계로 구분하여 정보를 제공하고 직접적인 참여를 독려하고 있다.

유럽 환경청은 대기오염의 원인이 인간의 활동이며, 주민들이 매일 실천할 수 있는 'The Small Things'를 소개하고 있다. 여기에는 대중교통과 자전거 활용, 자가용 관리방법과 운전습관, 로컬푸드 구매, 전기절약 등의 내용을 포함하고 있다. 국외 사례의 많은 부분이 미세먼지를 줄이기 위한 국민행동 권고에 적용될 수 있으나, 미승인 실내 벽난로 사용금지나 정원관리 기계장비 적정사용, 정원 부산물 퇴비화 등은 문화적 차이로 인해 우리나라에 바로 적용하기 어려운 부분도 다소 있다.

국가기후환경회의는 우리나라 실정에 맞는 미세먼지를 줄이는 실천 수칙으로 5가지 사항을 권고한다.

첫째, 대중교통 등을 이용하는 것이다. 앞서 수송 부문 과제에는 고농도 계절 배출가스 5등급 차량의 운행 제한과 고농도 미세먼지 발생 주간에는 차량 2부제의 전면 시행이 포함되어 있다. 이에 평상시 가까운 거리는 걷거나 자전거를 이용하고, 먼 거리를 이동할 경우에는 대중교통을 이용하는 실천이 필요하다.

둘째, 불가피하게 자가용을 이용할 경우 친환경 운전습관을 준수하는 것이다. 평소 자동차에 보관된 불필요한 짐을 제거해서 무게를 줄이고, 엔진 예열을 위한 공회전과 과속을 피함으로써 대기오염물질 배출을 최소화할 수 있도록 권고한다.

셋째, 폐기물 발생을 억제하는 것이다. 가정에서 배출되는 생활폐기물 등은 소각 등을 거쳐 매립된다. 공공 소각시설의 가동률 저감으로 직접 배출되는 미세먼지를 줄일 수 있으며, 에코백이나 텀블러 사용 등 친환경 생활습관의 확산을 통해 간접적으로 미세먼지 배출량을 줄일 수 있다.

넷째, 겨울철 적정 실내온도를 유지하고 낭비되는 대기전력을 줄이는 것이다. 앞에서 언급했던 바와 같이 생활 부문 미세먼지 배출량 중 난방 등으로 인한 비산업 연소비율이 26.0%를 차지한다. 단열용품을 활용해서 집 안의 열 손실을 줄이고, 옷을 한 겹 더 입거나 카펫 등을 활용하여 적정온도를 20℃로 유지하면 화석연료의 사용량을 줄일 수 있다. 또한 낭비되는 대기전력이 석탄발전소 2기 발전량과 비슷한 점을 고려한다면 플러그 뽑기 등 생활 속에서 대기전력 줄이기에 참여하는 것도 효과가 크다.

다섯째, 불법소각과 불법배출 신고를 권고하는 것이다. 우리 생활 속에서는 불법이지만 관행이라는 명목으로 발생하는 여러 가지 행위들이 있다. 노천에서의 농업 부산물이나 농촌 폐기물 소각, 생활 쓰레기 불법 소각, 공사장 등에서의 폐목재 소각, 사업장 등에서의 불법배출 등이 이러한 사례이다. 이러한 불법행위 등을 억제함으로써 생활 주변에서 발생하는 미세먼지 양을 크게 줄일 수 있을 것으로 예상된다.

나와 가족의 건강을 지키는 5가지 실천 습관

국가기후환경회의는 기존 '고농도 미세먼지 대응 국민 행동 요령'에 대해 대상별로 그 권고 내용을 세분화하고 구체화하여 나와 가족의 건강을 지키는 실천 행동 5가지 사항을 권고한다.

첫째, 고농도 계절에는 실내 생활이 증가하고 있다. 실내 공기질 관리에서는 환기가 매우 중요하다. 미세먼지가 좋거나 보통인 날에는 하루 3번, 한 번에 30분 이상 실내를 환기하고 미세먼지가 나쁜 날에도 하루 3번, 한 번에 10분씩 짧은 시간 환기하도록 한다. 특히 음식물 조리 후에는 30분 이상 환기하는 것이 필수이다. 미세먼지가 나쁜 날에도 10분 정도의 환기가 필요한 이유는 여러 연구결과[28]를 통해 밝혀진 바 있다.

둘째, 고농도 계절이 시작되기 전 공기청정기나 환기시스템의 필터를 미리 점검하는 것이 중요하다. 공기청정기나 공동주택의 환기시스템에 장착된 미세먼지 제거 필터를 적정하게 관리하지 않을 경우, 먼지 제거기능이 저하되어 실내 공기질을 적정수준으로 유지할 수 없거나 오히려 세균 오염으로 실내 공기질을 악화시킬 수 있는 요인으로 작용할 수 있다. 따라서 사전에 점검하여 필터 종류별로 6개월~1년 정도 주기로 교체하는 것이 필요하다.

셋째, 외출 후에는 손 씻기, 세수하기, 양치질로 몸에 묻은 미세먼지를 제거해야 한다. 이는 개인위생 수칙 준수라는 건강 보호의 기본을 따르는 것으로, 특히 호흡기 보호와 질병 예방 측면에서 중요하다.

넷째, 미세먼지가 나쁜 날은 건강 상태에 따라 보건용 마스크를 올바로 착용한다. 기존의 일률적인 권고 착용 대신 나이와 건강 상태를 고려하여 자율적으로 착용할 것을 권고한다. 노인과 임산부, 기저질환자 등의 취약계층은 PM2.5 $36\mu g/m^3$ 이상에서 실외활동 시 보건용 마스크 착용을 권고하지만 일반인과 어린이는 PM2.5 $50\mu g/m^3$까지는 마스크 없이 일상생활을 해도 무방하다.[29]

다섯째, 미세먼지가 매우 나쁜 날에는 호흡이 가빠지는 격렬한 운동을 피하는 것이 좋다. 격렬한 신체활동을 할 경우 미세먼지를 과도하게 흡입할 우려가 있기 때문이다. 다만 '매우 나쁜' 날이라는 기준에서 알 수 있듯이 일반인은 PM2.5 $75\mu g/m^3$까지는 가벼운 운동을 하는 것이 건강에 이득이 되는 만큼 미세먼지 때문에 지나치게 신체활동을 줄일 필요는 없다.[30] 다만 운동을 할 경우 도로변은 피하고 공원 등을 이용하는 것이 바람직하다.

미세먼지 저감 및 건강에 관한 10가지 행동지침을 적극적으로 실천한다면 미세먼지를 줄일 수 있을 뿐 아니라 미세먼지로부터 국민 건강을 보호할 수 있을 것으로 기대된다. 미세먼지 저감이 나뿐 아니라 우리 가족의 건강과 연결된다는 국민의 인식 전환을 통해 10가지 국민행동 실천 권고사항에 동참한다면 계절관리제 기간 미세먼지 배출량을 약 2,080톤 감축하는 것이 가능할 것으로 보인다.

이젠 모두가
행동해야 할 때다

툰베리 이야기

2019년 한 해에만도 태풍 7개가 우리나라를 강타하면서 큰 피해를 주었다. 태풍이 이례적으로 많이 올라온 원인 중 하나가 기후변화라고 전문가들을 보고 있다. 그런데 우리나라만 아니라 전 세계가 극심한 기후변화로 인해 몸살을 앓고 있다. 기후변화를 저지하기 위해 2015년에 반기문 전 유엔 사무총장이 주도하여 파리에서 탄소 저감을 위한 파리협약을 맺었다. 그러나 미국의 탈퇴 등으로 인해 기후변화를 가져오는 온실가스 감축이 어려워지고 있고, 이로 인한 극심한 기상재난은 더 심해지고 있다.

이런 현상을 그대로 볼 수 없다고 나선 어린 학생이 있다. 스웨덴의 툰베리라는 16세 소녀로 학교가 아닌 환경운동 시위에 나섰다.

"당신들은 당신의 자녀를 그 무엇보다 사랑한다고 하지만 실은 그 아이들의 눈앞에 있는 미래를 빼앗고 있습니다." 2018년 12월, 유엔기후변화협약 당사국총회(COP24)에 툰베리가 연단에 서서 전 세계 190개 나라의 대표들에게 각성을 촉구했다. 작은 체구의 이 소녀가 유엔기후변화협약 당사국 총회에 참석해 연설을 하게 된 것은 그녀의 독특한 행보 때문이다.

그녀의 나라인 스웨덴은 2018년 262년 만에 닥친 최악의 폭염으로 열파가 나라를 휩쓸었고 대형 산불이 나라 곳곳을 불태웠다. 충격을 받은 그녀는 2018년 8월부터 학교 대신 스웨덴 국회의사당 앞에 섰다. 그리고 스웨덴 총선이 열리는 9월까지 1인 시위를 했다. 어른들이 기후변화에 무관심해 지구가 멸종위기에 빠져들고 있고, 이 지구에 다음 세대인 자기들이 살아야 할 시대는 없다는 이유 때문이었다. 그녀의 1인 시위는 전 세계 청소년들에게 큰 감동을 주었다. 그녀는 차세대 리더로 〈타임 Time〉지 표지를 장식했고 2019년 노벨평화상 후보로도 추천됐다.

그렇다면 정말 툰베리가 말하는 것처럼 지구의 위기는 심각한가? 기후변화에 관한 정부 간 패널(IPCC)에서는 온실가스 배출에 따라 생기는 돌이킬 수 없는 연쇄반응을 피하기 위해 남은 시간이 11년 정도라고 말한다. 그만큼 심각하다는 뜻으로 2030년까지 이산화탄소 배출량을 최소한 50% 감축해야 한다. 대기 중의 이산화탄소 농도가 2015년 5월에 415ppm을 넘기면서 지난 350만 년 전과 비슷해졌다. 2019년 7월 폭염으로 북극권 100곳에서 대규모 산불이 발생했는데 이것은 인류 역사 1만 년 동안 처음이었다.

기온상승으로 인해 그린란드와 남극대륙의 빙하가 녹으면서 해수면 상승이 빠르게 진행되고 있는데 이런 추세라면 세기말에 해수면은 최소한 지금보다 2.7m 이상 높아질 전망이다. 이렇게 기후변화의 심각성이 제기되자 영국 〈가디언*The Guardian*〉은 "'기후변화'라는 용어가 지나치게 수동적이므로 우리는 이 단어를 '기후위기(crisis)' 혹은 '붕괴(breakdown)'로 바꾸기로 했다"고 밝혔다. 매일 200종의 생명의 멸종이 진행된다면서 유엔환경계획(UNEP)은 여섯 번째의 대멸종기가 시작되었다고 발표했다. 기후변화가 생명 멸종 이외에도 경제에 미치는 영향이 매우 큰데, 미국 마켓워치는 평균 기온이 지금보다 4℃ 상승하면, 80년에 걸쳐 23조 달러(약 2경 7,460조 원)에 달하는 경제 손실이 발생한다고 분석했다.

기후변화에 우리는 어떻게 대응해야 할까? 2019년 9월 23일 안토니오 구테흐스 유엔 사무총장은 "기후위기로 불타고 있는 지구촌의 불길을 끄자"는 주제로 유엔기후정상회의를 개최하고, "우리가 이길 수 있고 또 반드시 이겨야 할 경기"로 선언하면서 2020년 이후에는 신규 석탄화력발전소를 금지하자는 제안과 아울러 모든 정부와 기업, 시민사회가 함께 도전하고 행동할 6대 과제도 발표했다.

이 회의에 참석한 툰베리는 "당신들의 공허한 말들로 인해 나의 꿈과 나의 어린 시절이 도둑질당했다. 지금 당장 세계 정상들이 기후위기 해결에 즉각 행동해달라"고 주문했다. 툰베리는 이산화탄소 배출의 주범인 비행기 탑승을 거부하고 15일 동안 태양광 배를 타고 뉴욕에 도착해 이 회의에 참석했다. 스스로 실천하는 모습을 보여준 것이다.

이 회의에 대해 NGO 단체 사단법인 푸른아시아는 논평을 통해 유례없는 기후위기 속에서 치러진 기후행동정상회의의 성적표는 너무나 초라했다. 우리나라는 기후 악당 국가의 이미지만 강화시켰고, 정부는 점점 영향력을 잃어가고 있다. 대신 대중운동은 점점 영향력을 키워갈 것이라고 말했다.

푸른아시아의 평가처럼 선진국의 젊은 세대가 강조하는 새로운 어젠다는 어른 세대와는 다르다. 이들의 정치적 관심은 분배나 청년 실업 등 경제적인 문제보다 환경이나 기후변화 등이다. 그리고 이 변화를 젊은 여성들이 주도하고 있다. 스웨덴은 다른 나라에 비해 기후위기 해결에 적극적인 나라임에도 툰베리는 이 정도로는 안 된다고 말한다. 더 빨리 온실가스를 줄여야 한다고 주장한다.

그녀와 그녀의 가족은 온실가스를 줄이는 데 매우 적극적으로 그녀의 가족은 태양광 발전으로 전기를 공급받고 도심 외곽에서 텃밭을 가꾸고 가능한 한 자전거로 이동하고 필요할 때만 전기차를 탄다. 유명 오페라 가수인 툰베리의 어머니는 해외 공연을 위해 비행기를 타지 않는다. 툰베리는 이산화탄소를 줄이기 위해 고기를 먹지 않고 채식을 한다. 놀라운 것은 그녀처럼 탄소 배출을 줄이기 위해 채식을 선택하고 제품생산 과정까지 따지는 젊은 세대가 확산되고 있다. 예를 들어 남는 음식을 버리지 않고 공유하는 '올리오' 앱 참가자는 100만 명이 넘고, 생활 쓰레기를 줄이는 '제로 웨이스트' 운동에 많은 젊은이가 동참하고 있으며 포장지 없는 마트에 가거나 공정무역 식품만 구매하는 젊은 소비자도 늘고 있다.

전 세계의 청소년들이 툰베리의 외침에 함께 나섰다.

기후변화와 최근 가속화된 생명체 멸종으로 인해 인류의 미래 그 자체가 위태로워진 오늘날, 매일 아침 등교하고 공부하고 시험을 본다는 것이 과연 무슨 의미가 있나요? 미래가 있어야 공부도

미세먼지 제로 프로젝트

의미 있는 것이 아닌가요?

　그녀의 주장과 1인 시위는 '미래를 위한 금요일'을 뜻하는 해시태그 '#FridaysForFuture'가 소셜네트워크서비스(SNS)상에 퍼졌다. 그러면서 2018년 11월부터 이에 공감한 전 세계 청소년들과 환경단체들은 금요일 마다 '기후파업(Climate Strike)'이라고 불리는 금요시위에 동참하기 시작했다. 현재 '프라이데이 포 퓨처'는 전 세계 25개국에 지부가 있는데 이들의 영향으로 스웨덴뿐 아니라 유럽과 아시아까지 총 161곳에서 이 시위에 참여했다. 2019년 3월 15일엔 전 세계 2,379개 도시에서 188만여 명이 동참했으며 우리나라에서도 매주 이 시위에 학생들이 참여하고 있다.

　우리나라 청소년단체 '청소년기후소송단'을 주축으로 한 청소년 100여 명은 2019년 5월 24일에 '524 청소년 기후 행동' 집회를 열었다. 이들은 "우리나라는 세계에서 네 번째로 온실가스를 많이 배출하는 '기후 악당국가'로, 이산화탄소 배출 증가율은 OECD 1위"라면서 정부와 기업의 대응을 촉구했다. 이젠 말이 아닌 행동해야 할 때라는 것이다.

골든타임은 지금부터 10년

　"실천 없는 약속은 공허한 외침일 뿐입니다." 국가기후환경회의와 유엔아시아태평양 경제사회위원회가 2019년 11월 4일에 공동 주최한 국제포럼에 참석한 어린 학생들의 외침이다. 이번 국제포럼은 '원대한 포부, 더 강력한 행동'을 슬로건으로 내걸었는데 참석자들은 대기오염과 기후변화에 대한 다양하고 효과적인 대응 방안을 논의했다. 이날 반기문 국가 기후환경회의 위원장은 화력발전소 가동 중지 등 우리 정부의 미세먼지 저감정책을 설명했으며, 문재인 대통령이 제안한 푸른 하늘의 날 지정에 중국이 동참해달라고 호소했다. 필자는 어린 청소년들의 외침에 크게 감동했다. 이들의 연설 전문을 소개한다.

우리가 오늘 왜 여기에 모였습니까? 바로 지구에 아직 남아 있는 것들을 지켜내기 위해서입니다. 안녕하세요, 저희는 양준영, 정재영, 이승학, 김이현입니다. 학교와 지역사회에서 변화를 만들어가려 노력하는 글로벌 에코리더(Global Eco Leaders)로서 저희는 한국의 청소년들을 대표해 이 자리에 섰습니다.

지금 이 순간에도 우리의 골든타임은 타들어 가고 있습니다. 중상을 입은 환자를 생각해 보십시오. 관심과 돌봄도 물론 중요하지만, 진정으로 환자의 운명을 결정짓는 것은 과연 무엇일까요? 바로 치료받을 수만 있다면 살아날 수 있는 짧지만 귀중한 시간, '골든타임'입니다. IPCC(기후변화에 관한 정부 간 패널)은 2018년에 발표했습니다. "기후변화를 막으려면 12년 안에 전례 없는 대규모의 변화를 일으켜야 한다"라고요. 2019년도 거의 끝나가는 지금, 10년 정도가 남았습니다. 하지만 거대하고 대단한 변화는 일어나지 않았습니다. 지난 2년은 그저 낭비에 불과했습니까? 지금 이 순간이 우리의 골든타임입니다. 앞으로의 10년은 우리가 만들어온 기후변화를 되돌릴 마지막 기회일 것입니다. 우리는 수없이 들어왔습니다. 지금과 같이 살아간다면 언젠가 지구는 회복될 수 없을

미세먼지 제로 프로젝트

정도로 파괴될 것이라고요. 이제 그 언젠가는 매초 성큼성큼 다가오고 있습니다.

한국은 수십 년간 미세먼지로 인해 고초를 겪어왔습니다. 점점 많은 사람이 기계가 집 안을 안전하게 만들어줄 것이라 믿으며 공기청정기를 사고 있습니다. 하지만 미세먼지 문제의 본질은 작은 기계 몇 대로 멈출 수 없는 자동차, 공장, 그리고 발전소에 있습니다. 우리가 더 많이 사고 버릴수록 공장들은 더 많은 전기를 필요로 할 것이며, 발전소에서는 더 많은 화석연료를 태워야 합니다. 그로 인해 공기는 더욱 미세먼지로 가득해지고, 사람들은 마스크로 얼굴을 가리고 살아가게 됩니다. 길어야 하루 쓰이고 버려진 일회용 마스크들은 매립지에서 500년간 남아 있겠지요.

우리나라에서는 가족의 규모가 점점 작아지고 있습니다. 하지만 냉장고의 크기는 점점 커지고 있습니다. 우리는 더 큰 것이 항상 최고라고 생각하는 데 너무도 익숙합니다. 올림픽 경기를 보며 사람들은 이렇게 외치곤 합니다. "더 빨리! 더 높이! 더 강하게!" 사실, 어른들은 수십 년간 언제나 이 믿음을 지켜 왔습니다. 우리 청소년들은 여러분이 우리를 위해 한 일들에 감사하고 싶습니다. 여러분의 노력은 우리에게 음식, 옷, 집, 복지, 교육이 더 풍부한, 그리고 전쟁과 기아가 더 적은 세상을 선물해 주었으니까요. 하지만 이제 우리는 현실을 직시해야 합니다. "더 빨리! 더 높이! 더 강하게!"라는 마법의 주문은 더 이상 우리를 행복하게 해주지 못한다는 사실을 말입니다.

우리는 과도한 소비를 줄임으로써 생활방식을 바꿔나가야 합니다. 누군가는 그런 실천이 경제 발전을 방해한다고 할지도 모릅니다. 그러나 대량 생산과 대량 소비라는 좁은 틀을 조금만 벗어나도 무궁무진한 가능성이 있습니다. 이미 세계의 사람들은 공유 자동차, 중고 시장, 자연농업의 성장을 통해 미래의 지속가능한 산업을 엿볼 수 있었습니다.

지구는 우리의 것입니다. 누구의 책임이라며 서로를 탓하기에는 시간이 없습니다. 우리 모두 기후변화와 환경 파괴에 대해 책임이 있기 때문입니다. 지구의, 그리고 우리 인류의 운명은 앞으로 10년의 골든타임 동안 우리의 행동에 달려 있습니다. 우리의 10년은 지구의 희망입니다. 함께 변화를 만듭시다.

실천 없는 약속은 공허한 외침이다

툰베리와 우리 청소년들의 이야기를 길게 쓴 이유는 이젠 정말 말이 아니라 행동해야 할 절박한 때이기 때문이다. 미세먼지와 기후변화 대책은 사촌 간 정도로 보면 된다. 따라서 미세먼지를 저감하기 위해 국가기후환경회의에서 제안한 내용을 잘 실행한다면 굳이 따로 기후변화 대책을 따로 세우지 않아도 된다.

'경유차를 줄이자, 석탄발전소를 줄이자, 선박경유를 좋은 것으로 사용하자, 생물성 연소를 줄이자, 녹색 국가가 되어야 한다.' 이런 정책들은 미세먼지도 줄이지만 기후변화의 주범인 이산화탄소도 줄인다. 유엔기후정상회의에 참석한 반기문 위원장은 기후변화에 관심이 많은 국제적인 지도자다. 유엔 총장에 취임해서 가장 먼저 간 곳이 빙하가 녹고 있는 남극이었다. 그리고 첫 번째 칼럼이 아프리카의 기후변화 문제였다. 그래서 미세먼지 저감을 위한 기구임에도 국가기후환경회의라고 이름 붙인 것은 기후와 환경문제도 함께 장기적으로 이 기구에서 다루고 싶었던 것이라고 본다.

이번에 국가기후환경회의는 과거 정부가 발표한 정책들과 차별화된 과감한 대책을 제시하기 위해 노력했다. 일반 국민이 주체가 되어 스스로 결정한 최초의 정책이다. 아울러 특정 고농도 시기인 12~3월이라는 4개월에 중점을 둔 계절관리 대책이다. 석탄발전소의 최대 3분의 1 이상 가동을 멈추고 미세먼지를 많이 배출하는 노후 차량에 운행을 제한하는 등 우리 역사상 한 번도 시행한 적 없는 과감하고 담대한 고강도 대책을 담고 있다. 다만 제안 내용의 일부는 법 제정이나 지자체에서 조례, 규정 등을 바꿔야 하는 부분이라 원래 제안한 내용만큼 시행되지는 못하고 있다. 하지만 결국에는 우리나라의 중장기 미세먼지 정책의 발판이 될 것이다.

국가기후환경회의는 정책 시행을 통해 당장 얼마나 큰 효과를 낼 수 있을지는 장담하지 못한다. 어쩌면 고농도 미세먼지 현상이 또 나타날지도 모른다. 미세먼지 문제는 일거에 해결할 수 있는 현안이 아니기 때문이다. 다만, 문제의 원인을 알면서도 묵인한 채 무기력하게 견디는 것이 아닌, 적극적인 해결의 자세로 문제를 바라보기 시작한 것이 중요하다. 국민과 산업계, 정부가 서로 협조하고 노력해간다면 미세먼지와 기후변화 문제를 해결할 실마리를 찾을 수 있으리라고 믿는다.

필자는 우리나라 미세먼지 정책에 실망이 많았던 사람이다. 그러나 국가기후환경회의에 참여하면서 실망과 절망이 아닌 희망을 보았다. 우리 국민이라면 충분히 힘을 합쳐 미세먼지를 극복할 것이기 때문이다. 이제는 걱정하는 말만 해선 안 된다. 우리 모두 행동해 국민의 힘을 보여야 할 때이다. 우리가 모두 맑은 공기로 숨을 쉬는 그 날까지 말이다.

미세먼지 제로 프로젝트

제1장 미세먼지는 무엇인가?

1 https://news.naver.com/main/read.nhn?mode=LPOD&mid=tvh&oid=056&a id=0010323004

2 이노우에 히로유시, 『은밀한 살인자 초미세먼지』, 전나무숲, 2014.

3 환경부, 미항공우주국, 『한미협력 국내대기질공동조사 예비보고서』, 환경부, 2017.

4 남준희, 『굿바이 미세먼지』, 한티재, 2017.

5 차진욱, 김장영. (2018). SPSS를 이용한 대기질과 기상인자와의 미세먼지 상관관계 분석. 한국정보통신학회논문지, 22(5), 722-727.

6 http://news.donga.com/3/all/20180527/90275390/1#csidx719b8e54c14873c90bd6f701f 5aa7f6

7 Hyun Cheol Kim, et al. Recent increase of surface particulate matter concentrations in the Seoul Metropolitan Area, Korea, Scientific Reports. 7:4710(2017)

8 http://news.jtbc.joins.com/html/477/NB11723477.html

9 http://www.hani.co.kr/arti/area/capital/920593.html#csidx2e5cc1d24b54e888917c07406 cafb3a

10 정명일, 손석우, 김상우, 박록진, 김현철. (2015). 서울의 고농도 PM10 발생일에 영향을

미치는 종관 기상장의 특성. 한국대기환경학회 학술대회논문집, 139-139.

11 오혜련, 허창회, 김진원, 이승민, 최용상, 장임석, 송창근. (2014). 서울에서 4일 이상 지속되는 미세먼지 고농도 현상의 발생 원인과 이동 패턴 분석. 한국기상학회 학술대회 논문집, 978-979.

12 이현주, 정여민, 김선태, 이우섭. (2018). 한반도 미세먼지 발생과 연관된 대기패턴 그리고 미래 전망. 한국기후변화학회지, 9(4), 423-433.

13 Cai, W., Li, K., Liao, H., Wang, H., & Wu, L. (2017). Weather conditions conducive to Beijing severe haze more frequent under climate change. Nature Climate Change, 7(4), 257-262. doi:10.1038/nclimate3249

14 Zou, Y., Wang, Y., Zhang, Y., & Koo, J.-H. (2017). Arctic sea ice, Eurasia snow, and extreme winter haze in China. Science Advances, 3(3), e1602751. doi:10.1126/sciadv.1602751

15 이다솜, & 윤진호. (2018). 미세먼지에 영향을 미치는 기상·기후 장기변동성에 관한 연구. 한국기상학회 학술대회 논문집, 176-176. Retrieved from http://www.dbpia.co.kr/journal/articleDetail?nodeId=NODE07414443

16 소지현, 예상욱, 김민중, 박록진. (2014). 겨울철 동아시아의 PM2.5 변동과 관련된 북태평양 기후 변동성 분석. 한국기상학회 학술대회 논문집, 606-607.

17 Zhang, R., Li, G., Fan, J., wu, D., & Molina, M. (2007). Intensification of Pacific storm track linked to Asian pollution. Proceedings of the National Academy of Sciences of the United States of America, 104, 5295-5299. doi:10.1073/pnas.0700618104

18 채상희, 이근희, 이철규, 안광득, 최영진. (2012). PM2.5배출시나리오를 고려한 WRF-CHEM 수치모의에서의 구름 및 강수 변동 분석. 한국기상학회 학술대회 논문집, 536-537.

19 위지은, 문병권. (2017). 엘니뇨에 의한 한반도 PM10 농도 변화. 한국기상학회 학술대회 논문집, 132-133.

20 Allen, R. J., Landuyt, W., & Rumbold, S. T. (2016). An increase in aerosol burden and radiative effects in a warmer world. Nature Climate Change, 6(3), 269-274. doi:10.1038/nclimate2827

21 https://www.yna.co.kr/view/AKR20160909066300009

22 이해춘, 안경애, & 김태영. (2018). 미세먼지로 인한 호흡기질환 발생의 사회경제적 손실가치 분석 : Panel VAR 모형을 중심으로. [A Socio-economic Loss of Respiratory Disease Caused by Particulate Matter Pollution : Focusing on Panel VAR Model]. 경영컨설팅연구, 18(4),

173-186. Retrieved from https://www.earticle.net/Article/A346567

제2장 미세먼지와 건강

1 http://biz.chosun.com/site/data/html_dir/2017/09/25/2017092502433.html#csidxeac0d6
5faec8673b9c4e29fd97db35e

2 이노우에 히로유시, 『은밀한 살인자 초미세먼지 PM2.5』, 전나무숲, 2014.

3 김의숙. (2018). 대기 중 미세먼지에 따른 만성폐쇄성폐질환자(COPD)의 급성악
화 양상에 대한 연구. 가천대학교 대학원, 인천. Retrieved from http://www.riss.kr/
link?id=T14792056 (국내석사학위논문)

4 Nakao, M., Ishihara, Y., Kim, C. H., & Hyun, I. G. (2018). The Impact of Air Pollution,
Including Asian Sand Dust, on Respiratory Symptoms and Health-related Quality of Life
in Outpatients With Chronic Respiratory Disease in Korea: A Panel Study. J Prev Med
Public Health, 51(3), 130-139. doi:10.3961/jpmph.18.021

5 박해용, 박윤숙. (2019). 서울지역 미세먼지가 호흡기계 질환으로 입원한 환자에 미치는
영향. 융합정보논문지(구 중소기업융합학회논문지), 9(6), 194-201.

6 Anenberg Susan C., Henze Daven K., Tinney Veronica, Kinney Patrick L., Raich William, et
al. (n.d.). Estimates of the Global Burden of Ambient PM2.5, Ozone, and NO_2 on Asthma
Incidence and Emergency Room Visits. Environmental Health Perspectives, 126(10).
107004. DOI:10.1289/EHP3766

7 김상훈, 김상헌, 서동인, 유영, 윤종서, 김철우, 김태범, 장안수, 예영민, 송우정, 양현
종, 지혜미, 유진호. (2015). 대기 미세먼지가 천식 발생과 조절에 미치는 영향. Allergy
Asthma & Respiratory Disease, 3(5), 313-319.

8 http://health.chosun.com/site/data/html_dir/2017/04/28/2017042801102.html

9 Miller, M. R., Raftis, J. B., Langrish, J. P., McLean, S. G., Samutrtai, P., Connell, S. P., Mills, N. L.
(2017). Inhaled Nanoparticles Accumulate at Sites of Vascular Disease. ACS Nano, 11(5),
4542-4552. doi:10.1021/acsnano.6b08551

10 Bell, G., Mora, S., Greenland, P., Tsai, M., Gill, E., & Kaufman, J. D. (2017). Association
of Air Pollution Exposures With High-Density Lipoprotein Cholesterol and Particle
Number: The Multi-Ethnic Study of Atherosclerosis. Arterioscler Thromb Vasc Biol,
37(5), 976-982. doi:10.1161/atvbaha.116.308193

11 이혜원. (2018). 심뇌혈관질환에 따른 사망과 미세먼지와의 관련성 연구. 인제대학교
일반대학원, 김해. Retrieved from http://www.riss.kr/link?id=T14716170 (국내석사학위

논문)

12 Chung, J. W., Bang, O. Y., Ahn, K., Park, S. S., Park, T. H., Kim, J. G., Bae, H. J. (2017). Air Pollution Is Associated With Ischemic Stroke via Cardiogenic Embolism. Stroke, 48(1), 17-23. doi:10.1161/strokeaha.116.015428

13 Tonne, C., & Wilkinson, P. (2013). Long-term exposure to air pollution is associated with survival following acute coronary syndrome. Eur Heart J, 34(17), 1306-1311. doi:10.1093/eurheartj/ehs480

14 Bell, G., Mora, S., Greenland, P., Tsai, M., Gill, E., & Kaufman, J. D. (2017). Association of Air Pollution Exposures With High-Density Lipoprotein Cholesterol and Particle Number: The Multi-Ethnic Study of Atherosclerosis. Arterioscler Thromb Vasc Biol, 37(5), 976-982. doi:10.1161/atvbaha.116.308193

15 Kim, Y. J., Song, I. G., Kim, K. N., Kim, M. S., Chung, S. H., Choi, Y. S., & Bae, C. W. (2019). Maternal Exposure to Particulate Matter during Pregnancy and Adverse Birth Outcomes in the Republic of Korea. Int J Environ Res Public Health, 16(4). doi:10.3390/ijerph16040633

16 경선영, 정성환. (2017). 미세먼지의 건강영향. J Korean Med Assoc, 60(5), 391-398. Retrieved from https://doi.org/10.5124/jkma.2017.60.5.391

17 http://www.segye.com/newsView/20170518003522?OutUrl=naver

18 Guxens, M., Lubczynska, M. J., Muetzel, R. L., Dalmau-Bueno, A., Jaddoe, V. W. V., Hoek, G., El Marroun, H. (2018). Air Pollution Exposure During Fetal Life, Brain Morphology, and Cognitive Function in School-Age Children. Biol Psychiatry, 84(4), 295-303. doi:10.1016/j.biopsych.2018.01.016

19 Martens, D. S., Cox, B., Janssen, B. G., Clemente, D. B. P., Gasparrini, A., Vanpoucke, C., Nawrot, T. S. (2017). Prenatal Air Pollution and Newborns' Predisposition to Accelerated Biological Aging. JAMA Pediatrics, 171(12), 1160-1167. doi:10.1001/jamapediatrics.2017.3024

20 Lamichhane, D. K., Ryu, J., Leem, J.-H., Ha, M., Hong, Y.-C., Park, H., Ha, E.-H. (2018). Air pollution exposure during pregnancy and ultrasound and birth measures of fetal growth: A prospective cohort study in Korea. Science of The Total Environment, 619-620, 834-841. doi:https://doi.org/10.1016/j.scitotenv.2017.11.058

21 Myung-Jae Hwang, Hae-Kwan Cheong, Jong-Hun Kim. (2019). Ambient Air Pollution and Sudden Infant Death Syndrome in Korea: A Time-Stratified Case-Crossover Study. 16(18), 3273; https://doi.org/10.3390/ijerph16183273

22 Chen, G., Jin, Z., Li, S., Jin, X., Tong, S., Liu, S., Guo, Y. (2018). Early life exposure to particulate matter air pollution (PM1, PM2.5 and PM10) and autism in Shanghai, China: A case-control study. Environ Int, 121(Pt 2), 1121-1127. doi:10.1016/j.envint.2018.10.026

23 An-Soo Jang. (2014). Impact of particulate matter on health. J Korean Med Assoc, 57(9), 763-768.

24 Jin-Hee, K., Chan-Hee, S., Sun-Myeong, O., & Hyun-Jeong, P. (2014). Particulate Matter and Skin. Korean Journal of Family Practice, 4(2), 116-121. Retrieved from http://www.kjfp.or.kr/journal/view.html?uid=121&vmd=Full

25 Chen, H., Kwong, J. C., Copes, R., Tu, K., Villeneuve, P. J., van Donkelaar, A., Burnett, R. T. (2017). Living near major roads and the incidence of dementia, Parkinson's disease, and multiple sclerosis: a population-based cohort study. The Lancet, 389(10070), 718-726. doi:https://doi.org/10.1016/S0140-6736(16)32399-6

26 CalderónGarcidueñas, L., Gónzalez-Maciel, A., Reynoso-Robles, R., Delgado-Chávez, R., Mukherjee, P. S., Kulesza, R. J., Villarreal-Ríos, R. (2018). Hallmarks of Alzheimer disease are evolving relentlessly in Metropolitan Mexico City infants, children and young adults. APOE4 carriers have higher suicide risk and higher odds of reaching NFT stage V at≤ 40 years of age. Environmental Research, 164, 475-487. doi:https://doi.org/10.1016/j.envres.2018.03.023.

27 Chen, Xi and Zhang, Xiaobo and Zhang, Xin, Smog in Our Brains: Gender Differences in the Impact of Exposure to Air Pollution on Cognitive Performance in China (March 11, 2017). IFPRI Discussion Paper 1619. Available at SSRN: https://ssrn.com/abstract=2932264.

28 Babadjouni, R., Patel, A., Liu, Q., Shkirkova, K., Lamorie-Foote, K., Connor, M., Mack, W. J. (2018). Nanoparticulate matter exposure results in neuroinflammatory changes in the corpus callosum. PLoS ONE, 13(11), 1-15. doi:10.1371/journal.pone.0206934

29 Khan, A., Plana-Ripoll, O., Antonsen, S., Brandt, J., Geels, C., Landecker, H., Rzhetsky, A. (2019). Environmental pollution is associated with increased risk of psychiatric disorders in the US and Denmark. PLoS Biology, 17(8), 1-28. doi:10.1371/journal.pbio.3000353.

30 Heidrun Hlodversdottir et al, Long-term health effects of the Eyjafjallaj kull volcanic eruption: a prospective cohort study in 2010 and 2013, BMJ Journals, 2016.

31 Malvina Bondy, Sefi Roth, Lutz Sager. (2018). Crime is in the Air: The Contemporaneous Relationship between Air Pollution and Crime. IZA Discussion Papers No. 11492, 2018.04.(https://www.iza.org/publications/dp/11492/crime-is-in-the-air-the-

contemporaneous-relationship-between-air-pollution-and-crime)

32 Lu, J. G., Lee, J. J., Gino, F., & Galinsky, A. D. (2018). Polluted Morality: Air Pollution Predicts Criminal Activity and Unethical Behavior. Psychological Science, 29(3), 340-355. doi:10.1177/0956797617735807

33 Younan, D., Tuvblad, C., Franklin, M., Lurmann, F., Li, L., Wu, J., Chen, J. C. (2018). Longitudinal Analysis of Particulate Air Pollutants and Adolescent Delinquent Behavior in Southern California. J Abnorm Child Psychol, 46(6), 1283-1293. doi:10.1007/s10802-017-0367-5

34 Murray, J., & Farrington, D. P. (2010). Risk factors for conduct disorder and delinquency: key findings from longitudinal studies. Can J Psychiatry, 55(10), 633-642. doi:10.1177/070674371005501003

35 Maher, B. A., Ahmed, I. A. M., Karloukovski, V., MacLaren, D. A., Foulds, P. G., Allsop, D., Calderon-Garciduenas, L. (2016). Magnetite pollution nanoparticles in the human brain. Proceedings of the National Academy of Sciences, 113(39), 10797-10801. doi:10.1073/pnas.1605941113

36 Newbury, J. B., Arseneault, L., Beevers, S., Kitwiroon, N., Roberts, S., Pariante, C. M., Fisher, H. L. (2019). Association of Air Pollution Exposure With Psychotic Experiences During Adolescence. JAMA Psychiatry, 76(6), 614-623. doi:10.1001/jamapsychiatry.2019.0056

37 Ashley Hackett. (2018. 05)Facing a Massive Pollution Problem, California Is Fighting Against the EPA's Efforts to Roll Back Emissions Standards. Pacific Standard, 2018.05.08.

38 Hystad, P., Demers, P. A., Johnson, K. C., Carpiano, R. M., & Brauer, M. (2013). Long-term residential exposure to air pollution and lung cancer risk. Epidemiology, 24(5), 762-772. doi:10.1097/EDE.0b013e3182949ae7

39 She, J., Yang, P., Hong, Q., & Bai, C. (2013). Lung cancer in China: challenges and interventions. Chest, 143(4), 1117-1126. doi:10.1378/chest.11-2948

40 http://news.kmib.co.kr/article/view.asp?arcid=0011367843&code=61171911&cp=nv

41 Kim, H.-B., Shim, J.-Y., Park, B., & Lee, Y.-J. (2018). Long-Term Exposure to Air Pollutants and Cancer Mortality: A Meta-Analysis of Cohort Studies. International Journal of Environmental Research and Public Health, 15(11), 2608. Retrieved from https://www.mdpi.com/1660-4601/15/11/2608

42 Kim, H.-J., Min, J.-y., Seo, Y.-S., & Min, K.-b. (2019). Association of Ambient Air

Pollution with Increased Liver Enzymes in Korean Adults. International Journal of Environmental Research and Public Health, 16(7), 1213. Retrieved from https://www.mdpi.com/1660-4601/16/7/1213

43 Gold, D. R., Leary, P. J., Szpiro, A., Aaron, C. P., Kaufman, J. D., & Redline, S. S. Relationship of Air Pollution to Sleep Disruption: The Multi-Ethnic Study of Atherosclerosis (MESA) Sleep and MESA-Air Studies. In B20. BIG DATA COMES TO SLEEP MEDICINE (pp. A2930-A2930).

44 Bowe, B., Xie, Y., Li, T., Yan, Y., Xian, H., & Al-Aly, Z. (2018). Particulate Matter Air Pollution and the Risk of Incident CKD and Progression to ESRD. J Am Soc Nephrol, 29(1), 218-230. doi:10.1681/asn.2017030253

45 윤선아. (2018). 인간 유래 각막 상피세포를 이용한 미세먼지 노출이 인체에 미치는 영향평가. 인하대학교 대학원, 인천. Retrieved from http://www.riss.kr/link?id=T14700292 (국내석사학위논문)

46 OECD. (2016). Air pollution to cause 6-9 million premature deaths and cost 1% GDP by 2060. The Economic Consequences of Outdoor Air Pollution. OECD: French.(https://www.oecd.org/env/air-pollution-to-cause-6-9-million-premature-deaths-and-cost-1-gdp-by-2060.htm)

47 Morton Lippmann,Kazuhiko Ito,Arthur N das,Richard T Burnett, "sociation of Particulate Matter Components with Daily Mortality and Morbidity in Urban Populations" HEI, 2017.

48 Lelieveld, J., Klingm ller, K., Pozzer, A., P schl, U., Fnais, M., Daiber, A., & M nzel, T. (2019). Cardiovascular disease burden from ambient air pollution in Europe reassessed using novel hazard ratio functions. European Heart Journal, 40(20), 1590-1596. doi:10.1093/eurheartj/ehz135

49 Michael Greenstone and Claire Qing Fan, Energy Policy Institute at the University of Chicago. (2018). Introducing the Air Quality Life Index. Introducing the Air Quality Life Index. Energy Policy Institute at the University of Chicago, 18-19.

50 Honghyok Kim, Hyomi Kim, Jong-Tae Lee, Spatial variation in lag structure in the short-term effects of air pollution on mortality in seven major South Korean cities, 2006-2013, Environment International, 125(2019), 595-605.

51 https://jhealthmedia.joins.com/article/article_view.asp?pno=19714

52 Special report no 23/2018: Air pollution: Our health still insufficiently protected, European Court of Auditors, 2018.

53 The impact of air pollution on deaths, disease burden, and life expectancy across the states of India: the Global Burden of Disease Study 2017. Lancet Planet Health, 3(1), e2639

54 Di, Q., Dai, L., Wang, Y., Zanobetti, A., Choirat, C., Schwartz, J. D., & Dominici, F. (2017). Association of Short-term Exposure to Air Pollution With Mortality in Older Adults. JAMA, 318(24), 2446-2456. doi:10.1001/jama.2017.17923

55 김옥진. (2018). 미세먼지 장기 노출과 사망. 서울대학교 대학원, 보건학과 보건통계전공, 서울. (국내박사학위논문)

56 배현주. (2014). 서울시 미세먼지(PM10)와 초미세먼지(PM2.5)의 단기노출로 인한 사망영향. [Effects of Short-term Exposure to PM10 and PM2.5 on Mortality in Seoul]. 한국환경보건학회지, 40(5), 346-354. Retrieved from http://www.riss.kr/link?id=A103959540

57 Atkinson, R. W., Kang, S., Anderson, H. R., Mills, I. C., & Walton, H. A. (2014). Epidemiological time series studies of PM2.5 and daily mortality and hospital admissions: a systematic review and meta-analysis. Thorax, 69(7), 660-665. doi:10.1136/thoraxjnl-2013-204492

58 Janssen, N. A., Fischer, P., Marra, M., Ameling, C., & Cassee, F. R. (2013). Short-term effects of PM2.5, PM10 and PM2.5-10 on daily mortality in The Netherlands. Sci Total Environ, 463-464, 20-26. doi:10.1016/j.scitotenv.2013.05.062

59 Samoli, E., Stafoggia, M., Rodopoulou, S., Ostro, B., Declercq, C., Alessandrini, E., Forastiere, F. (2013). Associations between fine and coarse particles and mortality in Mediterranean cities: results from the MED-PARTICLES project. Environ Health Perspect, 121(8), 932-938. doi:10.1289/ehp.1206124

제3장 국가기후환경회의는 희망이다

1 ①국가와 지방자치단체는 미세먼지가 국민에게 미치는 영향을 파악하고, 미세먼지로부터 국민의 건강과 생명 보호를 위해 필요한 시책을 수립·시행하여야 한다. ②국가와 지방자치단체는 국민이 일상생활에서 미세먼지와 미세먼지 생성물질의 배출 저감 및 관리에 참여할 수 있도록 대국민 교육·홍보 등을 강화하여야 한다. ③국가와 지방자치단체는 미세먼지 등의 배출 저감 및 관리를 위하여 국제적인 노력에 적극적으로 참여하고 주변국과 협력하여야 한다.

2 ①국제적 차원의 미세먼지 등의 조사·연구 및 연구결과의 보급 ②국가 간 또는 국제기구와 미세먼지 관련 분야 기술·인력 및 정보의 국제교류 ③국가 간 미세먼지 등의 감시

체계 구축 ④국가 간 미세먼지로 인한 피해 방지를 위한 재원의 조성 ⑤국제사회에서 미세먼지 피해방지를 위한 교육·홍보 활동 ⑥국제회의·학술회의 등 각종 행사의 개최 및 참가 ⑦그 밖에 국제협력을 위하여 필요한 사항 등이다.

3 내용을 보면 ①대통령령으로 정하는 영업용 등 자동차를 제외한 자동차의 운행 제한 ② 대기환경보전법 제2조 제11호에 따른 대기오염물질배출시설 중 환경부령으로 정하는 시설의 가동시간 변경, 가동률 조정 또는 같은 법 제2조 제12호에 따른 대기오염방지시설의 효율 개선 ③비산먼지 발생사업 중 건설 공사장의 공사시간 변경·조정 ④그 밖에 비상저감조치와 관련하여 대통령령으로 정하는 사항 등이다.

4 ①환경부장관은 계절적, 비상시적 요인 등으로 미세먼지 등의 배출 저감 및 관리를 효율적으로 수행하는 데 필요하다고 인정하는 경우에는 대통령령으로 정하는 바에 따라 관계 중앙행정기관의 장, 지방자치단체의 장 또는 시설운영자에게 「대기환경보전법」 제2조 제11호에 따른 대기오염물질배출시설의 가동률 조정 등을 요청할 수 있다. ②제 1항에 따른 요청을 받은 중앙행정기관의 장, 지방자치단체의 장 또는 시설운영자는 정당한 사유가 없으면 환경부장관의 요청에 따라야 한다. ③그 밖에 가동률 조정 요청의 방법 및 절차 등에 필요한 사항은 환경부령으로 정한다.

5 ①선박 연료유의 황 함유량 기준을 현행 3.5%에서 0.5%로 기준을 강화하고, 2020년 외항선부터 우선 적용하기로 했다. 무려 7분의 1로 줄이는 것이다. ②5대 항만 인근을 배출규제 해역으로 정하고, 이 지역으로 들어오는 선박은 황 함유량이 0.1%의 기준을 적용한다. 그리고 5대 항만은 지속운항해역으로 지정하여 일반 해역보다 강화된 기준을 적용하여 관리하기로 했다. 저속으로 운행할 경우 미세먼지 배출이 줄어든다. ③친환경 선박 관련 기술개발을 촉진하고, 공공분야에서 선제적으로 친환경 선박을 도입하기로 했다. 여기에 더해 맞춤형 지원을 통해 민간의 친환경 선박 전환을 유도하기로 했다. 또한, 친환경 항만 인프라 확대를 위해 연내 항만 하역장비에 대한 배출가스 허용기준을 신설하기로 했다. 아울러 초미세먼지 배출이 많은 선내 발전기(벙커C유 사용) 대신 육상에서 전원을 공급하는 육상전원공급설비(AMP) 설치계획을 마련하기로 했다. 또한 탱크로리, 항만 내 파이프, 추진선 등을 통해 액화천연가스(LNG)를 선박용 연료로 주입하는 LNG 벙커링에 대한 투자도 확대하기로 했다. 제대로만 시행된다면 항구도시의 미세먼지 농도는 확실히 낮아질 것이다.

6 응답자의 87.1%는 미세먼지로 인해 불편하다고, 75.1%는 건강 피해를 본 경우가 있다고 답했다. 미세먼지 발생지와 관련해서는 80.3%가 중국 등 국외, 19.7%가 국내라고 응답했다. 가장 효과적인 대책으로는 '중국과의 외교적 공조를 통한 해결'이라는 답변이 54.4%로 가장 많았다. 대기오염물질 배출시설 가동률 조정(19.2%), 인공강우 등 신기술을 통한 해결(10.2%), 석탄화력발전소 운행 중단(7.7%) 등이 뒤를 이었다. 미세먼지 해결을 위해 전기세를 올려야 한다에는 반대의견이 약간 더 많았고, 차량 2부제는 찬성의견이 반대보다 조금 더 많았다.

7 저감전문위에서 내놓은 산업 부문 주요 저감방안은 ①총량제 및 배출권거래제 개선이다. ②배출 허용 기준 강화 및 배출시설 관리 개선이다. ③생물성 연소 오염 저감방안으로 생물성 연소 배출원 및 배출관리 등이다. ④비산먼지 배출시설 관리 강화 방안이다.
수송 부문에서의 미세먼지 저감 방안 ①친환경차 보급 확대로 중요한 것이 수소·전기 버스 보급 확대이다. ②운행차 배출가스 검사소 부실검사 관리 강화이다. ③교통수요 관리 강화이다. 도심지 혼잡통행료 인상 및 부과지역 확대 방안이다.
에너지·발전 부문에서의 저감 내용은 ①에너지 수요 관리 추진 현황에서는 에너지 소비효율 등급 표시제도 개편 등이 있다. ②건물 부문 에너지 수요 관리 현황과 개선 방안에서는 건물 에너지 효율화 방안과 제로에너지 실현 가능성 등의 내용이 있다. ③친환경 발전방안으로 미세먼지가 고농도 시 석탄발전 가동을 중단하는 방안에 대한 검토와 함께 LNG 발전 효율성에 대한 내용이다.
마지막으로 기후·환경을 고려한 세제개편 방향에서는 자동차 친환경등급제에 따른 세제개편 방안 등이 논의되었다.

8 ①에너지 수요 관리 추진 현황, ②건물부문 에너지 수요 관리 현황과 개선 방안, ③친환경 발전방안, ④전기요금 체계 문제점과 개선 방안, ⑤기후환경을 고려한 에너지 및 자동차 부문 세제 개편 방향 등이다.

제4장 어떻게 미세먼지를 줄일까?

1 https://news.joins.com/article/23593794

2 https://m.post.naver.com/viewer/postView.nhn?volumeNo=19305274&memberNo=428 94257&vType=VERTICA

3 http://biz.khan.co.kr/khan_art_view.html?artid=201703241915001&code=920100#csidx9 c1ddb66ce7c1399ca2260d6ff77374

4 명형남. (2016). 석탄화력발전과 미세먼지, 그리고 건강. 열린충남, 76(0), 16-21. Retrieved from http://kiss.kstudy.com/thesis/thesis-view.asp?g=kissmeta&m=exp&enc= 139F349A4AA2DF0B1C0148E745DB5661

5 신정수.『미세먼지 저감과 미래에너지 시스템』. 일진사, 2018.

제5장 국제협력과 날씨 예보, 그리고 건강

1 국립환경과학원 대기질통합예보센터에서는 2014년 2월부터 미세먼지(PM10), 2015년 4월부터 초미세먼지(PM2.5) 예보를 해오고 있다. 현재, 일평균 농도($\mu g/m^3$)를 기준으로 4개 등급(좋음, 보통, 나쁨, 매우 나쁨)으로 구분하여 전국 19개 권역에 하루 4회(5시, 11시,

17시, 23시), 3일 예보(오늘, 내일, 모레)를 수행한다. 초기에는 10개 권역으로 예보를 시작했으나 2016년 5월부터 수도권(서울, 인천, 경기 북·남부), 강원권(강원 영서·동), 충청권(대전, 세종, 충북, 충남), 호남권 (광주, 전북, 전남), 영남권(부산, 대구, 울산, 경북, 경남), 제주권 등 전국 19개 권역으로 확대하였다.

2 예보 고도화를 위한 연구 현황을 보면, 위성 및 지상 관측자료를 통한 입체관측망 구축(동북아 및 전지구 대상), 자료 동화를 적용한 지역 규모 수치예보 모델 개선(단기 예보), 전 지구 규모 자료 동화 적용 수치모델 개발(중장기 예보), 인공지능 예보시스템 개발, 상세 예보를 위한 Hybrid 시스템 개발(실시간 Mapping 및 단기 상세 예보) 등이 있다.

3 ①지상 및 인공위성 자료를 기반으로 한 입체관측 시스템 구축, ②실시간 역모델링에 의한 모델입력용 대기오염물질 배출량(Working Inventory) 산출과 화학수송 모델의 초기 조건 개선을 위한 자료 동화 시스템 구축, ③배출량, 기상 자료의 자료 동화를 활용한 전국 규모 화학수송 모델링 시스템 개선, ④동북아 지역에서 공간적 이동특성을 반영한 인공지능 예보시스템으로 구성된다.

4 동법 시행령 제14조에 취약계층의 범위를 ①어린이·영유아·노인·임산부·호흡기 질환자·심장질환자 등 미세먼지 노출에 민감한 계층, ②옥외 근로자, 교통시설 관리자 등 미세먼지 노출 가능성이 큰 계층으로 규정하였다.

제6장 미래를 바꿀 중장기 정책

1 국무총리실 산하의 미세먼지 특별대책위원회를 중심으로 2023년 중기대책을 목표로 하는 정부종합대책을 수립하여 시행하고 있다. 2022년에 2014년 대비 미세먼지를 35.8% 감축하여, 연평균 미세먼지 농도를 $18\mu g/m^2$로 유지하는 것을 목표하고 있다. 현재 온실가스 감축은 2030 장기목표 및 2050 저탄소 비전까지 수립하여 시행 중이나, 미세먼지에 대한 장기 목표는 없다.

2 지속가능발전위원회는 김대중 정부에서, 녹색성장위원회는 이명박 정부에서 설립하여, 양 비전의 위계와 관계를 둘러싸고 정치적 이해관계가 충돌하고 있다.

3 2017년 수송용 에너지 상대가격 조정방안 연구(기재부, 산업부, 환경부, 국토부) 결과에 따르면 휘발유와 경유의 리터당 환경비용이 각각 601원, 1,126원인데 반하여 연료에 대한 세금의 합계는 휘발유는 리터당 746원, 경유는 529원을 부과하고 있다.

4 발전사 등이 부담해야 하는 온실가스 배출권 비용이나 미세먼지 배출 부과금 등 환경비용을 전력 생산 순서를 결정할 때 반영한다. 현재 석탄발전이 전력 생산에서 차지하는 비중이 가장 높은 만큼 석탄발전 비중을 줄이게 되면 다른 발전원을 증가시킬 필요가 있다. 이에 가장 친환경적인 발전원인 재생에너지를 확대하기 위해 가격 경쟁력을 확보하고 보급 확산을 지원할 방안을 고민할 필요가 있다.

5　①경유 버스를 전기·수소버스로 전면교체, ②전기·수소 트럭 및 건설기계 보급과 충전 인프라 확대, 기술개발 지원 ③전기이륜차 보급 확대, ④중소형 가스(CNG, LNG, LPG) 화물차 보급 촉진, ⑤친환경 연료(바이오디젤 등) 기술개발, ⑥노후 경유차 폐차 유인책 확대

6　①등급제와 연계한 주차요금 차등화, 상업시설의 주차요금 인상 등 주차관리체계 개선, ②탄력근무제 확대, 자동차보다 대중교통 이용 시 인센티브 강화 등 대중교통 활성화, ③혼잡통행료 인상 및 적용구역 확대, 지하철 등 대중교통 이용의 편의성 개선

7　①배출가스 등급표지(라벨링) 도입 및 활용방안 마련, ②등급기준 단계적 강화

8　①지속가능한 재생에너지 보급 방안 제안, ②지역사회 참여에 기반한 분산형 재생에너지 발전원 확충, ③기업의 사회적 책임 제고를 위해 RE100(전기수요를 모두 재생에너지로 충당) 실천 독려

9　①LNG 공급 가능 지역은 단계적으로 혼소에서 LNG 공급 실시(백령도 등 시범사업 예정), ②기타 지역은 탈질소 설비 등을 설치(연평도 시범사업 예정)하여 배출 저감 실시한다.
도심지 비상 발전기의 경우 ①설치 실태 파악, ②연료 전환 또는 방지시설 설치 지원, ③가동상황을 인근 지역 주민에게 공표토록 한다.

10　①국내 에너지 소비 부문별(상업, 가정, 상업, 농업 등) 사용 패턴과 실태를 조사 분석, ②에너지 관련 세금과 보조금, 부과금 등을 친환경적으로 개편, ③에너지 고효율 기기사용 및 스마트 공장 대폭 확대, ④온실가스 배출권 유상할당 강화 등 저배출 친환경 산업구조로 개편방안 강구

11　①중앙부처에 분산된 기후·환경정책 정비, ②중앙정부와 지자체 간 환경관리 역할분담 방안 마련, ③대기 분야 특별행정기관의 역할 강화, ④시민사회와 기업이 함께 합리적인 대안을 모색하는 거버넌스 구축 및 이행방안 마련, ⑤지자체의 미세먼지 저감 노력에 대한 경영 평가및 인센티브 부여 연계

12　①대기배출 사업장 특성과 규모에 따라 적정 수준의 환경기술인 고용 규정 검토, ②전문성 강화를 위한 교육 훈련 프로그램 강화, ③기업체 지원을 위한 컨설팅 등 전문성 제고 방안 마련

13　①주요 문제시설에 대한 실태조사, ②외국의 관리사례 조사 및 기술동향 분석, ③방지시설 설치기준, 배출허용기준 및 배출부과금 적용

14　①실태조사 및 역량진단, ②이에 따른 기술개발 (R&D)·사업화·인증·금융·세제·수출·인력 양성 등 맞춤형 지원방안 마련, ③미세먼지 필터 개발 제조, IoT 활용 미세먼지 배출원 관리·개선, 청정사업장 구축 확대 등 신규 유망사업 발굴 및 투자 확대, ④실증사업 및 track-record 확보 지원을 통한 초기시장 창출 ⑤센서·공기산업 연계 등을 통한 활성화 기반 마련

　　　　　　　　　　　　　미세먼지 제로 프로젝트

15 ①목재 연소시설의 고체연료 사용시설 규정 및 인증제 도입, ②일정 규모 이상 음식점의 대기 배출시설 등록 및 시설 맞춤형 저감장치 개발·보급, ③누락된 생물성 연소 배출원 파악과 시설운영관리를 위한 전산 관리체계 구축, ④생물성 연소 관리지침과 국민생활실천 가이드라인 마련

16 ①배출원에 대한 정확한 실태조사를 통한 배출량 파악 및 2차 미세먼지 생성 메커니즘에 대한 과학적 규명, ②암모니아 감축 기술의 체계적 제공 및 현장 적용 확산을 위한 사업 지원, ③지역별 삭감계획 수립 및 법적 규제 근거 마련

17 주민, 시민단체, 기업, 지자체가 함께하는 소통채널 구축, 기업현장 체험, 공동대책 발굴, 주민 교육·홍보, 실천운동 캠페인, 정책자문, 감시활동 등을 통해 지역 맞춤형 정책 실행력을 확보해야 한다.

18 ①지자체에서 추진하는 우수 시민밀착형 도시 숲 사업에 집중적인 국비지원, ②도시재생뉴딜사업에 숲 기반 사업모델 마련, ③장기 미집행 도시공원 일몰제로 인한 도시 숲 감소에 대응하여 정부·지자체 등이 참여하는 합동 기금 조성

19 ①장기요양기관 실내 공기질 관리를 위한 환기시설과 공기정화장치 설치·유지 지원, ②환경성 질환자를 위한 미세먼지 환경보건센터 지정·운영 ③옥외근로자, 교통시설 관리자 등 미세먼지 노출 가능성이 큰 취약계층의 업종별·작업별 위해도를 고려한 관리체계

20 ①어린이용 보건용 마스크 개발 유도, ②마스크의 화학성분 등 안전성 점검, ③미세 먼지 노출 최소화를 위한 통학로 주변 수목 식재 등 학교 주변 환경 개선, ④지역 의료기관·환경보건센터 등과 연계한 아토피·천식 등 환경성 질환에 대한 관리체계 마련 ⑤ 실내 놀이터 등 어린이 활동공간에 대한 실내 공기질 관리 강화 추진

21 ①미세먼지 위해도(hazard)와 노출 정도(exposure)를 고려하여 미세먼지의 전반적인 건강 위험(risk) 정도를 분석할 수 있는 모델 개발, ②특정 대상(어린이, 노인 등 취약계층) 혹은 지역별(산업단지, 발전소 밀집지역, 도로변 등) 실험집단(코호트)을 구축하여 10년 이상의 장기간 주기적으로 미세먼지 노출 수준과 그에 따른 건강영향조사(호흡기질환, 심뇌혈관 질환 등 각종 질환의 유병률, 사망률 등과의 관계 규명)

22 ①표준모델을 선정, 정부 조달품목의 표준규격(사양)으로 채택하고, 제조사와 협의를 통해 적정 가격수준의 저비용 공기청정기 개발 유도, ②미세먼지 제거를 기본 기능으로, 악취 또는 유해가스 제거 등은 부가기능으로 하여 소비자 선택권 확대, ③저비용 공기청정기에 대한 소비자 신뢰 제고를 위해 공인기관이 인증하는 방안

23 6개 대기오염물질(PM10, PM2.5, 오존, 이산화질소, 아황산가스, 일산화탄소)별 점수 산정하여 4단계로 구간 구분 (0~500, 점수가 클수록 대기상태가 좋지 않음

24 ①실제 한국 대기환경을 반영할 수 있도록 통합대기환경지수 보완하여 활용도 제고,

②일반 국민과 취약계층을 구분하여 대상별 구간 세분화 및 그에 따른 구체적인 국민 행동 요령 권고안 제시

25 ①미세먼지 생성 원인의 과학적 규명을 위한 연구 인프라 확충 및 개선, ②기후변화와 미세먼지 농도 간 상관관계를 규명하고 기후변화 시나리오와 연계하여 신뢰성 높은 미세먼지 중·장기 추세 전망 연구

26 ①미세먼지 측정망 확대 및 민간 측정 자료 활용을 통해 신뢰성 확보, ②환경 위성 자료, 지형 정보, 인구밀도 등을 고려한 생활 밀착형 플랫폼 구축 및 고도화를 통해 생활 속 3차원 미세먼지 분포지도 마련

27 ①지역별 미세먼지 배출현황 및 지역·기후 특성 등 세부정보 등 맞춤형 정보 제공, ② 중앙·지자체·해외 간에 정책 공유를 위한 시스템 구축과 우수 성과사업 인센티브, ③ 업무 증가에 따른 전담인력 확보, 민·협력체계 구축, 국비 보조율 상향 및 자체 재원 확보 방안

28 학교(교실) 이산화탄소 농도 저감을 위한 자연환기 권장시간(10분), 어린이집 실내공기 개선을 위한 평균 환기시간(10분, 대기환경학회, 2014년 3월), 실내 이산화탄소 농도를 이용한 창문개폐 시 자연환기량 평가 방법에 관한 연구(10분, 대한건축학회, 2018년 4월)

29 미세먼지 나쁨 발령 시 마스크 착용을 권고하는 국가는 거의 없으며, 중국, 싱가포르는 PM2.5 150$\mu g/m^3$ 수준에서 장시간 야외활동을 해야 할 경우 마스크 착용 권고

30 미국에서는 PM2.5의 농도가 51~149$\mu g/m^3$(Unhealthy) 구간에서 장기간 혹은 심한 신체 활동을 축소할 것을 권고하고 있다. 영국에서는 PM2.5 71$\mu g/m^3$ 이상(Very High) 구간에서 기침, 인후통 등의 증상이 나타나면 신체활동을 줄일 것을 권고하고 있다.

기타 참고문헌

국립환경과학원, 『권역별 미세먼지(PM2.5) 농도 특성 파악 및 생성과정 연구』, 진한엠앤비, 2015.

국립환경과학원, 『대기질 예보 권역에 대한 배출원별 지역 간 정량적 기여도 평가 연구』, 환경부, 2018.

국립환경과학원, 『도시지역 유해대기오염물질(HAPs) 모니터링』, 진한엠앤비, 2014.

국립환경과학원, 『초미세먼지(PM2.5) 배출계수 자료집』, 진한엠앤비, 2014.

김동환, 『오늘도 미세먼지 나쁨』, 휴머니스트, 2018.

나오미 클라인, 『이것이 모든 것을 바꾼다 자본주의 대 기후』, 열린책들, 2016.

남재작, 『기후대란 – 준비 안 된 사람들』, 시나리오친구들, 2013.

남종영, 『지구가 뿔났다 : 생각하는 십대를 위한 환경 교과서』, 꿈결, 2013.

남준희 외, 『굿바이! 미세먼지 PM10, PM2.5의 위험성과 대책』, 한티재, 2017.

녹색소비자연대, 『미세먼지 가이드북』, 녹색소비자연대전국협의회, 2018.

달콤팩토리, 『미세먼지에서 살아남기』, 아이세움. 2014.

데브라 데이비스, 『대기오염 그 죽음의 그림자』, 에코리브르, 2004.

마리우스 다네베르크, 『기후변화에 대응하는 재생가능에너지』, 다섯수레, 2014.

보험연구원, 『가정에서 배출되는 대기오염 관리의 필요성』, KiRi고령화리뷰, 2018.

비피기술거래, 『미세먼지에 관련된 국내시장분석 보고서』, 비피기술거래, 2016.

샤론 모알렘, 『아파야 산다 : 인간의 질병·진화·건강의 놀라운 삼각관계』, 김영사, 2010.

양혜원, 『오늘 미세먼지 매우 나쁨』, 스콜라, 2016.

옌스 죈트겐, 크누트 필츠케, 『먼지 보고서 : 우주먼지에서 집먼지까지』, 자연과생태, 2012.

이유진, 『기후변화 이야기』, 살림, 2010.

콜린 톰슨, 『태양을 향한 탑』, 논장, 2010.

클라우스 퇴퍼 외, 『청소년을 위한 환경 교과서 : 기후변화에서 미래 환경까지』, 사계절, 2009.

환경부, 『미항공우주국, 한미협력 국내대기질공동조사 예비보고서』, 환경부, 2017.

환경부, 『바로 알면 보인다. 미세먼지, 도대체 뭘까?』, 2016.

전자자료

http://biz.chosun.com/site/data/html_dir/2017/09/25/2017092502433.html#csidxeac0d65fa
ec8673b9c4e29fd97db35e

http://biz.khan.co.kr/khan_art_view.html?artid=201703241915001&code=920100#csidx9c1d
db66ce7c1399ca2260d6ff77374

http://news.heraldcorp.com/view.php?ud=20181010000857

http://www.hani.co.kr/arti/area/capital/920593.html#csidx2e5cc1d24b54e888917c07406caf
b3a

http://www.hani.co.kr/arti/society/environment/814946.html#csidx71352eaa8199427a9027d
0c0d39193c

http://www.hani.co.kr/arti/society/environment/814946.html#csidx71352eaa8199427a9027d

0c0d39193c

http://www.hani.co.kr/arti/society/environment/852998.html#csidx53e9d28d8a82ef38b5bc9
9108aab998

http://www.law.go.kr/lsInfoP.do?lsiSeq=204195&efYd=20190215#0000

http://www.sciencemag.org/news/2016/11/watch-air-pollution-flow-across-planet-
real-time?utm_source=sciencemagazine&utm_medium=facebook-text&utm_
campaign=airpollution-9407

http://www.sisajournal.com/journal/article/174771

https://uk-air.defra.gov.uk/

https://www.airparif.asso.fr/en/indices/resultats-jour-citeair#jour

https://www.environment.nsw.gov.au/aqms/aqiforecast.htm

https://www.montelnews.com/en/story/german-renewables-overtake-coal-in-first-half-
of-2018--bdew/916513

미세먼지
제로
프로젝트

초판 1쇄 인쇄 2020년 2월 21일
초판 1쇄 발행 2020년 2월 28일

지은이 김동식, 반기성
펴낸이 김세영

펴낸곳 프리스마
주소 04029 서울시 마포구 잔다리로 71 아내뜨빌딩 502호
전화 02-3143-3366
팩스 02-3143-3360
블로그 http://blog.naver.com/planetmedia7
이메일 webmaster@planetmedia.co.kr
출판등록 2005년 10월 4일 제313-2005-00209호

ISBN 979-11-86053-15-7 03300